资治通鉴 译注

（宋）司马光 著
郝建杰 译注

北京联合出版公司
Beijing United Publishing Co.,Ltd.

目录

前　　言

中国是一个史学发达的国度。在中国古典文献的经、史、子、集四个门类中，史占其一，如果按照清代学者章学诚“六经皆史”（《文史通义·易上》）的说法，那么史的领地就更加广袤。中国的史学系统在传统分类上细致而复杂，《四库全书总目·史部总叙》载录了十五类：正史、编年、纪事本末、别史、杂史、诏令奏议、传记、史钞、载记、时令、地理、职官、政书、目录、史评。实际上还有第十六类，即谱牒，因为自唐以后成为绝学，所以《四库全书》将其删除了。仅就以上品类，即可谓琳琅满目、洋洋大观，在全世界传统的史学领域无与伦比。其中的编年史一类，祖肇于鲁《春秋》。这一类史书按照历史事实发生的年份来编写，而年份也一依帝王、诸侯的主政年份为准。这种体例在历代都有著述，《资治通鉴》（下简称《通鉴》）即是其中地位突出且影响很大的一部。

《通鉴》是北宋政治家、史学家司马光领导编撰的一部大型编年通史。司马光（1019—1086），字君实，陕州夏县（今山西省夏县）涑水乡人。宋英宗治平二年（1065），司马光受诏撰《通鉴》，至宋神宗元丰七年（1084）十二月书成，历时十九年有余。据李裕民考证，在撰著分工中，战国、秦汉部分由司马光负责，两汉部分由刘攽负责，三国两晋由司马光（或刘恕）负责，南北朝由刘恕负责，唐由范祖禹负责，五代由刘恕撰稿、范祖禹修订补充 [《四库提要订误（增订本）》]。尽管是众人合作，然而主编这部巨著仍然花费了司马光巨量的时间、精力和体力。他在《进资治通鉴表》中说："臣今筋骨癯瘁，目视昏近，齿牙无几，神识衰耗，目前所为，旋踵遗忘，臣之精力尽于此书。"可见他用力之勤，用心之专。以司马光为首的一代史学家付出艰辛劳动，为我们打磨出古代史学中的这一瑰宝。

该书记述时间长且体制庞大。在历史记述上，它上起于战国周威烈王二十三年（前 403），下终于五代周世宗显德六年（959），书写了一千三百六十二年的历史，这部分计有二百九十四卷。其中《周纪》五卷，《秦纪》三卷，《汉纪》六十卷，《魏纪》十卷，《晋纪》四十卷，《宋纪》十六卷，《齐纪》十卷，《梁纪》二十二卷，《陈纪》十卷，《隋纪》八卷，《唐纪》八十一卷，《后梁纪》六卷，《后唐纪》八卷，《后晋纪》六卷，《后汉纪》四卷，《后周纪》五卷。为了检索方便，又以时间为经，以国家为纬，编《资治通鉴目录》三十卷；又参考群书，评其同异，编《资治通鉴考异》三十卷，合计三百五十四卷。这样的体制规模足以称得上皇皇巨著，而且各个部分的功能配合得当，给读者以很大的方便，足见著者用心之良苦与功底之深厚。

《通鉴》的史料来源复杂。高似孙《纬略》载其《与宋敏求书》在谈到司马光的《资治通鉴》时说:“光作《通鉴》,一事用三四出处纂成,用杂史诸书,凡二百二十二家。”鸾李焘《巽岩集》也说:“张新甫见洛阳有《资治通鉴》草稿盈两屋。”(马端临《文献通考》引述其父马廷鸾语)而据李裕民研究,该著采正史二十五种,编年三十一种,谱录十一种,别史五十六种,杂史七十三种,传记四十二种,奏议三十五种,地理十三种,小说十六种,诸子十二种。魏晋南北朝部分尤其是唐、五代部分参引正史之外的书最多。不过,其所据史料中最主要的还是正史。该著对于正史中的原始史料,几乎全盘照搬,但不得已时也会做出适当修改。由于司马光删繁就简的初衷,《通鉴》对原始史料进行大量删减势在必行。正因为如此,读者在把《通鉴》作为史料引用时最好找原文来核对一下,或参看司马光的《资治通鉴考异》,以此确定史料的可靠性。在纪事年代上若有疑虑,可参看吴玉贵《〈资治通鉴〉疑年录》。

《通鉴》的史学成就是巨大的。明代胡应麟认为:“自司马之为《通鉴》也,汉、唐而上昭昭焉;自《通鉴》之止司马也,宋、元而下泯泯焉。间有续者数家,而弗能详也。”(《少室山房笔丛·史书占毕》)其贡献之一是努力恢复先秦史官客观记述史事的传统,摆脱了《春秋》中“春秋笔法”“微言大义”等“以一字寓褒贬”的主观介入。陈垣说:“《通鉴》书法,不尽关褒贬,故不如《春秋》之严。温公不敢法《春秋》，而志在续《左氏传》，有所感触，亦仿左氏设辞‘君子曰’而称‘臣光曰’以发之，余则据事直书，使人随其实地之异而评其得失，以为鉴戒，非有一定不易之书法也。”（《胡注通鉴表微》）该著所录帝王将相不过美隐恶，不防闲避讳，一依其本来面目直录直书，善恶得失由读者自己去评判鉴别。其贡献之二是创新史料考异法。由于该著史料来源广泛多样，正误参互、彼此抵牾之处甚多。司马光及其助手不愧为良史，面对这种情况，他们考证异同，去伪存真。当然这一做法并非起于司马光，然而其《资治通鉴考异》则是中国历史学上第一部考史专著，严格意义上的史料考异法便发源于此，故对后世影响很大。诚然，一部优秀史著的贡献是多方面的，兹仅择其要者言之。

世人多从史学角度看待《通鉴》，实际上该书内涵丰饶，可以从多角度汲取营养，最切近的莫过于文学角度。中国史著的伟大之处不单单在于记录了一个又一个大的历史事件，记录了一个又一个历史人物，更在于这类记录的文字充满了美的因素。我们在阅读史著时被历史事件所震撼，被人物形象、人物命运所打动，一个重要的因素就是文字之美。所以不夸张地说，《通鉴》的各位著者既是伟大的史学家，又是伟大的文学家。该著善于叙事，前代史著中各种叙事方法和手段都可以从中找到，即使由于编年体例的限制，一个历史事件不得已被分别编入不同的年份，但是如果合而观之，仍可以看到事件的紧密连续性，表现出著者保持事件完整性的意识，与《左传》极为相似。再者，由于历史事件头绪繁多，给叙事带来的困难是显而易见的，但是著者使用各种手段使原本密集发生且纠缠绕结的各个事件显得有条不紊，表现出高超的叙事才能。《通鉴》也有小说和野史中常见的传奇情节和细节描写，这些部分可能是最吸引人的地方。《通鉴》也善于写人。人物是历史事件的承担者，但并不是一个干瘪的符号，而是有血有肉的生命。该书最出色之处不仅在叙事，更在于雕塑了一大批饱满鲜活的人物形象，从帝王至奴婢各色人等，几乎人各一面。此外,该著的语言也非常丰富并有符合叙述语境的个性。最重要的是,《通鉴》重视文字的简洁性，删繁就简的编著目的使得语言比起原著来更加精练。

编写这部史书，本是为了帮助皇帝治理天下，但随着时代的变化，它已经成为社会各阶层的读本。南宋朱熹说："温公之言，如桑麻谷粟"（《朱子语类》），认为《通鉴》须臾不可或缺，虽语涉夸张，亦足见其重要。宋末元初胡三省也说："为人君而不知《通鉴》，则欲治而不知自治之源，恶乱而不知防乱之术。为人臣而不知《通鉴》，则上无以事君，下无以治民。为人子而不知《通鉴》，则谋身必至于辱先，作事不足以垂后，乃如用兵行师，创法立制，而不知迹古人之所以得、鉴古人之所以失，则求胜而败，图利而害，此必然者也。"（《新注资治通鉴序》）简直把该书视为无论贵贱、人人必读的经典之作。

《通鉴》的大行天下，与胡三省的《资治通鉴音注》关系密切。胡三省，宋末元初台州宁海(今浙江省宁波市宁海县)人，史学家。宋理宗宝祐四年（1256）起著《资治通鉴广注》，后在战乱中散佚。入元后，胡三省重新撰写，于元世祖至元二十二年（1258）撰成《资治通鉴音注》及《资治通鉴释文辨误》。他对《通鉴》进行了校勘、考证、注释、辨误，甚至对史事加以批评，对《通鉴》的流传起到了重要作用。

《通鉴》版本比较多，兹不赘述。本书原文所依据的版本是中华书局1956年出版的二十册本。该书汇集宋、元、明各本之长，由“标点《资治通鉴》小组”校点，是目前最好的本子。

《通鉴》卷帙浩繁，全注全译固然好，但如果考虑到可读性和时效性，当然还是选本的效果更好。既然是选本，就应设定一个原则，本书的原则就是尽量照顾记事记人的完整性和典范性，本书所选篇卷正体现了这一原则。诚然，为《通鉴》做注做译，前人固已有之，但本书所做的注译在借鉴前人成果、化繁为简的同时，也充分考虑了时代性，具有自身的某些特点。因水平所限，书中不足之处尚多，还望读者朋友批评指正。

郝建杰

于太原龙堡寓所

2014年1月

第一卷 周纪一

威烈王二十三年（戊寅，前403）

臣光曰[①]：臣闻天子之职莫大于礼[②]，礼莫大于分[③]，分莫大于名[④]。何谓礼？纪纲是也。何谓分？君、臣是也。何谓名？公、侯、卿、大夫是也[⑤]。

注释

①光：司马光（1019—1086），字君实，号迂叟，陕州夏县（今山西省夏县）涑水乡人，世称涑水先生，北宋史学家、文学家。历仕仁宗、英宗、神宗、哲宗四朝，卒赠太师、温国公，谥文正，《资治通鉴》主编。

②礼：礼法，礼教。即等级社会的典章制度，规定社会行为的规范、传统习惯。

③分：职分，也就是君臣间的纲纪。

④名：名分，各王公大臣间的身份及地位。

⑤公、侯、卿、大夫：皆为官爵名。公，指三公，古代社会最高爵位。侯，指五等爵中第二位。卿，古代高级长官或爵位名。大夫，先秦时期为卿、大夫、士之一级，后世官职通称。

译文

臣司马光说：我听说天子的所有职责中没有比推行礼教更重要的，礼教中没有比区分等级地位更重要的，区分等级地位没有比匡正名分更重要的。礼教指什么？指法律纲纪。区分地位指什么？指君臣上下有别。名分指什么？指公、侯、卿、大夫等官爵。

夫以四海之广[①]，兆民之众[②]，受制于一人[③]，虽有绝伦之力，高世之智，莫不奔走而服役者，岂非以礼为之纪纲哉！是故天子统三公[④]，三公率诸侯，诸侯制卿大夫，卿大夫治士庶人[⑤]。贵以临贱[⑥]，贱以承贵[⑦]。上之使下犹心腹之运手足，根本之制支叶[⑧]，下之事上犹手足之卫心腹，支叶之庇本根，然后能上下相保而国家治安。故曰天子之职莫大于礼也。

注释

①四海：泛指全国各地。

②兆：一万亿，在这里指多的意思。

③一人：指天子。

④三公：古代官名。周立太师、太傅、太保为三公。

⑤士：我国商、周时代贵族的最低一级，介于卿大夫和庶民之间的一个阶层。庶人：泛指无官爵的平民百姓。

⑥临：支配。

⑦承：服从。

⑧支：通“枝”。

译文

广阔的四海，亿万的民众，被天子一个人控制，即使是能力无与伦比、智慧脱俗的人，也没有不为他奔走服务的，这难道不是用礼教作为法律纲常的作用么！因此，天子统领三公，三公率领封国国君，封国国君指挥管辖卿、大夫官员，卿、大夫官员治理士和平民。权贵支配贫贱的民众，贫贱的民众服从权贵。上级驱使下级犹如人的心腹驱使四肢运动，树根支配枝叶。下级侍奉上级犹如四肢保卫心腹，枝叶保护树根。这样才可以上级下级互相守护从而使国家长治久安。因此（才）说，天子的职责中最重要的就是维护礼制了。

文王序《易》[①]，以乾、坤为首[②]。孔子系之曰[③]：“天尊地卑，乾坤定矣。卑高以陈，贵贱位矣。”言君臣之位犹天地之不可易也。《春秋》抑诸侯，尊王室，王人虽微[④]，序于诸侯之上[⑤]，以是见圣人于君臣之际未尝不惓惓也。非有桀、纣之暴[⑥]，汤、武之仁[⑦]，人归之，天命之，君臣之分当守节伏死而已矣。是故以微子而代纣则成汤配天矣[⑧]，以季札而君吴则太伯血食矣[⑨]，然二子宁亡国而不为者，诚以礼之大节不可乱也。故曰礼莫大于分也。

注释

①文王：周文王，姬姓，名昌，季历之子，西周奠基者。其父季历死后，继承西伯之位，故又称西伯昌。《易》：即《易经》，上古时期的卜筮之书，简称《易》。

②乾、坤：八卦中的两卦，乾象天，坤象地。

③孔子：孔子（前551—前479），名丘，字仲尼，春秋时期鲁国陬邑（今山东省曲阜市南辛镇）人，先祖为宋国贵族。中国古代的大思想家、大教育家、政治理论家，儒家学派创始人。系：关联，可引申为联系，即孔子联系文王的《易》而作进一步的阐述，即《系辞》。

④王人：周王室。

⑤序：排列顺序。

⑥桀、纣：桀和纣，都是暴君。桀，又名夏桀、癸、履癸，商汤给他谥号桀（凶猛的意思）。桀是夏朝第十六代君主发之子。桀文武双全，然荒淫无度，暴虐无道。商汤在伊尹辅佐下，起兵伐桀，灭之。纣，帝辛（前1075年—前1046年在位，据《夏商周断代工程》），名受，后世人称殷纣王。为帝乙少子，以母为正后，辛为嗣。帝辛天资聪颖，才力过人。他继位后，重视农桑，国力强盛。但其人性情残忍，制为炮烙之刑，被视为暴君。

⑦汤、武：商汤，周武王。商汤，子姓，名履，为

商太祖，商朝的创建者。周武王（前 1046 年—前 1043 年在位，据《夏商周断代工程》），姬姓，名发，谥号武王，西周的建立者。

⑧微子：宋微子，子姓，名启，世称微子、微子启，“微”是国号，“子”是尊称，宋国（今河南省商丘市）开国远祖。配：匹配。

⑨季札：姬姓，名札，又称公子札、延陵季子、延州来季子、季子，春秋时吴王寿梦少子，传其为避王位而辞让。太伯：吴国第一代国君。姓姬，名泰伯，周部落首领古公亶父（即周太王）长子。弟季历贤，太王欲传位给季历，太伯乃出逃至荆蛮，自号勾吴。血食：享受祭品。

译文

周文王排列《易经》的顺序，将乾、坤放在首位。孔子联系周文王的排列顺序，说道：“天的地位崇高，地的地位低微，乾坤就确定了。由地位低到地位高排列有序，贵贱也就有了各自的位置。”这是说君主和臣子之间的关系就像天和地的关系一样不能改变。《春秋》这本书贬低诸侯，尊崇周王室，即使周王室的官吏地位低微，在书中排列顺序仍在诸侯国君之上，因此可见孔子这样的圣人对于君臣关系的关注。假如没有夏桀、商纣那样残暴的昏君，对方又碰见商汤、周武王这样的仁德的明君，使民心归顺、上苍任命的话，君臣之间的名分应当恪守礼节，直到死才停止。因此，如果商朝立明德的微子做国君来代替纣王，成汤创立的商朝就可以永配上苍；而吴国如果立仁德的季札做君主，开国的国君太伯也可以永享祭祀。可是微子、季札二人宁可国家灭亡也不愿做君主，确实是因为礼教的大节不能够破坏。因此才说，礼教中没有比区分等级地位更重要的。

夫礼，辨贵贱，序亲疏，裁群物[①]，制庶事[②]，非名不著，非器不形；名以命之，器以别之，然后上下粲然有伦[③]，此礼之大经也[④]。名器既亡，则礼安得独在哉！昔仲叔于奚有功于卫[⑤]，辞邑而请繁缨[⑥]，孔子以为不如多与之邑。惟名与器[⑦]，不可以假人[⑧]，君之所司也[⑨]；政亡则国家从之。卫君待孔子而为政[⑩]，孔子欲先正名，以为名不正则民无所措手足[⑪]。夫繁缨，小物也，而孔子惜之；正名，细务也[⑫]，而孔子先之：诚以名器既乱则上下无以相保故也。夫事未有不生于微而成于著，圣人之虑远，故能谨其微而治之，众人之识近，故必待其著而后救之；治其微则用力寡而功多，救其著则竭力而不能及也。《易》曰："履霜坚冰至"[⑬]，《书》曰："一日二日万几"[⑭]，谓此类也。故曰分莫大于名也。

注释

①裁：裁决。

②庶事：指各种政事政务。

③伦：封建秩序。

④经：根本的原则和法规。

⑤仲叔于奚：复姓仲叔，名于奚，春秋时期人。

⑥繁缨：古代天子、诸侯所用辂马的带饰。

⑦器：与名相称的礼器。

⑧假：授予。

⑨司：职责。

⑩卫君：卫出公，姬姓，卫国君主，名辄。

⑪措：安放。

⑫细：小的。

⑬"《易》曰"句：《易·坤》卦爻辞，意为寒冬到来。

⑭"《书》曰"句：语出《尚书·皋陶漠》。喻指帝王每天处理政事极为繁忙。

译文

所谓礼教，是用来辨别贵贱等级，排列亲疏关系，仲裁世间万物，管理日常事物的。没有名分，就不要显露；没有礼器，就不要表现于外。只有用名分来称呼，用礼器来区别，这样上下等级才能井然有序。这就是礼教的根本原则。名分和礼器都消亡了，礼教难道能单独存在么！当年仲叔于奚对卫国有大功，他婉拒了封赏的封地，却请求允许他享有贵族所用辂马的带饰，孔子认为不如多赏赐他一些封地。只有名分和礼器，不能够授予别人，这是君王的职责和象征；政事（因处理不当）走向衰亡，国家也会跟着灭亡。卫国国君等待孔子辅佐他为政，孔子却想先匡正名分，认为名分没有匡正，那么百姓就无所依从。马饰，是一种小器物，而孔子却很珍惜它；匡正名分，是一件细微的事务，而孔子却要先从它做起，正是由于名分、器物一旦混乱，那么上下等级就没有用来互相保护的东西的缘故。没有一件事情不是从微小的事情开始而以显著的成功（结束的），圣贤考虑长远，所以能够谨慎对待微小的变故来应对它；常人见识短浅，所以一定是等到弊端显著后才设法挽救。处理一开始微小的错误，用的力气小而得到的功效大；挽救显著的祸患，那么竭尽了全力也不能达到目的。《易经》说："踩在霜上才知道坚固的冰冻将要开始。"《尚书》说："帝王每天处理政事极为繁忙。"就是指这类防微杜渐的例子。因此才说，区分等级地位没有比匡正名分更重要的。

呜呼！幽、厉失德[①]，周道日衰，纲纪散坏，下陵上替[②]，诸侯专征，大夫擅政，礼之大体什丧七八矣，然文、武之祀犹绵绵相属者[③]，盖以周之子孙尚能守其名分故也。何以言之？昔晋文公有大功于王室[④]，请隧于襄王[⑤]，襄王不许，曰："王章也[⑥]。未有代德而有二王[⑦]，亦叔父之所恶也[⑧]。不然，叔父有地而隧，又何请焉！"文公于是惧而不敢违。是故以周之地则不大于曹、滕[⑨]，以周之民则不众于邾、莒[⑩]，然历数百年，宗主天下，虽以晋、楚、齐、秦之强不敢加者，何哉？徒以名分尚存故也。至于季氏之于鲁⑪，田常之于齐⑫，白公之于楚⑬，智伯之于晋⑭，其势皆足以逐君而自为，然而卒不敢者，岂其力不足而心不忍哉，乃畏奸名犯分而天下共诛之也。今晋大夫暴蔑其君⑮，剖分晋国，天子既不能讨，又宠秩之⑯，使列于诸侯，是区区之名分复不能守而并弃之也。先王之礼于斯尽矣！

注释

①幽：周幽王（前781年—前771年在位，据《夏商周断代工程》），姬姓，名宫湦。周宣王之子，西周第十三代王，谥号幽王。《史记》说他性情暴戾，耽于声色，因烽火戏诸侯而失信于天下，终为犬戎所灭。厉：周厉王（前877年—前841年在位，据《夏商周断代工程》），姬姓，名胡，周夷王之子，西周第十代王。《国语·周语》载厉王任用荣夷公实行专利，违背祖制。

②陵：欺凌。

③祀：名词，祭祀的地方，此处引申为延续的政权。

④晋文公：姬姓，名重耳，晋国国君（前636年—前628年在位）。王室：东周王室。

⑤隧：墓道。襄王：周襄王（前651年—前619年在位），姬姓，名郑，周惠王之子。

⑥王章：王室制度。

⑦代德：谓取代旧朝以治天下之德。

⑧叔父：指晋文公。

⑨曹：周武王之弟曹叔振铎封国，都陶丘，在今山东省定陶县附近。滕：周文王之子错叔绣封国，都古滕城，在今山东省滕州市。或以为滕始封在卫地，后改封山东。

⑩邾：邾国。西周始封邾（今山东省邹城市境内），至邾文公十三年（前614年）始迁于峄（今山东省邹城市东南纪王城），后为楚所灭。莒：周始封国，嬴姓，春秋初自计（今山东省胶州市西南）迁莒（今莒县），为楚所灭。

⑪季氏：鲁国大夫季友及后人。

⑫田常：即田成子、陈成子。春秋时齐相国，善笼络民心，专政齐国。

⑬白公：白公胜，春秋末期楚国大夫，封于白地（今河南省息县东），号白公。

⑭智伯：又称知瑶（知同智），后世多称知伯、知伯瑶，因智氏出于荀氏，故又称荀瑶。智伯为智氏家族领主，曾任晋国执政，势力强大，后为魏、韩、赵氏三家联合所灭。

⑮暴蔑：欺罔蔑视。

⑯宠秩：宠爱而授以官秩。

译文

呜呼！周幽王、周厉王丧失君德，周朝的伦理纲常日渐衰败。礼纪朝纲解体毁坏；在下者凌驾于上，在上者废弛无所作为；诸侯国君肆意讨伐他人；士大夫擅自干预朝政；礼教的大体已丧失了十之七八。但是周文王、周武王开创的政体仍然延绵并继承下来，大概是周王朝的子孙后裔尚且还能守持他们的名分的缘故吧。为什么这样说呢？当年晋文公为周王室建立了大功，于是向周襄王请求允许他死后享用王室的隧葬礼制，周襄王不答应，说："王室的制度法章（很清楚）。没有改朝换代而有两个天子，这也是叔父您所厌恶的。如果不是这样，叔父您有墓地能够用王室的隧葬礼制，又何必请示我呢？"晋文公于是感到害怕而不敢违反礼制。所以，虽然周王室的土地方圆没有曹国、滕国大，统治的百姓也没有郝国、莒国多，可是经历几百年后，仍然是天下的宗主，即使是晋、楚、齐、秦那样的强国也不敢加以欺凌，这是为什么呢？仅仅是周王的名分尚且存在的缘故。至于鲁国的大夫季氏、齐国的田常、楚国的白公胜、晋国的智伯，他们的势力之大足可以驱逐国君而自立，可是他们终究不敢这样做，难道是他们力量不足或是心有不忍吗？只不过是害怕篡夺名位、僭越身份而招致天下共同的讨伐罢了。如今晋国的大夫欺罔蔑视他们的君主，瓜分晋国，作为天子的周王不仅不能派兵讨伐，反而对他们宠爱而授予官职，让他们位列诸侯国君之中，使周王朝仅有的一点名分也不能守护而一并放弃。周朝先王的礼教到这里全部都丧失了！

或者以为当是之时，周室微弱，三晋强盛[①]，虽欲勿许，其可得乎！是大不然。夫三晋虽强，苟不顾天下之诛而犯义侵礼，则不请于天子而自立矣。不请于天子而自立，则为悖逆之臣[②]，天下苟有桓、文之君[③]，必奉礼义而征之。今请于天子而天子许之，是受天子之命而为诸侯也，谁得而讨之！故三晋之列于诸侯，非三晋之坏礼，乃天子自坏之也。

注释

①三晋：战国时赵、韩、魏三国的合称。

②悖逆：指违反正道，犯上作乱。

③桓：齐桓公，姜姓，吕氏，名小白。任用管仲改革而称霸诸侯。文：晋文公。

译文

有人认为那个时候，周王室已经衰弱，而晋之三国国力强大，即使周王不愿意承认他们，又怎么能做得到呢！事实根本不是这样的。晋之三国虽然强大，如果他们不顾天下的声讨而侵犯道义和礼教，就不会来请求周天子的准许，而是去自立为君了。不向天子请示而自立为国君，那就是犯上作乱的臣子，天下如果有像齐桓公、晋文公那样的贤德诸侯，一定会奉行礼义对他们进行讨伐。如今晋之三国向天子请示，天子又答应了，他们就是奉天子命令而成为诸侯的，谁又能对他们进行征伐呢！因此晋之三国列于诸侯之位，并不是晋之三国破坏了礼教，而是周天子自己破坏了周朝的礼教啊！

乌呼！君臣之礼既坏矣，则天下以智力相雄长[①]，遂使圣贤之后为诸侯者，社稷无不泯绝，生民之类糜灭几尽[②]，岂不哀哉！

注释

①雄长：称霸，称雄。

②糜灭：意指灭亡。糜，指肉糜。灭，指灭亡。

译文

呜呼！君臣之间的礼节已经毁坏了，于是天下便开始用智谋、国力相互争霸，于是让分封为诸侯的圣贤的后代，国家相继泯灭绝亡，周朝百姓的后代几乎全部消亡，这难道不令人悲伤吗！

第二卷　周纪二

显王四十八年（庚子，前321）

齐王封田婴于薛[①]，号曰靖郭君。靖郭君言于齐王曰："五官之计[②]，不可不日听而数览也。"王从之；已而厌之，悉以委靖郭君。靖郭君由是得专齐之权[③]。

注释

①齐王：齐闵王（或作齐湣王、齐愍王）（约前300年—前284年在位），本名田地，一名遂，齐宣王之子。田婴：齐国人，号靖郭君，齐威王之子，齐宣王之弟，孟尝君田文之父。薛：薛城，在今山东省枣庄市。

②五官：西周五个主要官职的联称：司徒、司马、司士、司空、司寇。地位与六卿相当，位次三公，是处理具体事务的官员。或以为五官是级别比六卿低的下级官员。

③专：独断专行。

译文

齐闵王将田婴封在薛城，封号为靖郭君。靖郭君对齐王说："各主管大臣的报告，（您）不能不每天听取并反复省察。"齐王听从了这个建议；不久就感到厌倦了，

（于是）把（这些事）全部交付给靖郭君。靖郭君因此得以专行齐国的大权。

靖郭君欲城薛①，客谓靖郭君曰："君不闻海大鱼乎？网不能止，钩不能牵②，荡而失水③，则蝼蚁制焉④。今夫齐，亦君之水也。君长有齐⑤，奚以薛为⑥！苟为失齐，虽隆薛之城到于天⑦，庸足恃乎⑧！"乃不果城⑨。

注释

①城：城墙，用作动词，筑城墙。

②牵：牵制。

③荡：碰撞；来回冲击。失：丧失；失去。此处当脱离讲。

④制：控制；掌握。

⑤有：占有；掌握。

⑥奚：何，什么。

⑦虽：即使，纵然。隆：高也，崇也。用作动词，加高。

⑧庸：难道，岂。足：值得。恃：依靠，依仗，凭借。

⑨果：成为现实，实现。此处意为"让……成为现实"。

译文

靖郭君想给薛城修筑城墙，有门客对他说："您没有听说过海里的大鱼吗？渔网不能使它停止，鱼钩不能牵制它，（然而）它（一旦）游离海水，连小小的蝼蛄和蚂蚁也可以控制它。今天的齐国，也是您的大海。您长期掌控齐国，又要薛城干什么！如果失掉齐国大权，即使把薛城城墙加高到天上，难道值得依靠么！”（靖郭君）于是没有让修筑城墙成为现实。

靖郭君有子四十人，其贱妾之子曰文。文通傥饶智略[①]，说靖郭君以散财养士[②]。靖郭君使文主家待宾客，宾客争誉其美[③]，皆请靖郭君以文为嗣。靖郭君卒，文嗣为薛公[④]，号曰孟尝君。孟尝君招致诸侯游士及有罪亡人，皆舍业厚遇之[⑤]，存救其亲戚[⑥]，食客常数千人，各自以为孟尝君亲己，由是孟尝君之名重天下[⑦]。

注释

①通：通晓，精通。饶：多。

②说 shuì：劝说，说服。

③美：美好的人或物，此处指美德。

④嗣：继承，接续。

⑤舍：使……住宿；安排住宿。

⑥存：生存，活着。使动用法，使……活。

⑦重：更加，加重。

译文

靖郭君有四十个儿子，他的一个地位低贱的妾生的儿子名叫田文。田文风流通达、颇有智略，他建议靖郭君广散钱财来养士。靖郭君派田文主持家政、接待宾客，宾客都（在靖郭君面前）争相称赞田文的美德，并都请求靖郭君把田文立为继承人。靖郭君死后，田文继位为薛公，号为孟尝君。他招揽各诸侯国的游士和有罪而潜逃的人，为他们置办产业，优待他们，并且还救济他们的亲戚。门下食客常有数千人，并各自以为孟尝君与自己亲近，因此孟尝君的美名传遍天下。

臣光曰：君子之养士①，以为民也。《易》曰："圣人养贤，以及万民②。"夫贤者，其德足以敦化正俗③，其才足以顿纲振纪，其明足以烛微虑远④，其强足以结仁固义；大则利天下，小则利一国。是以君子丰禄以富之，隆爵以尊之；养一人而及万人者，养贤之道也。今孟尝君之养士也，不恤智愚⑤，不择臧否⑥，盗其君之禄，以立私党，张虚誉，上以侮其君，下以蠹其民⑦，是奸人之雄也，乌足尚哉⑧！《书》曰："受为天下逋逃主、萃渊薮⑨。"此之谓也。

注释

①之：助词，位于主谓间，取消句子独立性。

②"《易》曰"句：《周易》颐卦《彖》辞。

③敦化正俗：敦，厚也，使……厚。正，使……正。化、俗，教化，风俗。

④明：意为智慧。烛：洞察。

⑤恤：顾念，体念。

⑥臧否：好坏，善恶。

⑦蠹：蛀蚀；败坏。

⑧乌：代词，表示疑问或反问，相当于“哪里”“怎么”。

⑨“《书》曰”句：出自《尚书·武成》。逋，逃，逃亡。渊，深水，潭。薮 sǒu，生长着很多草的湖泽。薮泽喻指人或物聚集的地方。

译文

臣司马光说：贤德君子蓄养士，是为了民众。《周易》说：“圣人蓄养贤良之人，恩泽遍及天下人民。”士中贤良的人，他的道德情操能够用来使教化敦厚、使风俗端正，才干能够用来整顿纲纪，智慧足以洞察细微、思虑久远，他的强大足以团结巩固仁义之士；从大的方面可以有益于天下，小的方面也可以有益于一国。因此君子拿厚禄来使他富足，提高爵位来敬重他。蓄养一个人就能使恩泽惠及天下百姓，这是养贤的真谛。如今孟尝君的养士（方法），不顾及贤愚，不选择善恶，（他）盗用君主（给他的）薪俸，用来建立自己的私党，沽名钓誉，对上侮辱他的国君，对下蛀蚀百姓利益，这就是奸人中的雄长，哪里值得颂扬啊！《尚书》说：“商纣王是容留天下罪人的主子、藏污纳垢的巢穴。”说的就是这种情况。

孟尝君聘于楚[①]，楚王遗之象床[②]。登徒直送之，不欲行，谓孟尝君门人公孙戌曰[③]："象床之直千金[④]，苟伤之毫发，则卖妻子不足偿也[⑤]。足下能使仆无行者[⑥]，有先人之宝剑，愿献之。"公孙戌许诺，入见孟尝君曰："小国所以皆致相印于君者，以君能振达贫穷，存亡继绝[⑦]，故莫不悦君之义，慕君之廉也。今始至楚而受象床，则未至之国将何以待君哉！"孟尝君曰："善。"遂不受。公孙戌趋去[⑧]，未至中闺，孟尝君召而反之[⑨]，曰："子何足之高，志之扬也？"公孙戌以实对。孟尝君乃书门版曰[⑩]："有能扬文之名，止文之过，私得宝于外者，疾入谏[⑪]！"

注释

①聘：访问。

②遗 wèi：赠送。

③公孙戌：齐国人，时为孟尝君门人。

④直：通"值"，价值。

⑤妻子：妻子和孩子。

⑥仆：古时男子对自己的谦称。

⑦存亡继绝：存，使……存。继，使……继。

⑧趋：快步走。

⑨反：通"返"，返回。

⑩版：古时写字用的木牍。

⑪疾：快；迅速。

译文

孟尝君到楚国访问，楚王赠送他一张象牙床。（孟尝君让）登徒直护送象牙床回国，登徒直不乐意去，（他）对孟尝君门下人公孙戌说："象牙床价值千两黄金，如果有极微小的损坏，（我就是）卖了妻子儿女也不够赔偿啊。（如果）您要是能让我不去送这个象牙床，我有一把祖上传下的宝剑，愿意送给您。"公孙戌答应了。他见到孟尝君说："小国家之所以想把相印交给您，是因为您能扶危济困，使亡国复存，使后嗣断绝者得以延续，所以没有谁不欣赏您的仁义，仰慕您的廉洁。现在您刚到楚国就接受了象牙床，那些尚未去过的国家又将拿什么来接待您呢！"孟尝君听罢回答说："你的话有道理。"于是决定谢绝楚国的象牙床。公孙戌告辞，快步离开，还没出小宫门，孟尝君就把他召回来，问道："你为什么那么趾高气扬、兴高采烈呢？"公孙戌只得把事情如实报告。孟尝君于是在门板上写道："只要能弘扬我田文的名声，阻止我田文的过失的，即使他私自接受了别人的馈赠（也没关系），请赶快来提出谏言。"

臣光曰：孟尝君可谓能用谏矣[①]。苟其言之善也，虽怀诈谖之心[②]，犹将用之，况尽忠无私以事其上乎！

《诗》云："采葑采菲，无以下体[3]。"孟尝君有焉。

注释

①用：采纳并实施。

②谖：欺诈，欺骗。

③"《诗》云"句：比喻不因其所短而舍其所长。出自《诗经·邶风·谷风》。葑 fēng，蔓菁，叶和根、茎都可食，但味苦。菲 fěi，蔬菜名，芜菁类植物。

译文

臣司马光说：孟尝君算得上能虚心接受意见的人了。只要意见合理，即使是怀有欺诈之心，他仍然予以采纳，更何况那些毫无私心用来侍奉主上的尽忠之言呢！《诗经》写道："采集蔓菁，采集土瓜，根好根坏不要管它。"孟尝君达到了（不因其所短而舍其所长的雅量）。

第三卷　周纪三

赧王四年（庚戌，前311）

秦惠王使人告楚怀王[1]，请以武关之外易黔中地[2]。楚王曰："不愿易地，愿得张仪而献黔中地[3]。"张仪闻之，请行。王曰："楚将甘心于子[4]，奈何行[5]？"张仪曰："秦强楚弱，大王在，楚不宜敢取臣[6]。且臣善其嬖臣靳尚[7]，靳尚得事幸姬郑袖[8]，袖之言，王无不听者。"遂往。楚王囚，将杀之。靳尚谓郑袖曰："秦王甚爱张仪，将以上庸六县及美女赎之[9]。王重地尊秦，秦女必贵而夫人斥矣[10]。"于是郑袖日夜泣于楚王曰："臣各为其主耳。今杀张仪，秦必大怒。妾请子母俱迁江南，毋为秦所鱼肉也[11]！"王乃赦张仪而厚礼之。张仪因说楚王曰："夫为从者无以异于驱群羊而攻猛虎[12]，不格明矣[13]。今王不事秦，秦劫韩驱梁而攻楚[14]，则楚危矣。秦西有巴、蜀[15]，治船积粟，浮岷江而下，一日行五百余里，不至十日而拒扞关，扞关惊则从境以东尽城守矣[16]，黔中、巫郡非王之有[17]。秦举甲出武关，则北地绝。秦兵之攻楚也，危难在三月之内，而楚待诸侯之救在半岁之外，夫待弱国之救，忘强秦之祸，此臣所为大王患也。大王诚能听臣，臣请令秦、楚长为兄弟之国，无相攻伐。"

楚王已得张仪而重出黔中地，乃许之。

注释

①秦惠王：嬴姓，名驷，秦国国君（前 337 年—前 311 年在位），秦孝公之子。楚怀王：芈姓，熊氏，名槐，楚国国君（前 328 年—前 299 年在位），楚威王之子，楚顷襄王之父。

②武关：在今陕西省丹凤县东南三十五公里处。黔中：古黔中大致相当于以沅水流域为中心的今湘黔边界地区。

③张仪：魏国贵族后裔，战国时期著名的政治家、外交家和谋略家。

④甘心：满意，满足。

⑤奈何：怎么。

⑥不宜：不应该。

⑦嬖臣：受宠幸的近臣。靳尚：本名尚，楚怀王时期大夫，受封于靳江，世称靳尚。

⑧事：侍奉。幸姬：得到帝王宠爱的姬妾。郑袖：楚怀王的宠妃。

⑨上庸：今湖北省竹山县西南。

⑩贵：指地位尊贵，地位高。

⑪鱼肉：比喻欺凌，残害。

⑫从：通“纵”，指各国合纵抗秦。

⑬不格：不可相斗。

⑭劫：威胁，威逼。梁：即魏国，魏惠王由安邑迁

都大梁（今河南省开封市）后，魏国亦称梁国。

⑮巴、蜀：在今重庆和四川境内。东部为巴国（重庆市），西部为蜀国（四川省成都等市）。

⑯扞关：即江关。故址在今重庆市奉节县东赤甲山上，后移于长江南岸。

⑰巫郡：楚怀王时所设，因巫山得名，今属于重庆市巫山县，另辖有今湖北清江中、上游和四川北部。

译文

秦王让人告知楚王，请求用武关以外的土地交换黔中的土地。楚王说："我不愿意交换土地，愿意得到张仪才献出黔中的土地。"张仪听说这件事，向秦王请求去往楚国。秦王说："楚国要拿走你的性命才会满足，怎么能去呢？"张仪说："秦国强大，楚国弱小，大王您在秦国，楚国应该不敢取我的性命。而且我与楚怀王所宠幸的近臣靳尚关系密切，靳尚在侍奉楚王宠姬郑袖，而郑袖的话，楚王没有不听从的。"张仪于是前往楚国。楚王把张仪囚禁起来，想要杀死他。靳尚告诉郑袖说："秦惠王非常宠爱张仪，将要用上庸的六个县和美女来赎回他。楚王重视土地尊重秦国，秦国美女必定会地位尊贵从而导致夫人遭受冷落。"于是郑袖日夜向楚王哭泣着说："臣子各自为了他们的君主而已。如今杀死张仪，秦王必然非常愤怒。臣妾请求让我们母子二人都迁到江南，不要被秦国欺凌啊！"楚王于是赦免张仪并且用隆重的礼节款待张仪。张仪劝说楚王说："主张各国共同抗击秦国，实在是驱逐羊群去攻击凶猛的老虎，明显不能格斗。如今大王不去服侍秦国，秦国威逼韩国驱赶梁国进攻楚国，那么楚国就危急了。秦国西部有巴、蜀，制造船只囤积粮食，漂浮在岷江而下，一天前行五百多里，不到十天就到达扞关。扞关惊动，那么由此以东的所有城池都会修治守备，黔中、巫郡就不被大王所拥有了。秦国全部军队出武关，那么楚国北方的土地成为绝地。秦国的军队攻打楚国，楚国的危险灾难在三个月之内，楚国等待诸侯国的援救在半年之外，等待弱小国家的援救，忘记强大秦国的祸患，这是臣替大王担心的。大王真心实意能够听从我的，我将请求使秦国、楚国成为兄弟之国，不再相互攻击征伐。”楚王已经得到张仪，却又舍不得用黔中交换，于是同意了张仪的意见，并允许他离去。

张仪遂之韩，说韩王曰：“韩地险恶山居，五谷所生[①]，非菽而麦，国无二岁之食；见卒不过二十万[②]。秦被甲百余万。山东之士被甲蒙胄以会战[③]，秦人捐甲徒裼以趋敌[④]，左挈人头[⑤]，右挟生虏[⑥]。夫战孟贲、乌获之士以攻不服之弱国[⑦]，无异垂千钧之重于鸟卵之上[⑧]，必无幸矣。大王不事秦，秦下甲据宜阳[⑨]，塞成皋[⑩]，则王之国分矣，鸿台之宫[⑪]，桑林之苑[⑫]，非王之有也。为大王计，莫如事秦以攻楚，以转祸而悦秦，计无便于此者！”韩王许之。

注释

①五谷：古人所说的五种谷物。“五谷”说法不同，主要有两种：一指稻、黍、稷、麦、菽；另一指麻、黍、稷、麦、菽。

②见：通“现”，现在。

③被：通“披”，穿戴。蒙：覆盖。胄：中国古代将士防护头部的装具。

④捐：丢弃。徒：只，仅仅。裼：古代加在裘上面的无袖衣。

⑤挈：用手提着。

⑥挟：用胳膊夹着。生虏：俘虏。

⑦孟贲：战国时期卫国著名武士。乌获：战国时期秦国著名力士。

⑧钧：古代重量单位，合三十斤。

⑨甲：围在人体或物体外面起保护作用的装备，用金属、皮革等制成；古汉语中可泛指铠甲，也引申为披甲的士兵。宜阳：今河南省宜阳县。

⑩成皋：本古东虢国，春秋郑制邑，又名虎牢，今属河南省荥阳县。

⑪鸿台：战国时韩国宫名。

⑫桑林：在今河南省荥阳市汜水镇东汤王庙沟一带。

译文

张仪于是去往韩国，劝诫韩王说：“韩国国土险峻，险恶的山多，所生长的五谷不是豆子就是杂麦，国家的粮食储备不能坚持两年；如今的战士不过二十万人。秦国穿戴着盔甲的士兵有一百余万。崤山以东的士兵穿戴铠甲覆盖护具来决战，秦国的人民丢弃盔甲仅穿上衣来追赶敌军，左手提着人头，右手夹着俘虏。秦国用孟贲、乌获之类的勇士来攻击不愿意臣服的弱国，这和在鸟蛋上放千钧的重量没有区别，必定没有幸存的。大王不服侍秦国，秦国派军队占据宜阳，阻隔成皋，那么大王的国家就分开了，鸿台的宫殿、桑林的园苑就不是大王所能拥有了。为了大王谋划，不如侍奉秦国来攻打楚国，不仅转移了祸患，而且使秦国喜悦，我想没有比这更好的计策了！”韩王听从了张仪的建议。

张仪归报，秦王封以六邑，号武信君。复使东说齐王曰："从人说大王者，必曰：'齐蔽于三晋[①]，地广民众，兵强士勇，虽有百秦，将无奈齐何。'大王贤其说而不计其实。今秦、楚嫁女娶妇，为昆弟之国[②]；韩献宜阳；梁效河外[③]；赵王入朝，割河间以事秦[④]。大王不事秦，秦驱韩、梁攻齐之南地，悉赵兵[⑤]，渡清河，指博关，临淄、即墨非王之有也[⑥]！国一日见攻[⑦]，虽欲事秦，不可得也！”齐王许张仪。

注释

①蔽：隐藏，蔽匿。

②昆弟：兄弟。

③效：通“交”，交出。河外：古地域名。春秋至战国，皆以黄河之西为河外。

④河间：今河北省河间市，位于冀中平原腹地。

⑤悉：全部，全都。

⑥临淄：今临淄区，位于山东省淄博市东北部。即墨：今平度市，位于山东半岛西南部。

⑦见：表示被动，相当于“被”。

译文

张仪返回秦国汇报，秦王赏赐他六个城邑，封号武信君。又令他往东游说齐王说：“主导共同抗秦的人一定对大王说：‘齐国隐蔽在三晋中，国土广阔，人民众多，兵卒强壮，战士勇猛，即便有一百个秦国，也将不能把齐国怎么样。’大王您赞成这种说法而不思虑实际。如今秦国、楚国互通婚姻，成为兄弟之国；韩国献出宜阳给秦国；梁国交出黄河以西给秦国；赵王朝见秦王，割让河间来侍奉秦国。大王不侍奉秦国，秦国驱赶韩国、梁国攻打齐国南部的国土，令赵国全部军队渡过清河，直指博关，临淄、即墨就不归大王拥有了！齐国一旦被攻打，即便想要侍奉秦国，也是不能！”齐王听取了张仪的建议。

张仪去，西说赵王曰：“大王收率天下以摈秦①，秦兵不敢出函谷关十五年②。大王之威行于山东，敝邑恐惧，缮甲厉兵[3]，力田积粟，愁居慑处，不敢动摇，唯大王有意督过之也。今以大王之力，举巴、蜀，并汉中，包两周，守白马之津[4]。秦虽僻远，然而心忿含怒之日久矣。今秦有敝甲凋兵军于渑池[5]，愿渡河[6]，逾漳[7]，据番吾[8]，会邯郸之下[9]，愿以甲子合战，正殷纣之事。谨使使臣先闻左右。今楚与秦为昆弟之国，而韩、梁称东藩之臣[10]，齐献鱼盐之地，此断赵之右肩也。夫断右肩而与人斗，失其党而孤居，求欲毋危得乎！今秦发三将军，其一军塞午道[11]，告齐使渡清河，军于邯郸之东，一军军成皋，驱韩、梁军于河外，一军军于渑池，约四国为一以攻赵，越服必四分其地。臣窃为大王计，莫如与秦王面相约而口相结，常为兄弟之国也。"赵王许之。

注释

①摈：排斥。

②函谷关：位于河南省灵宝市北15公里处的王垛村，是历史上建置最早的雄关要塞之一。

③缮：整治军备。厉：磨砺兵器，使锋利。

④白马之津：即白马津，渡口名，在今河南省滑县北。

⑤渑池：今河南省渑池县，北依黄河，南望洛伊。

⑥河：黄河。

⑦漳：水名，源出山西省，流至河北省入卫河。

⑧番吾：古地名，番或作播、鄱。在今河北省磁县境内。

⑨邯郸：今河北省邯郸市。

⑩东藩：东方的藩国。

⑪午道：纵横交贯的要道。

译文

张仪离开齐国，又往西游说赵王说："大王率领天下各诸侯排斥秦国，秦国军队十五年不敢出函谷关。大王的威力在崤山以东传播，秦国非常恐惧，整治军备磨砺兵器，耕作田地积存粮食，时刻忧惧您的威慑，不敢放松警惕，唯恐大王有意责备其过错。如今秦国凭着大王的力量，一举占有巴、蜀，吞并汉中，包围两周，守卫白马津。秦国虽然偏僻遥远，然而心中愤恨含有怒气的日子很久了。现在秦国在渑池有破败的军队，愿意渡过黄河，越过漳水，占据番吾，在邯郸相会，愿意在甲子会战，重演武王伐纣的故事。恭敬地派出使臣我来告知您的近臣。现在楚国与秦国是兄弟之国，韩国、梁国称为东部藩国的臣子，齐国献出盛产鱼盐的土地，这是砍断了赵国的右臂。被砍断了右臂而和人打斗，失去同党而孤立无助，想要没有危险，能做到么！现在秦国派出三支军队，其中的一支阻塞午道，通知齐国渡过清河，在邯郸的东部驻军，一支军队驻扎成皋，驱赶韩国、梁国的军队于河外，一支军队驻扎渑池，与四国约定共同攻打赵国，征服后必定将其土地瓜分为四份。我私自为大王谋划，不如与秦王当面约定并相互统一口径，使两国成为长期的兄弟之国。"赵王听从了张仪建议。

张仪乃北之燕，说燕王曰："今赵王已入朝，效河间以事秦。大王不事秦，秦下甲云中、九原[①]，驱赵而攻燕，则易水、长城非大王之有也[②]！且今时齐、赵之于秦，犹郡县也，不敢妄举师以攻伐。今王事秦，长无齐、赵之患矣。"燕王请献常山之尾五城以和。

注释

①云中：战国赵地，郡治在今内蒙古托克托县，亦即赵故城也，三国魏废。九原：秦置，辖境相当于今内蒙古河套及其以东至包头市。

②易水：河流名，在河北省西部，源出易县境，入南拒马河。

译文

最后张仪来到北方的燕国，劝说燕王说："现在赵王已经朝见秦王，交出河间来侍奉秦国。大王不侍奉秦国，秦国就会派军队到云中、九原，驱策赵国攻打燕国，那么易水、长城就不是大王您所拥有的了！而且如今的齐国、赵国对于秦国，犹如郡县一样，不敢起兵来攻打讨伐。现在大王侍奉秦国，就会很长一段时间没有齐国、赵国的祸患了。"燕王于是要求献上常山脚下的五个城池来求和。

张仪归报，未至咸阳[①]，秦惠王薨，子武王立[②]。

武王自为太子时，不说张仪；及即位，群臣多毁短之。诸侯闻仪与秦王有隙，皆畔衡③，复合从④。

注释

①咸阳：今陕西省咸阳市，八百里秦川腹地。

②武王：秦武王（前 329 年—前 307 年在位），嬴姓，赵氏，名荡，秦惠文王之子。

③畔：通“叛”。衡：通“横”，战国后期，指东方各国与秦联合。

④合从：指六国合纵抗秦。

译文

张仪归国汇报，还没有到达咸阳，秦惠王就去世了，他的儿子秦武王继位。秦武王当太子时就不喜爱张仪；等到他开始做王，大臣中有很多诋毁张仪、数落张仪的短处。其他诸侯国听说张仪和秦武王有感情的裂痕，都背叛与秦国的联合，又再次联合起来共同抵抗秦国。

第四卷　周纪四

赧王三十六年（壬午，前279）

秦白起伐楚[①]，取鄢、邓、西陵[②]。

注释

①白起：郿（今陕西省宝鸡市眉县）人，白氏，名起，春秋秦国大夫白乙丙之后。故又称公孙起。战国时秦国大将。

②鄢：在今湖北省宜城市南，春秋、战国楚都之一。邓：今河南省邓州市。西陵：在今湖北省宜昌市。

译文

秦国大将白起讨伐楚国，攻占了鄢、邓、西陵。

秦王使使者告赵王，愿为好会于河外渑池[①]。赵王欲毋行，廉颇、蔺相如计曰[②]：“王不行，示赵弱且怯也。”赵王遂行，相如从。廉颇送至境，与王诀曰[③]：“王行，度道里会遇之礼毕[④]，还不过三十日；三十日不还，则请立太子以绝秦望。”王许之。

注释

①河外：河西和河南，杨伯浚注：河外指河西与河南，黄河自龙门至华阴，自北而南，晋都于绛，故以河西与河南为外。

②廉颇：战国时赵国将领。嬴姓，廉氏，名颇，山西太原人（一说山西平遥人）。蔺相如：战国时期著名的政治家、外交家。

③诀：将远离而互相告别。廉颇担心赵王无法归来，所以做诀别。

④道里：路程。

译文

秦王派使者告诉赵王，秦国想要和赵国结好并在河外的渑池会盟。赵王不想去赴会，廉颇、蔺相如合计说道："大王如果不去，就会显示出赵国的软弱和害怕。"于是赵王只好前往，蔺相如跟随赵王。廉颇把他们送到边境，和赵王诀别说："大王此次前去，估算赶路和会面礼仪结束，所用的时间不会超过三十天；三十天之后您没回来，请允许立太子为赵王，以断绝秦国想要拿您要挟赵国的念头。"赵王答应了他。

会于渑池。王与赵王饮，酒酣，秦王请赵王鼓瑟[①]，赵王鼓之。蔺相如复请秦王击缶[②]，秦王不肯。相如曰："五步之内，臣请得以颈血溅大王矣！"

左右欲刃相如[3]，相如张目叱之，左右皆靡[4]。王不怿[5]，为一击缶。罢酒，秦终不能有加于赵；赵人亦盛为之备，秦不敢动。赵王归国，以蔺相如为上卿[6]，位在廉颇之右[7]。

注释

①瑟：中国古代的拨弦乐器。

②缶 fǒu：盛酒浆的瓦器。

③刃：用刀杀。

④靡：退下，畏缩。

⑤怿 yì：喜悦。

⑥上卿：古代爵位名。春秋时，周朝及诸侯国的卿分为上、中、下三级，即上卿、中卿、下卿，上卿为最高级别。

⑦右：古代尊崇右，以右为比较尊贵的地位。

译文

在渑池会盟，秦王和赵王饮酒。喝到酒兴正浓的时候，秦王请赵王弹奏瑟，赵王便弹奏了。蔺相如也请秦王敲击缶助兴，秦王不肯敲。蔺相如厉声说道："在这五步之内，我蔺相如就可以血溅大王了。"秦王身边的侍卫想要上前杀掉蔺相如，蔺相如瞪大眼睛怒喝，侍卫都吓得倒退。秦王很不高兴，只好为赵王敲了一下缶。直到酒宴结束，秦国也始终不能对赵国施加非分的要求。而且赵国也为此十分戒备，秦国始终不敢妄为。赵王回到赵国，把蔺相如封为上卿，职位比廉颇尊贵。

廉颇曰："我为赵将，有攻城野战之功。蔺相如素贱人[1]，徒以口舌而位居我上，吾羞，不忍为之下！"宣言曰："我见相如，必辱之！"相如闻之，不肯与会；每朝，常称病，不欲争列。出而望见，辄引车避匿。其舍人皆以为耻[2]。相如曰："子视廉将军孰与秦王？"曰："不若。"相如曰："夫以秦王之威而相如廷叱之，辱其群臣；相如虽驽[3]，独畏廉将军哉！顾吾念之，强秦所以不敢加兵于赵者，徒以吾两人在也。今两虎共斗，其势不俱生。吾所以为此者，先国家之急而后私雠也[4]！"廉颇闻之，肉袒负荆至门谢罪[5]，遂为刎颈之交[6]。

注释

①素：向来。

②舍人：古代豪门贵族家里的门客。

③驽：劣马，这里指才能低下。

④雠：即"仇"。

⑤肉袒：露出上半身。

⑥刎颈之交：誓同生死的朋友。

译文

廉颇不甘心地说："我是赵国的大将，有着攻打城邑的野战之功。而蔺相如向来是个地位低下的人，他只以口舌之利就比我尊贵了，我真感到羞耻，怎么能甘心地位比他低！”就宣称：“如果我见到蔺相如，一定要羞辱他！”蔺相如听说了这件事，就不想和廉颇相遇；每逢上朝，他都经常说自己病了不去上朝，不想和廉颇计较谁高谁低。蔺相如外出，远远看见廉颇的车，他就让自己的车躲开，不让廉颇看见。蔺相如的门客都把这视为羞耻的事。蔺相如对他的门客说：“你们看廉将军和秦王比起来怎么样？”门客说：“廉将军不如秦王。”蔺相如说：“以秦王那样的威严，我都敢当面骂他，羞辱他的大臣；我虽然愚钝，但就那么害怕廉将军吗？我只是考虑到强横的秦国之所以不敢向赵国派兵，只是因为我和廉将军在啊。现在我们两个争斗的话，势必不能共生。我之所以这样做，是先顾及国家的安危后考虑个人的恩怨呀！”廉颇听说了这件事，裸露上身，背着荆条，到蔺相如府上道歉，于是他们俩成了可以同生共死的朋友。

初，燕人攻安平①，临淄市掾田单在安平②，使其宗人皆以铁笼傅车辖③。及城溃，人争门而出，皆以折车辖败，为燕所擒；独田单宗人以铁笼得免，遂奔即墨④。是时齐地皆属燕，独莒、即墨未下，乐毅乃并右军、前军以围莒⑤，左军、后军围即墨。即墨大夫出战而死。即墨人曰：“安平之战，田单宗人以铁笼得全，是多智习兵。”因共立以为将以拒燕。乐毅围二邑，期年不克[⑥]，乃令解围，各去城九里而为垒，令曰：“城中民出者勿获，困者赈之，使即旧业，以镇新民。”三年而犹未下。或谗之于燕昭王曰[⑦]：“乐毅智谋过人，伐齐，呼吸之间克七十余城，今不下者两城耳，非其力不能拔，所以三年不攻者，欲久仗兵威以服齐人，南面而王耳。今齐人已服，所以未发者，以其妻子在燕故也。且齐多美女，又将忘其妻子。愿王图之！”昭王于是置酒大会，引言者而让之曰：“先王举国以礼贤者，非贪土地以遗子孙也。遭所传德薄，不能堪命，国人不顺。齐为无道，乘孤国之乱以害先王[⑧]。寡人统位[⑨]，痛之入骨，故广延群臣，外招宾客，以求报雠；其有成功者，尚欲与之同共燕国。今乐君亲为寡人破齐，夷其宗庙[⑩]，报塞先仇，齐国固乐君所有，非燕之所得也。乐君若能有齐，与燕并为列国，结欢同好，以抗诸侯之难，燕国之福，寡人之愿也。汝何敢言若此！”乃斩之。赐乐毅妻以后服，赐其子以公子之服；辂车乘马[⑪]，后属百两[⑫]，遣国相奉而致之乐毅，立乐毅为齐王。乐毅惶恐不受，拜书，以死自誓。由是齐人服其义，诸侯畏其信，莫敢复有谋者。

注释

①安平：在今山东省淄博市东北。春秋、战国齐地。

②临淄：是周代齐国国都，今山东省淄博市东北。

市掾：管理市场的小官。

③宗人：同族之人。傅：通“附”，附上。

④即墨：今山东省平度市东南。

⑤乐毅：子姓，乐氏，名毅。战国后期杰出的军事家。

⑥期年：满一年。

⑦燕昭王：姬姓，名职，燕国第三十九代君主（前311年—前279年在位）。

⑧孤：封建时代侯王对自己的谦称，这里是谦称自己的国家。

⑨统位：掌管朝政，即位。

⑩宗庙：指古代帝王、诸侯或大夫、士为维护宗法制而设立的祭祀祖宗的处所。

⑪辂：绑在车辕上用来牵引车子的横木。

⑫两 liàng：辆，量词，用于车辆。

译文

当初，燕国军队进攻安平的时候，临淄的一个管理市场的小官田单正在安平，田单让他的族人都用铁皮包裹了车轴头。等到安平被攻破，人们都争着拥出城门，但都因为车轴相撞断裂导致车辆损坏，最后被燕军擒获；仅有田单和他的族人因为用铁皮包裹了车轴而免祸，于是合族逃向即墨。当时齐国管辖的地区都归属了燕国，只有莒和即墨没有被燕人攻下，于是乐毅集合右军、前军围攻莒，左军、后军围攻即墨。即墨的大夫出城迎战战死。即墨的一个人说：“安平之战的时候，田单让族人用铁皮包车轴使得全族保全，这是田单善于谋略、通晓兵法的结果。”因此即墨人共同拥立田单为将领来抵抗燕军。乐毅包围这两座城一年都没有攻破，于是下令解除包围，退到城邑九里之外修筑工事，并下令说：“城里出来的百姓不要抓获，贫穷的人要救济他们，让他们从事以前的工作，这样可以安抚新臣服的民众。”三年过去，两城还没有攻下。有人对燕昭王说乐毅的坏话：“乐毅的才能和谋略超出了普通人，他攻打齐国时，一口气就攻破了齐国的七十多座城，但现在只不过这两座城却久攻不下，不是以他的能力不能攻克，三年没有攻下的原因，是乐毅想靠兵威使齐人臣服，自己在南面称王罢了。现在齐国人已经臣服，而他之所以不发兵攻打，是他的妻子和儿子在燕国的缘故。不过，齐国多产美女，他总会忘掉他的妻子的。希望大王考虑这件事！”燕昭王听后，置办酒席举行盛大的会宴，拉出进谗言的那个人责骂说：“先王在全国礼遇贤德的人，不是贪图土地来留给子孙。但他的继承人德行浅薄，不能胜任他的夙愿，国内的人民不顺服。齐国做没有道义的事，趁着我国内乱而加害先王。我即位以后，对此非常痛恨，所以广泛扩展大臣，在外招揽门客、谋士，希望报先前之仇；如果谁能帮助我成功的话，我想和他共享燕国。现在乐毅亲自带兵为我攻破齐国，毁了齐国的宗庙，终于报了先前的仇。齐国本来就是乐毅应该拥有的，不是燕人所得到的。假使乐毅能拥有齐国，和燕国一起成为同等地位的国家，我们联合结好，以此抵抗诸侯国的攻打，这是燕国的福气，也是我的愿望。你怎么敢这样说！”然后将进谗言的人杀掉。昭王把王后的服饰赐给乐毅的妻子，把公子的服饰赐给乐毅的儿子；豪华的车和优良的马，以及百辆属车，都派宰相奉送给了乐毅，并立乐毅为齐王。乐毅惶恐不敢接受，写下辞书，立下死誓效忠燕国。由此齐国人诚服他的道义，诸侯畏惧他的信誉，再没有敢图谋齐地的人。

顷之，昭王薨[①]，惠王立[②]。惠王自为太子时，尝不快于乐毅。田单闻之，乃纵反间于燕[③]，宣言曰：“齐王已死，城之不拔者二耳。乐毅与燕新王有隙[④]，畏诛而不敢归，以伐齐为名，实欲连兵南面王齐。齐人未附，故且缓攻即墨以待其事。齐人所惧，唯恐他将之来，即墨残矣。”燕王固已疑乐毅，得齐反间，乃使骑劫代将而召乐毅[⑤]。乐毅知王不善代之，遂奔赵。燕将士由是愤惋不和。

注释

①薨 hōng：古代诸侯死亡称“薨”。

②惠王：燕昭王之子，前 278 年—前 271 年在位。

③反间：诱使敌方的间谍或其他人反为我用，制造其内讧而伺机取胜。

④隙：仇怨。

⑤骑劫：战国时期燕国将领。

译文

不久，燕昭王去世，燕惠王即位。惠王在当太子的时候，曾经和乐毅有过矛盾。田单听说了这件事，于是在燕国制造内讧，散布谣言说："齐王已经去世了，但齐国还有两座城没有攻下。乐毅和燕国新任的惠王有仇怨，害怕惠王杀他而不敢回燕国，就以讨伐齐国的名义留在齐地，其实是想带领军队在南面称齐王。齐人还没有归附，所以延缓攻打即墨，等待时机称王。齐国人害怕的就是燕国派其他的将领来，这样即墨就要受破城的苦了。"惠王本来就已经怀疑乐毅了，又被齐国挑拨，就让骑劫代替乐毅，并准备召回乐毅。乐毅知道惠王换将是没安好心，于是逃到赵国。燕国的将士因此愤恨叹息，不再和睦。

田单令城中人食，必祭其先祖于庭，飞鸟皆翔舞而下城中。燕人怪之，田单因宣言曰："当有神师下教我[①]。"有一卒曰："臣可以为师乎？"因反走。田单起引还，坐东乡[②]，师事之。卒曰："臣欺君。"田单曰："子勿言也！"因师之。每出约束，必称神师。乃宣言曰："吾唯惧燕军之劓所得齐卒[③]，置之前行，即墨败矣！"燕人闻之，如其言。城中见降者尽劓，皆怒，坚守，唯恐见得。单又纵反间，言："吾惧燕人掘吾城外冢墓，可为寒心！"燕军尽掘冢墓，烧死人。齐人从城上望见，皆涕泣，共欲出战，怒自十倍。田单知士卒之可用，乃身操版、锸[4]，与士卒分功；妻妾编于行伍之间；尽散饮食飨士[5]。令甲卒皆伏，使老、弱、女子乘城，遣使约降于燕；燕军皆呼万岁。田单又收民金得千镒[6]，令即墨富豪遗燕将，曰："即将，愿无虏掠吾族家！"燕将大喜，许之。燕军益懈。田单乃收城中，得牛千余，为绛缯衣，画以五采龙文，束兵刃于其角，而灌脂束苇于其尾，烧其端，凿城数十穴，夜纵牛，壮士五千随其后。牛尾热，怒而奔燕军。燕军大惊，视牛皆龙文，所触尽死伤。而城中鼓噪从之，老弱皆击铜器为声，声动天地。燕军大骇，败走。齐人杀骑劫，追亡逐北，所过城邑皆叛燕，复为齐。田单兵日益多，乘胜，燕日败亡，走至河上，而齐七十余城皆复焉。乃迎襄王于莒[7]；入临淄，封田单为安平君。

注释

①神师：天神。

②东乡：向东的方向。

③劓 yì：古代割去鼻子的刑罚。

④版：古代筑墙所用的木夹板。锸 chā：即锹，挖土的工具。

⑤飨 xiǎng：以盛宴款待宾客，泛指供人享用。

⑥镒 yì：量词，古代计算重量的单位。二十两或二十四两为一镒。

⑦襄王：本名田法章，齐愍王之子，田齐政权第七

任国君。前283年—前265年在位。

译文

田单下令：城中的人吃饭时，一定先在庭院里祭祀先祖。飞鸟都盘旋落到城中。燕军认为这很奇怪，田单因此宣称："会有天神降下帮助我们的。"有一个士兵说："我可以做这样的天神吗？"说完就起身走了。田单起身把他拉回来，让他向东高坐，以天神的礼节侍奉他。那个士兵说："我欺骗了您。"田单说："你不能再这么说了！"就让他做天神。每当发号施令，就称说是天神的意思。又宣称说："我只害怕燕军用割鼻的刑罚处置俘虏的齐兵，让他们走在燕军的前面，那么即墨将要战败了！"燕人听说了这件事，就照他所说的做了。即墨人见到投降的人被处以割鼻的刑罚，都非常愤怒，誓死守城，特别害怕被割掉鼻子。田单又施行反间计，说："我畏惧燕人挖我城外的祖坟，这样的话我是非常心痛的！"燕军把齐人的祖坟都挖干净，焚烧尸体。齐国人从城墙上远远地看到了，都流下眼泪，争着想出城作战，愤怒是之前的十倍。田单知道这样的士兵可以任用了，就亲自拿着夹板、铁锹和士兵分工合作修筑城防；他的妻子和丫鬟编在队伍中为士兵分食物犒劳士兵。下令让士兵埋伏，让老人、病弱的人、女人登上城墙，并派使臣约定向燕国投降。燕军大呼万岁。田单又征收百姓的千镒的钱，让即墨的富人给燕国的将领，说："你们马上就要占领即墨城，希望不要抢掠我的族人！"燕国将领非常高兴，答应了他们。燕军也有些松懈。田单又在城中征收到一千多头牛，为它们做了大红色的衣服，在身上画了五彩的龙的图文，在它们角上绑了兵器，在它们尾巴上绑了浇过油脂的芦苇，并点着芦苇，在城墙上凿出数十处洞，在夜里放出牛，后面跟着五千个壮士。牛的尾巴烧伤以后，狂怒地冲向燕军。燕军十分吃惊，看到牛身上都是龙的图文，被牛碰到的非死即伤。接着即墨城内传来很响的击鼓声，老人、病弱的人都打击铜器发出声音，声响惊天动地，燕军非常惧怕，战败而逃。齐人杀掉了骑劫，四面追逐逃跑的人，所经过的城都叛变了燕国，又成为齐国的城池。田单的兵力每天都在增多，趁着胜利追击，燕军战败逃跑，行进到黄河，齐国的七十多座城都光复了。于是到莒迎接齐襄王，齐王进入临淄后，封田单为安平君。

第五卷　周纪五

赧王四十五年（辛卯，前 270）

秦伐赵[①]，围阏与[②]。赵王召廉颇、乐乘而问之曰[③]："可救否？"皆曰："道远险狭，难救。"问赵奢[④]，赵奢对曰："道远险狭，譬犹两鼠斗于穴中，将勇者胜。"王乃令赵奢将兵救之[⑤]。去邯郸三十里而止，令军中曰："有以军事谏者死！"

注释

①伐：攻打，有钟鼓且有声讨理由的正式战争。

②阏与 yù yǔ：战国时韩邑，后属赵，在今山西省和顺县。

③赵王：赵惠文王（前 298 年—前 266 年在位），嬴姓，赵氏，名何，赵国君主，赵武灵王次子。廉颇：战国时赵国将领，嬴姓，廉氏，名颇，山西人。乐乘 yuè shèng：赵国名将，乐间（乐毅之子）的同宗，原在燕国为将，前 251 年廉颇大败燕军，乐乘被俘，弃燕归赵。

④赵奢：赵国名将，嬴姓，赵氏，名奢。

⑤将 jiàng：统率，指挥。

译文

秦国征伐赵国，把阏与城包围了起来。赵王召见廉颇、乐乘问他们说：“可以援救阏与城吗？”两人都说：“道路遥远险峻，而且地势崎岖不平，不容易援救。”赵王又向赵奢询问，赵奢回答说：“道路遥远而且险峻狭窄，就像两只老鼠在洞穴中撕咬搏斗，勇敢的人将会取胜。”赵王于是下令让赵奢率领军队前去援救。赵奢刚离开邯郸三十里就停下不再前进，在军中下令说：“如果有人以军中事务上谏，一律处死！”

秦师军武安西①，鼓噪勒兵②，武安屋瓦尽振。赵军中候有一人言急救武安，赵奢立斩之。坚壁二十八日不行③，复益增垒。秦间入赵军④，赵奢善食遣之⑤。间以报秦将，秦将大喜曰：“夫去国三十里而军不行，乃增垒，阏与非赵地也！”赵奢既已遣间，卷甲而趋⑥，一日一夜而至，去阏与五十里而军，军垒成。秦师闻之，悉甲而往⑦。赵军士许历请以军事谏，赵奢进之。许历曰：“秦人不意赵至此，其来气盛，将军必厚集其陈以待之⑧；不然，必败。”赵奢曰：“请受教！”许历请刑，赵奢曰：“胥⑨，后令邯郸。”许历复请谏，曰：“先据北山上者胜，后至者败。”赵奢许诺，即发万人趋之⑩。秦师后至，争山不得上；赵奢纵⑪兵击秦师，秦师大败，解阏与而还⑫。赵王封奢为马服君，与廉、蔺同位；以许历为国尉⑬。

注释

①武安：武安县属魏郡，今河北省武安市。

②勒兵：练兵，统领军队。

③坚壁：使军垒坚固。坚，使动，使……坚固。壁，通“壁”，军垒。

④间：间谍。

⑤遣：发送，打发走。

⑥卷：束裹，裹住。

⑦悉：用尽。

⑧厚集其陈 zhèn：全力集中兵力排兵布阵。集，集合，聚集。陈，名词活用作动词，指列阵，布阵。

⑨胥：按胥、须古人通用，须者待也。

⑩趋：疾速行走。

⑪纵：发，放，放纵，听任。

⑫解：释放。

⑬国尉：战国时掌军政之官。

译文

秦国军队驻扎在武安城西，击鼓呐喊整顿练兵，武安城内屋顶上的瓦片全部都因此而摇动。赵军中一个军吏谈论说，援救武安是紧迫的，立即被赵奢斩首。赵奢的军队加固壁垒，二十八天按兵不动，又增修营垒。秦国的一个间谍偷偷潜入赵军，赵奢用好的饮食招待他，然后将他打发走了。间谍回去禀告秦军大将，秦军大将十分高兴地说：“援军离开自己的国都三十里就按兵不动，还增修营垒，阏与一定不属于赵国了！”赵奢放走间谍以后，下令军队束裹盔甲悄声疾速前进，一天一夜便到了距离阏与五十里的地方，安营扎寨，修起营垒。秦国军队听说后，全部披甲前去迎敌。赵奢军中的军士许历请求就军事提出自己的建议，赵奢便让他进来。许历说：“秦军没有料到赵军会到这里，他们来势汹汹。赵将军你一定要集中兵力列兵布阵来等待敌方，如果不这样做，必定会战败。”赵奢说：“我接受你的指教。”许历因为自己违反了军纪，请处死刑，赵奢忙说：“且慢，你是在邯郸那次下军令之后才上谏，算不上违反军令。”许历便再次请求提出建议说：“先到达并占领北山的人必定会取得胜利，后到的必定会战败。”赵奢同意了他的建议。立即派出上万人疾速奔向北山，秦军在后面到达，争夺北山但无法攻上。于是，赵奢指挥全军猛烈进攻秦国军队，秦军大败，撤去对阏与的包围退兵而归。赵王因此封赏赵奢为马服君，和廉颇、蔺相如有着同等地位；又任命许历为国尉。

穰侯言客卿灶于秦王[①]，使伐齐，取刚、寿以广其陶邑[②]。

注释

①穰侯：魏冉，战国时秦国大臣，曾任秦相国。客卿：秦官名。外国人在秦国做官，其位为卿。

②刚：在今山东省宁阳县堽城镇。寿：在今山东省阳谷县寿张镇。陶邑：今山东省定陶西北，春秋宋地，战国时秦穰侯魏冉被封于此。

译文

魏冉向秦王举荐一名名叫灶的客卿，秦王派遣他率军讨伐齐国，攻下刚、寿两地，用来扩大自己的陶邑封地。

初，魏人范睢从中大夫须贾使于齐[1]，齐襄王闻其辩口，私赐之金及牛、酒。须贾以为睢以国阴事告齐也[2]，归而告其相魏齐[3]。魏齐怒，笞击范睢，折胁，折齿。睢佯死，卷以箦[4]，置厕中，使客醉者更溺之，以惩后，令无妄言者。范睢谓守者曰："能出我[5]，我必有厚谢。"守者乃请弃箦中死人。魏齐醉，曰："可矣。"范睢得出。魏齐悔，复召求之。魏人郑安平遂操范睢亡匿[6]，更姓名曰张禄。

注释

①范睢 suī：字叔，一作范且，战国时魏人，后任秦国丞相。须贾：须姓，魏国中大夫。

②阴事：秘密之事。

③魏齐：魏惠王时任相国。

④箦 zé：竹席。

⑤出：释放。

⑥郑安平：战国时期魏国人。操：携带，带着。

译文

开始的时候，魏国人范雎跟随中大夫须贾出使齐国，齐襄王听说他巧于辞令，私下赠送给他金子、牛和酒食。须贾以为范雎暗中把魏国的秘密告诉了齐国，回国后便向魏国相国魏齐告发范雎。魏齐十分恼怒，下令用鞭子抽打范雎，打折了他的肋骨，打脱了他的牙齿。范雎只好装死，魏齐让人用竹席把他卷起来，抛置到厕所中，还派喝醉酒的宾客轮番往他身上撒尿，用来警诫后人，下令所有人都不能没有根据地任意乱说魏国的事。范雎悄悄对看守的人说："如果你能让我出去的话，我一定有丰厚的谢礼。"看守于是去请示魏齐把卷在席中的死人扔掉，魏齐此时喝醉了酒，便说："可以。"范雎得以逃脱。事后魏齐后悔，又下令寻找范雎。魏国人郑安平带着范雎出逃躲藏，更换姓名叫张禄。

秦谒者王稽使于魏[①]，范雎夜见王稽。稽潜载与俱归，荐之于王，王见之于离宫[②]。范雎佯为不知永巷而入其中[③]，王来而宦者怒逐之[④]，曰："王至！"

范睢谬曰："秦安得王，秦独有太后、穰侯耳！"王微闻其言，乃屏左右[⑤]，跽而请曰[⑥]："先生何以幸教寡人[⑦]？"对曰："唯唯。"如是者三。王曰："先生卒不幸教寡人邪？"范睢曰："非敢然也！臣，羁旅之臣也[⑧]，交疏于王[⑨]，而所愿陈者皆匡君之事，处人骨肉之间，愿效愚忠而未知王之心也，此所以王三问而不敢对者也。臣知今日言之于前，明日伏诛于后，然臣不敢避也。且死者，人之所必不免也，苟可以少有补于秦而死，此臣之所大愿也。独恐臣死之后，天下杜口裹足[⑩]，莫肯乡秦耳[⑪]。"王跽曰："先生，是何言也！今者寡人得见先生，是天以寡人溷先生而存先王之宗庙也[⑫]。事无大小，上及太后，下至大臣，愿先生悉以教寡人，无疑寡人也！"范睢拜，王亦拜。范睢曰："以秦国之大，士卒之勇，以治诸侯，譬若走韩卢而博蹇兔也[⑬]，而闭关十五年，不敢窥兵于山东者，是穰侯为秦谋不忠，而大王之计亦有所失也。"王跽曰："寡人愿闻失计[⑭]！"然左右多窃听者，范睢未敢言内，先言外事，以观王之俯仰[⑮]。因进曰："夫穰侯越韩、魏而攻齐刚、寿，非计也。齐湣王南攻楚，破军杀将，再辟地千里，而齐尺寸之地无得焉者，岂不欲得地哉？形势不能有也。诸侯见齐之罢敝[⑯]，起兵而伐齐，大破之，齐几于亡，以其伐楚而肥韩、魏也。今王不如远交而近攻，得寸则王之寸也，得尺亦王之尺也。今夫韩、魏，中国之处而天下之枢也。王若用霸，必亲中国以为天下枢，以威楚、赵，楚强则附赵，赵强则附楚，楚、赵皆附，齐必惧矣，齐附则韩、魏因可虏也。”王曰：“善。”乃以范雎为客卿，与谋兵事。

注释

①王稽：秦国人。范雎出任相国后举荐他为河东郡郡守，后因私通诸侯而遭弃市。

②离宫：帝王正宫之外的宫室。

③永巷：宫中长巷。

④宦者：被阉割后在宫廷内侍奉帝王及其家族成员的男子。

⑤屏：使退避。

⑥跽 jì：长跪。两膝着地，上身挺直。

⑦幸：表示对方这样做使自己感到幸运。表示对对方的尊敬。

⑧羁旅：寄居他乡。

⑨交疏：交，交情。疏，疏远，不亲近。

⑩杜口：闭口不言。

⑪乡：通“向”，接近，靠近。

⑫溷 hùn：浊，引申为污辱。

⑬韩卢：战国时韩国的名犬，色黑，故名卢。蹇 jiǎn 兔：跛脚的兔子。蹇，跛脚。

⑭失计：计谋错误。

⑮俯仰：应付，周旋。

⑯罢敝：疲劳困乏。罢，通“疲”，疲乏，疲劳。

译文

秦国担任谒者职务的王稽出使魏国，范雎深夜前去拜见。王稽偷偷地把他装运到使车上，和他一同回国，把他举荐给秦王。秦王决定在别宫召见范雎。范雎假装不认识宫中的路而进入长巷。秦王前来，宦官怒声驱逐范雎说："大王来了！"范雎故意胡说道："秦国哪里有大王，秦国只有王太后和穰侯罢了！"秦王稍稍听了一些他所说的话，于是让左右随从退避，跪下并请求说："我有幸可以得到先生的什么指教呢？"范雎恭敬地应答说："是的是的。"秦王像这样子做了三次。秦王问道："先生最终也不愿意对我赐教吗？"范雎说："我哪里敢这样呢！我是一个流亡在外寄居他乡的人，和大王交情甚浅，而且希望向您陈述的又都是纠正您错误的大事，关系到您的亲人，我愿意尽心竭力为您效力，却还不知道大王您的真心，这就是大王三次下问我都不敢回答的原因。我知道如果今天在您的面前说出这番话，明天就有被降服诛杀的危险，但我还是不敢躲开。而且死这件事，是人人都无法避免的，如果我的死能对秦国稍微有点益处，这就是我最大的愿望了。我只是害怕我被处死之后，天下的贤士都闭口不言，有所顾虑徘徊不前，不再愿意投奔秦国了。"秦王又下跪说："先生您这是什么话啊！今天我能见到先生，是上天让我来接触您，为了使秦国的祖业宗庙完好而把您赐给我的。无论事情大小，上到王太后，下到大臣，希望您一一赐教，不要再怀疑我的真心了！"范雎拜秦王，秦王也急忙回拜。范雎这才说道：“以秦国的强大，士兵的勇猛善战，来管理各诸侯国，就像用韩卢那样的猛犬去追捕跛脚兔子。但是秦国却坐守关外十五年，不敢派兵出击崤山以东以炫耀武力，这是因为穰侯魏冉没有竭尽全力地为秦国谋划，但是大王您的考虑也有失误的地方。”秦王跪着说：“我希望知道自己的计谋错在哪里！”但是左右随从有不少人在暗地里偷听，范雎不敢提及内政，便先说到外交事务，来看秦王如何应对。因此进一步说：“穰侯跨过韩国、魏国去进攻齐国的刚、寿两地，不是好的计策。齐王向南进攻楚国时，打败其军队杀死其将领，又开辟了千里土地，但是齐国最后连一尺一寸的领土也没有得到，难道是他不想要土地吗？实在是因为当时的情势所限而无法占有。而各诸侯国看到齐国征战困乏，便发兵征伐齐国，大败齐军，使齐国几乎灭亡。这个结局就是因为齐国攻打楚国而使韩、魏两国富足。现在大王不如采取和远距离的国家结交而攻打近处国家的方针，得一寸土地就是大王的一寸，得一尺土地也是大王的一尺。魏国、韩国，位于中原地区，是天下的关键。大王如果想称霸中原，必须靠近中原之地来操纵天下的枢纽，以震慑楚国、赵国，楚国强大就亲附赵国，赵国强则亲附楚国，楚国、赵国一旦都归顺您，齐国必定恐惧害怕了。齐国再归附，便可以俘获韩国和魏国了。”秦王说：“好。”于是让范雎做了秦国的客卿，和他商议军事。

第十一卷　汉纪三

高帝六年（庚子，前 201）

上已封大功臣二十余人[①]，其余日夜争功不决，未得行封。上在洛阳南宫，从复道望见诸将[②]，往往相与坐沙中语。上曰："此何语？"留侯曰："陛下不知乎？此谋反耳！"上曰："天下属安定[③]，何故反乎？"留侯曰："陛下起布衣[④]，以此属取天下；今陛下为天子，而所封皆故人所亲爱，所诛皆生平所仇怨。今军吏计功，以天下不足遍封；此属畏陛下不能尽封。恐又见疑平生过失及诛，故即相聚谋反耳。"上乃忧曰："为之奈何？"留侯曰："上平生所憎、群臣所共知，谁最甚者？"上曰："雍齿与我有故怨[⑤]，数尝窘辱我；我欲杀之，为其功多，故不忍。"留侯曰："今急先封雍齿，则群臣人人自坚矣。"于是上乃置酒，封雍齿为什方侯；而急趋丞相、御史定功行封[⑥]。群臣罢酒，皆喜，曰："雍齿尚为侯，我属无患矣！"

注释

①上：指汉高祖刘邦（前 206 年—前 195 年在位），字季，秦朝泗水郡沛县（今江苏省沛县）人。汉王朝的开国皇帝，谥号高皇帝，庙号太祖。

②复道：楼阁或悬崖间有上下两重通道，称复道。

③属：近来，意为近来才安定。

④布衣：借指平民百姓，古代平民不能衣着锦绣，故称布衣。

⑤雍齿：沛（今江苏省沛县东）人。前209年，刘邦反秦称沛公，雍齿随从。

⑥丞相：也称宰相，是古代中国最高行政长官的通称。御史：古代一种官名，原是负责记录的史官、秘书官，秦以后为监察性质的官。

译文

高帝已经赏赐了有大功劳的臣子二十多人，其余的人每天争夺功劳，一时无法决定，便没能进行封赏。高帝在洛阳南宫，从天桥上看到将领们三五成群同坐在沙地中议论着什么。高帝问："这是在说什么呢？"留侯张良说："陛下不知道吗？这是在意图谋反啊！"高帝说："天下才刚刚安定下来，为什么又要谋反呢？"留侯说："陛下起自平民百姓，依靠这帮人夺得了天下。现今陛下成了天子，所赏赐的都是和自己亲近友爱的旧部，所诛杀的都是自己生平仇恨埋怨的人。现在将士们计算功劳，认为就算把天下的土地都划作封国也不够全部赏赐，于是这帮人就担心陛下不能全部封赏他们，又害怕因往常的过错而被猜忌以至于惨遭诛杀，所以就聚到一起意图谋反了。"高帝于是担忧地说："这可如何是好啊？"留侯说："皇上平日里最憎恨、百官们又都了解的人，是谁啊？”高帝说：“雍齿与我素有仇怨，他曾经多次围困羞辱我。我想杀了他，但由于他立过很多功劳，所以不忍心杀他。”留侯说：“那么现在就赶紧先赏赐雍齿，如此一来，大臣们也就对自己都能接受封赏深信不疑了。”于是高帝便置办酒宴，封雍齿为什方侯，并催促丞相、御史赶紧论功行赏。大臣们结束饮宴后，都异常高兴，谈论说：“雍齿尚且被封侯，我们这些人也就没什么可忧虑的啦！”

臣光曰：张良为高帝谋臣[①]，委以心腹，宜其知无不言；安有闻诸将谋反，必待高帝目见偶语[②]，然后乃言之邪！盖以高帝初得天下，数用爱憎行诛赏[③]，或时害至公，群臣往往有觖望自危之心[④]；故良因事纳忠以变移帝意，使上无阿私之失[⑤]，下无猜惧之谋[⑥]，国家无虞，利及后世。若良者，可谓善谏矣。

注释

①张良：字子房，颍川城父（今河南省宝丰县李庄乡古城村）人。刘邦的重要谋士，被封为留侯。

②偶语：相聚议论，或窃窃私语。

③数：屡次，多次。

④觖望：因不满而怨恨。

⑤阿私：偏私，不公道，庇护。

⑥猜惧：猜疑恐惧。

译文

臣司马光说：张良身为高帝的谋臣，被当成亲信的人，应该是知无不言，哪有已经听说诸侯要谋反，却要等到高帝亲眼看见有人聚集在一起讨论，然后才讲说这件事的道理啊！大概是因为高帝刚刚夺得天下，多次根据自己的爱憎进行诛杀封赏，有时就会损害到公平，大臣们往往怨恨而且感觉到处境危殆。所以张良就借着这件事进献忠言，来改变转移高帝的想法，使在上者没有偏私不公道的过失，在下者没有猜疑恐惧的心思，国家没有忧患，利益绵延至后代子孙。像张良这样，可以说得上是善于劝谏了。

帝悉去秦苛仪，法为简易。群臣饮酒争功，醉，或妄呼[①]，拔剑击柱，帝益厌之。叔孙通说上曰[②]："夫儒者难与进取，可与守成。臣愿征鲁诸生，与臣弟子共起朝仪[③]。"帝曰："得无难乎？"叔孙通曰："五帝异乐[④]，三王不同礼[⑤]；礼者，因时世、人情为之节文者也。臣愿颇采古礼[⑥]，与秦仪杂就之。"上曰："可试为之，令易知，度吾所能行者为之！"

注释

①妄呼：狂呼乱叫，狂妄地大喊。

②叔孙通：名通，字何，薛县人（今山东省滕州市南，张汪镇故薛城）。初为秦博士，汉兴，采古礼参秦

仪法而制礼，被尊为汉家儒宗。

③朝仪：帝王临朝时的典礼仪式。

④五帝：上古传说中的五位圣君明主。据不同的史料记载，有五种说法：一是黄帝、颛顼、帝喾、尧、舜（《大戴礼记》《史记》）；二是庖牺、神农、黄帝、尧、舜（《战国策》）；三是太昊、炎帝、黄帝、少昊、颛顼（《吕氏春秋》）；四是黄帝、少昊、颛顼、帝喾、尧（《资治通鉴外纪》）；五是少昊、颛顼、帝喾、尧、舜（伪《尚书序》）。

⑤三王：指夏、商、周三代之君。有以下几种说法：一是夏禹、商汤、周武王。《穀梁传·隐公八年》："盟诅不及三王。"范宁注："三王，谓夏、殷、周也。夏后有钧台之享，商汤有景亳之命，周武有盟津之会。"二是夏禹、商汤、周文王。《孟子·告子下》："五霸者，三王之罪人也。"赵岐注："三王，夏禹、商汤、周文王是也。"三是商汤、周文王、周武王。《尸子》卷下："汤复于汤丘，文王幽于羑里，武王羁于王门；越王栖于会稽，秦穆公败于崤塞，齐桓公遇贼，晋文公出走，故三王资于辱，而五霸得于困也。"

⑥颇：副词，略微，稍微。

译文

高帝全部废去秦朝繁琐的礼仪，力求刑罚规则简单易行，大臣们在饮酒时相互争抢功名，喝得酩酊大醉，有的人就狂妄地大喊，拔出佩剑乱砍殿柱，高帝越来越厌恶这种现象。叔孙通于是劝高帝说：“那帮儒生，很难和他们一起攻打天下，但可以和他们一起保守巩固已有的基业。我愿意去招募鲁地的儒生们，来和我的弟子一起制定人臣朝拜君主的礼仪。”高帝说：“只怕是不容易吧？”叔孙通道：“五帝有不同的乐制，三王有不同的礼制。礼制，就是按照当时的世事、人情给人们制定出节制或修饰的法则。我愿意略微用古代的礼节，与秦朝的礼仪糅合起来制定新礼节。”高帝说：“可以试着去做它，但这个礼仪要容易熟知，考虑到我能够做到的程度来制定。”

于是叔孙通使[①]，征鲁诸生三十余人。鲁有两生不肯行，曰：“公所事者且十主，皆面谀以得亲贵。今天下初定，死者未葬，伤者未起，又欲起礼、乐。礼、乐所由起，积德百年而后可兴也。吾不忍为公所为；公去矣，无污我！”叔孙通笑曰：“若真鄙儒也[②]，不知时变！”遂与所征三十人西[③]，及上左右为学者与其弟子百余人，为绵蕞[④]，野外习之。月余，言于上曰：“可试观矣。”上使行礼，曰：“吾能为此。”乃令群臣习肄[⑤]。

注释

①使：动词，出使。

②鄙儒：拘执，不达事理的儒生。

③西：方位名词作动词，往西走，向西去。

④绵蕞：按，引绳为“绵”，束茅以表位为“蕞”，后谓制定整顿朝仪典章为“绵蕞”。

⑤习肄：学习，练习。此为偏义副词。

译文

于是，叔孙通就奉命出使，去招募了鲁地的儒生三十多人。鲁地有两个儒生不肯同去，说道：“您侍奉将近十个君主了，都是依靠当面阿谀奉承赢得亲近、显贵的。如今天下刚刚平定，死去的人还来不及安葬，伤残的人还不能起来行动，又要制定礼乐法制。而礼乐的产生，是积累百年功德之后才能制作兴起的。我们不忍心去做您所要做的事情。您去吧，不要玷辱了我们！”叔孙通笑着说：“你们真是迂腐浅陋的儒生啊，一点儿也不懂时世的发展变化！”于是就带着他所招募的三十人一起向西来到都城，又邀请高帝身边知识渊博品行端正的近臣和自己的弟子，共一百多人，拉起绳子表示施礼的处所，立上茅草代表位次的尊卑，在野外进行演练。一个多月后，叔孙通告诉高帝说：“可以来视察观看了。”高帝于是就命他们演练，看完后说道：“我能够做到这些。”就命令百官们进行练习。

高帝七年（辛丑，前200）

冬，十月，长乐宫成①，诸侯群臣皆朝贺。先平明②，谒者治礼③，以次引入殿门，陈东、西乡。卫官侠陛及罗立廷中，皆执兵④，张旗帜。于是皇帝传警，辇出房⑤；引诸侯王以下至吏六百石以次奉贺，莫不振恐肃敬。至礼毕，复置法酒⑥。诸侍坐殿上，皆伏，抑首⑦；以尊卑次起上寿⑧。觞九行，谒者言"罢酒"，御史执法举不如仪者，辄引去⑨。竟朝置酒，无敢欢哗失礼者。于是帝曰："吾乃今日知为皇帝之贵也！"乃拜叔孙通为太常⑩，赐金五百斤。

注释

①长乐宫：西汉皇家宫殿群，与未央宫、建章宫同为汉代三宫，汉高祖之后为太后居所。

②平明：犹黎明。

③谒者：官名。谒者本有奉使之职，故后世官名，或用"使者"，或用"谒者"。

④兵：兵器，武器。

⑤辇：名词作动词，乘坐辇车。

⑥法酒：古代朝廷举行大礼时的酒宴。因进酒有礼，故称。

⑦抑首：俯首，低头。

⑧上寿：谓向人敬酒，祝颂长寿。

⑨辄：立即，就。

⑩太常：汉朝官职名，掌礼仪祭祀。

译文

冬季，十月，长乐宫落成，诸侯、大臣们前来参加朝贺典礼。仪式是在天刚刚亮的时候举行，谒者主持庆典，按顺序将所有人员领入殿门，站列在东、西两侧，侍卫官员有的在大殿下的台阶两旁站立，有的站在庭中，手握兵器，竖立旗帜。这时皇帝乘坐辇车从宫殿出来，官员们高举旗帜传呼警戒，指引诸侯王以下至六百石的官员按照次序朝拜皇帝，没有不震恐肃敬的。等到典礼仪式结束后，又准备正式酒宴。众侍臣官员陪坐在殿上，俯身低头，按照官位的高低依次起身给皇上敬酒祝福。斟酒连续敬九次，谒者宣布“宴饮结束”。御史执掌礼仪法规，凡是不遵守礼仪法规的人就将他拖出去。因此从朝贺典礼到酒宴终始，没有出现大声喧哗、不合礼仪的人。这时高帝便说：“我今天才知道作为皇帝的尊贵啊！”便任命叔孙通为太常，赏赐黄金五百斤。

初，秦有天下，悉内六国礼仪[①]，采择其尊君、抑臣者存之。及通制礼[②]，颇有所增损，大抵皆袭秦故，自天子称号下至佐僚及宫室、官名，少所变改。其书，后与律、令同录，藏于理官[③]；法家又复不传，民臣莫有言者焉。

注释

①内：同“纳”，收集，接受。

②通：叔孙通。

③理官：指掌管司法的官。

译文

当初，秦王朝统一整个中国，吸收了六国的礼仪，挑选出其中尊崇君主、卑抑臣下的礼仪保存下来。等到叔孙通制定礼仪法规时，略微作了一些增减，基本上都是沿用秦朝的旧制，上至天子称号，下至大小官吏及宫室、官名，所做的更改变动很少。记载这些礼仪法则的书籍，后来和律、令共同收录起来，被理官收藏。由于法家对于这些不再传授，所以百姓和群臣也就没有再言说到。

臣光曰：礼之为物大矣！用之于身，则动静有法而百行备焉；用之于家，则内外有别而九族睦焉[①]；用之于乡，则长幼有伦而俗化美焉；用之于国，则君臣有叙而政治成焉[②]；用之于天下，则诸侯顺服而纪纲正焉；岂直几席之上、户庭之间得之而不乱哉[③]！夫以高祖之明达，闻陆贾之言而称善[④]，睹叔孙之仪而叹息；然所以不能比肩于三代之王者，病于不学而已。当是之时，得大儒而佐之，与之以礼为天下，其功烈岂若是而止哉！惜夫，叔孙生之为器小也！

徒窃礼之糠秕[⑤]，以依世、谐俗、取宠而已，遂使先王之礼沦没而不振，以迄于今，岂不痛甚矣哉！是以扬子讥之曰[⑥]：“昔者鲁有大臣，史失其名，曰：‘何如其大也！’曰：‘叔孙通欲制君臣之仪，召先生于鲁，所不能致者二人。’曰：‘若是，则仲尼之开迹诸侯也非邪？’曰：‘仲尼开迹，将以自用也。如委已而从人，虽有规矩、准绳，焉得而用之！’”善乎扬子之言也！夫大儒者，恶肯毁其规矩、准绳以趋一时之功哉！

注释

①九族：泛指亲属。但“九族”所指，诸说不同。一说指玄孙、曾孙、孙、子、身、父、祖父、曾祖父、高祖父；一说指父族四、母族三、妻族二，父族四是指姑之子（姑姑的子女）、姊妹之子（外甥）、女儿之子（外孙）、己之同族（父母、兄弟、姐妹、儿女）；母族三是指母之父（外祖父）、母之母（外祖母）、从母子（娘舅）；妻族二是指岳父、岳母。

②政治：政局实现安定有序。

③岂直：难道只是；何止。

④陆贾：西汉政治家、文学家、思想家，著有《新语》。

⑤糠秕：谷粒的皮、壳。比喻琐碎的事或无价值的东西。

⑥扬子：扬雄，字子云，西汉蜀郡成都（今四川省

成都市郫县友爱镇）人，西汉学者，长于辞赋。子，对男子的尊称。

译文

臣司马光说：礼的功用很大！把它用到个人身上，动与静就有了规章约束，全部的行为就会完整齐备没有缺憾；把它用到家事上，内外就有明显的区别，九族之间就会和睦相处；把它用到乡里，长幼之间就有了伦理纲常，风俗教化就会美好清廉；把它用到封国，君主与臣子就尊卑有序，君安臣乐，政府统治就会成功安定；把它用到天下，诸侯就顺从归服，法制纪律就会肃正严明。难道只是用在宴会仪式、门户庭院之间维护秩序的吗！以高祖刘邦的睿智通达说来，他可以听取陆贾以文治巩固政权的言论而称赞他，目睹叔孙通制定尊崇君主的礼仪而心生感慨，但是他终究不能与夏、商、周三代圣明君主比肩，就错在他不善于学习啊。在此时，如果能得到大儒辅助，与大儒一起用礼制管理天下，他的功勋伟业又怎会停止呢！可惜啊，叔孙通的器量太小了！只不过是窃取礼制中糠秕般没有价值的东西，以此来依附时世、迎合世俗、求取荣宠罢了，使得历代君王建立的礼仪制度没落不兴，以至于到了今天这种地步，难道不令人痛心至极吗！所以扬雄对此批评说：“以前鲁地有大儒，史书上并没有记载他们的名字。有人问：‘为何说他们是大儒呀？’回答道：‘叔孙通计划制定礼仪法则，便到鲁地招募儒生，没有请来的两个可以称得上大儒。’有人问道：‘既然如此，那么孔子周游的足迹遍布诸侯各国也是错的了？’回答道：‘孔子周游列国，是为了遵照自己的想法做事情。如果放弃自己的立场迁就别人，虽然确定了规则、准绳，又如何能够拿来应用呀！’”扬雄的点评好啊！作为大儒，是不会破坏自己的规则、准绳去追求一时功名利禄的！

第十五卷　汉纪七

文帝（壬申，前169）

时匈奴数为边患，太子家令颍川晁错上言兵事曰①：“《兵法》曰②：‘有必胜之将，无必胜之民。’繇此观之③，安边境，立功名，在于良将，不可不择也。

注释

①太子家令：官名，太子家总管。颍川：郡名，秦置，以颍水得名，治所在阳翟（今河南省禹州市）。晁错：西汉文帝、景帝时重臣。颍川（今河南省许昌市）人。

②《兵法》：古代兵书。

③繇：同“由”，从，自。

译文

汉兴以来，匈奴屡次侵犯汉朝边境，颍川人晁错是太子家总管，他向文帝上书讨论战争问题时说：“《兵法》说：‘有战无不胜的将军，却没有战无不胜的民众。’由此看来，安定边境，建立功名，关键在于能征善战的将军，（所以）不能不（慎重地）选择。

"臣又闻：用兵临战合刃之急者三[①]：一曰得地形，二曰卒服习[②]，三曰器用利。兵法，步兵、车骑、弓弩[③]、长戟[④]、矛铤[⑤]、剑盾之地，各有所宜；不得其宜者，或十不当一。士不选炼，卒不服习，起居不精，动静不集，趋利弗及，避难不毕，前击后解[⑥]，与金鼓之指相失[⑦]，此不习勒卒之过也，百不当十。兵不完利，与空手同；甲不坚密，与袒裼同[⑧]；弩不可以及远，与短兵同；射不能中，与无矢同；中不能入，与无镞同[⑨]；此将不省兵之祸也，五不当一。故《兵法》曰：'器械不利，以其卒予敌也；卒不可用，以其将予敌也；将不知兵，以其主予敌也；君不择将，以其国予敌也。'四者，兵之至要也。

注释

①合刃：兵器的锋刃碰在一起，指交战。

②服习：这里指习熟武艺。服，遵从，遵守；习，熟习。

③弓弩：即弩，是一种用机械力量射箭的弓，一般是使用多层竹木胶制的复合弓，形似扁担。

④戟：古代兵器，实际上是矛和戈的合成体，既有直刃又有横刃，呈十字或卜字形，具有沟、啄、刺、割等多种用途，其杀伤力胜过戈和矛。

⑤矛铤：矛，长柄，有刃；铤，短矛。

⑥解：古同"懈"，松弛，懈怠。

⑦金鼓之指：鸣金击鼓，发出命令。古时作战，击鼓以示前进，鸣金以示收兵。

⑧袒裼：脱去或敞开上衣，露出身体的一部分。

⑨镞：箭头。

译文

“我又听说：在战场上与敌人作战，有三件事情最紧要：第一是占据有利地形，第二是士兵训练有素，第三是武器精良。依照《兵法》所说，步兵、车骑兵、弓弩、长戟、矛铤、剑盾等分别适用于不同的地形，各有适合的用场；如果不适合，十种兵器也比不上一种。没有经过挑选和训练的士兵，不熟悉起居作息，步调不一致，进攻获利时跟不上，躲避锋锐时不能完全统一，前军虽然刀兵相接，但后军却很懈怠，和鸣金击鼓所发的指令不能相应，这是没有训练军队的过错，这样的军队一百个士兵抵不上十个精兵。兵器不齐全不锋利，和徒手作战一样；盔甲不坚固，和裸身作战一样；弩箭射不到远处，和短兵器一样；射不中目标，和没有箭一样；射中目标却不能射入敌人身体，就和没有箭头一样。这是将领不检查武器导致的祸患，这样的军队五个士兵抵不上一个精兵。所以《兵法》说：‘器械不锋利，等于把士卒的命交给敌人；士卒不听号令，等于把将领的命交给敌人；将领不懂兵法，等于把君主的命送给敌人；君主不精心选择将领，等于把国家送给敌人。’这四点，是用兵的关键。

"臣又闻：小大异形，强弱异势，险易异备。夫卑身以事强，小国之形也；合小以攻大，敌国之形也；以蛮夷攻蛮夷，中国之形也。今匈奴地形、技艺与中国异[①]：上下山阪[②]，出入溪涧，中国之马弗与也；险道倾仄[③]，且驰且射，中国之骑弗与也；风雨罢劳[④]，饥渴不困，中国之人弗与也；此匈奴之长技也。若夫平原、易地，轻车、突骑，则匈奴之众易桡乱也[⑤]；劲弩、长戟，射疏、及远，则匈奴之弓弗能格也[⑥]；坚甲、利刃，长短相杂，游弩往来，什伍俱前[⑦]，则匈奴之兵弗能当也；材官驺发[⑧]，矢道同的[⑨]，则匈奴之革笥、木荐能支也[⑩]；下马地斗，剑戟相接，去就相薄，则匈奴之足弗能给也；此中国之长技也。以此观之：匈奴之长技三，中国之长技五；陛下又兴数十万之众以诛数万之匈奴，众寡之计，以一击十之术也。

注释

①匈奴：秦汉时长期盘踞在中原以北的强大的游牧民族。

②山阪：山坡。

③倾仄：《说文》："仄，侧倾也。"这里指倾斜狭窄。

④罢：通"疲"，疲劳，疲乏。

⑤桡乱：扰动，搅乱。

⑥格：抵御。

⑦什伍：古时军队的编制，五人为伍，十人为什。

⑧骀：通“骤”。

⑨矢道同的：箭飞行的路线指向同一个目标。矢道，箭飞行的路线。的，箭靶的中心。

⑩革笥：皮革制成的甲胄。木荐：木板制的防御武器，形如盾。

译文

“我又听说：大国、小国有不同的形势、力量的强弱有不同的趋势，地形险易采用不同的准备。降低身段去侍奉大国，这是小国的作法；联合小国攻打大国，是与敌国抗衡的作法；利用蛮夷去进攻蛮夷，这是中原王朝应采用的策略。现在匈奴在地形、军事技术和中原有很大不同：在山坡上下奔跑，在山涧溪流中出没，中原的马匹比不上匈奴；在危险的道路上，一边奔驰一边射击，中原的骑兵比不上匈奴；在风雨中不惧疲劳，不为饥渴所困，中原将士比不上匈奴人；这是匈奴的优势。如果到了平原、地势平缓的地方，使用轻车、骁勇的骑兵，那么匈奴的军队就很容易被打乱；用强劲的弓弩射，用长戟远距离杀敌，那么匈奴的弓就无法抵御；身穿坚固的铠甲，手持锋利的兵刃，长、短兵器配合使用，弓箭手灵活出击，士兵按什伍编制统一进攻，匈奴的军队就不能抵挡；有勇力的弓箭手，以特制的好箭射向同一个目标，匈奴用皮革和木材制造的防御武器就会失效；下马在地上格斗，剑戟交锋，近距离周旋，匈奴人的脚力就比不上汉军；这是中原的军事优势。照这样看来：

匈奴的优势有三个，汉军的优势有五个；陛下又动用数十万军队去攻伐只有数万军队的匈奴军队，从兵员数量计算，这是以一攻十的战术。

“虽然，兵，凶器，战，危事也；故以大为小，以强为弱，在俯仰之间耳。夫以人之死争胜，跌而不振，则悔之无及也；帝王之道，出于万全。今降胡、义渠、蛮夷之属来归谊者[①]，其众数千，饮食、长技与匈奴同。赐之坚甲、絮衣、劲弓、利矢，益以边郡之良骑，令明将能知其习俗、和辑其心者[②]，以陛下之明约将之。即有险阻，以此当之；平地通道，则以轻车、材官制之[③]；两军相为表里，各用其长技，衡加之以众，此万全之术也。”

注释

①胡：古代泛指居住在北方和西方的少数民族。义渠：在今甘肃省庆阳市西南。义渠为古西戎之国。早在商、周两代的千余年间，庆阳就居住着义渠民族。春秋战国时期，曾建立郡国，与秦、魏抗衡，并曾参与中原纵横争夺之战，后被秦灭掉，融入汉民族。蛮夷：泛指华夏族以外的少数民族。

②和辑：和合集聚。辑，同“集”。

③轻车：原指最为轻便的兵车，此处指驾轻车作战的兵种。

译文

“尽管如此，刀兵是凶器，战争是危险的事；由大变小，由强变弱，顷刻之间就会发生。用人的生死去争得胜利，一旦失利就难以振作，到时候后悔莫及。帝王治理之道，应立足于万无一失。现在胡人、义渠、蛮夷等已归降于朝廷，人数达数千人，他们的饮食、特长，与匈奴相同。赐给他们坚固的铠甲、絮衣、强劲的弓，锋利的箭，再加上边郡的良马，任命通晓兵法并了解蛮夷风俗而且能笼络人心的将领，用您明确的约定去统率他们。一旦遇到险阻，就让这些人抵挡；在平地和交通要道，就用轻车、材官去制服敌人；两支军队互为表里，各自发挥自己的优势，再加上以众击寡，这才是万无一失的方法。”

帝嘉之，赐错书①，宠答焉。

注释

①书：书信，一种用来沟通思想的文体。这里指文帝答复晁错的信。

译文

文帝赞许他的见解，赐给晁错一封亲笔信，以表示宠信。

错又上言曰："臣闻秦起兵而攻胡、粤者[1]，非以卫边地而救民死也，贪戾而欲广大也，故功未立而天下乱。且夫起兵而不知其势，战则为人禽[2]，屯则卒积死。夫胡、貉之人[3]，其性耐寒；扬、粤之人，其性耐暑。秦之戍卒不耐其水土，戍者死于边，输者偾于道[4]。秦民见行[5]，如往弃市[6]，因以谪发之[7]，名曰：'谪戍'；先发吏有谪及赘婿、贾人[8]，后以尝有市籍者[9]，又后以大父母、父母尝有市籍者，后入闾取其左。发之不顺，行者愤怨，有万死之害而亡铢两之报[10]，死事之后，不得一算之复，天下明知祸烈及己也；陈胜行戍，至于大泽[11]，为天下先倡，天下从之如流水者，秦以威劫而行之之敝也。

注释

①粤：古代江南土著呼"人"的发音。粤与越通，越是"人"的意思。今广东、广西，古称百粤之地。

②禽：通"擒"，擒拿。

③貉 mò：通"貊"。古代北方部族名，或指其建立的方国。

④偾：僵死。

⑤见行：征发当兵。

⑥弃市：死刑的一种，在闹市中执行死刑，并将尸体示众。

⑦谪：被罚戍边的罪人。

⑧赘婿：指就婚并定居于女家的男子。以女之父母

为父母，所生子女从母姓，承嗣母方宗祧。秦汉时赘婿地位等于奴婢。贾人：商人。

⑨市籍：经官府准许在特定市区内营业的商人的特殊户籍。

⑩铢两：较小的重量单位，引申为极轻的分量。

⑪大泽：古地名，在今安徽省宿州市西寺坡镇。

译文

晁错再次上书说："臣听说秦率军攻打匈奴和百越，并非是戍卫边境从死亡中拯救人民，而是贪婪残暴想扩充它的土地，所以还未建功立业就导致天下大乱。而且，倘若用兵而不知敌方情势，贸然进攻就会被敌人俘虏，屯守也会被敌人困死。胡人和貉人，生性耐寒；扬、粤一带的人，生性耐暑。秦朝戍卒不服水土，戍边将士死在边境，供给的士兵死于路上。秦朝百姓被征发当兵，就如同去刑场处死一般，于是把征发犯人去戍边称作'谪戍'。先是征发犯罪贬谪的吏以及赘婿和商人充军，后来又征发有过市籍的人，后来又征发祖父母、父母曾有市籍的人，再后来征发居住在闾左的人。征发不能顺民心，被迫当兵的人都心怀愤恨，他们遭遇万死一生的祸害，却得不到丝毫报偿，他们死于战场，家属却得不到免收赋税的回报，天下人都明白秦的暴政最终会祸及自己。陈胜前往戍边，来到大泽乡，首先为天下人做出了反秦的表率。天下人响应跟随陈胜像顺水流动一样，这是秦王朝以严威强制征兵的恶果。

“胡人衣食之业，不著于地[①]，其势易以扰乱边境，往来转徙，时至时去；此胡人之生业，而中国之所以离南亩也[②]。今胡人数转牧、行猎于塞下，以候备塞之卒[③]，卒少则入。陛下不救，则边民绝望而有降敌之心；救之，少发则不足，多发，远县才至，则胡又已去。聚而不罢，为费甚大；罢之，则胡复入。如此连年，则中国贫苦而民不安矣。陛下幸忧边境，遣将吏发卒以治塞，甚大惠也。然今远方之卒守塞，一岁而更，不知胡人之能。不如选常居者家室田作，且以备之，以便为之高城深堑[④]；要害之处，通川之道，调立城邑[⑤]，毋下千家。先为室屋，具田器，乃募民，免罪，拜爵，复其家，予冬夏衣、禀食，能自给而止。塞下之民，禄利不厚，不可使久居危难之地。胡人入驱而能止其所驱者，以其半予之，县官为赎。其民如是，则邑里相救助，赴胡不避死。非以德上也，欲全亲戚而利其财也；此与东方之戍卒不习地势而心畏胡者功相万也。以陛下之时，徙民实边，使远方无屯戍之事；塞下之民，父子相保，无系虏之患[⑥]；利施后世，名称圣明，其与秦之行怨民，相去远矣。”

注释

①著：依靠。

②南亩：即农田。南坡向阳，利于农作物生长，古人田地多向南开辟，故称南亩。

③候：守望，观测。

④深堑：深沟。

⑤调立：统筹安排。

⑥系虏：掳获；俘获。

译文

“匈奴人的衣食产业，不依赖土地，这种情势易于扰乱边境，往来迁徙，时而入侵，时而撤走；这是匈奴人的谋生之道，然而也是中原人离开农田的原因。现在匈奴人屡屡在塞下一带辗转游牧、打猎，察看汉军守塞士卒的情况，发现汉军人少，就会入侵。如果您不救援，边境百姓就会绝望而萌生投敌的念头；如果您救援，发兵太少不够，多发救兵，来自远方各县的增援部队刚到，匈奴军队已经撤走了。大军集合起来不撤走，则军费开支太大；若撤走，匈奴人便乘虚而入。这样连续几年，那么中原地区就会陷入贫困，百姓无法安居。幸得您忧虑边境问题，派遣将吏发兵治理边塞，这恩惠真是太大了。然而现在远方的士卒把守边塞，一年轮换一次，不了解匈奴人的本领。不如选常住（在边塞）的人建立家室耕种农田，并防备匈奴入侵，依据有利地势建成高城深沟；在要害之地、通往河川的道路上，统筹规划规模不小于千户的城镇。先修建房屋，准备农具，再招募百姓，赦免有罪的人，赏给无罪的人爵位，免除其家庭的税役，提供冬衣夏衣和粮食，直到能自给自足为止。塞下的人民，如果没有优厚的利禄，便不能让他们长年累月居住在这危险困难的土地上。匈奴入侵，如果有人能从匈奴手中夺回所掠财物，就分一半财物给他，由县官为他赎买。塞下的百姓倘若得到这样的待遇，邑里就会相互救助，与匈奴搏斗不避死亡。（他们这样做）并非感恩皇上，而是想保全亲戚邻居，贪恋财产；与那些东方守卫的士卒不了解地形并且对匈奴心怀恐惧相比要好出万倍。在陛下执政之时，迁徙百姓以充实边防，使远方没有屯戍边境的徭役；而下塞的居民，父子互相保护，没有被匈奴俘虏的担忧；陛下这样做，利益传到后世，名声称得上圣明，这与秦使人民心生怨恨的所作所为相比，高明多了。”

上从其言，募民徙塞下。

译文

皇帝采纳了晁错的建议，招募百姓迁往边塞定居。

错复言：“陛下幸募民徙以实塞下[①]，使屯戍之事益省[②]，输将之费益寡[③]，甚大惠也。下吏诚能称厚惠[④]，奉明法，存恤所徙之老弱[⑤]，善遇其壮士，和辑其心而勿侵刻[⑥]，使先至者安乐而不思故乡，则贫民相慕而劝往矣。臣闻古之徙民者，相其阴阳之和，尝其水泉之味，然后营邑、立城，制里、割宅，先为筑室家，置器物焉，民至有所居，作有所用。此民所以轻去故乡而劝之新邑也。为置医、巫以救疾病，以修祭祀，男女有昏⑦，生死相恤，坟墓相从，种树畜长，室屋完安。此所以使民乐其处而有长居之心也。

注释

①实：使动用法，使充实。

②益省：益，更加。省，简易，减免。

③益寡：更加减少。

④厚惠：深厚的恩惠。

⑤存恤：存，保存，留存。恤，对别人表同情，怜悯。

⑥辑：聚集。

⑦昏：同“婚”。

译文

晁错再次上书说：“您招募百姓迁徙去充实塞下，使驻屯戍守的徭役更加减省，运输费用更加减少，这是莫大的恩惠啊。下层官吏的表现倘若确实能与您对百姓的深厚恩惠相称，遵守奉行您的法令，同情爱惜迁来的民众中那些年老体弱之人，善待其中的壮士，争取笼络民心而不是刻薄欺辱他们，使先来的人安居乐业而不想念自己的故乡，那么贫民就会感到羡慕并且相互劝勉前往了。臣听说古代迁徙百姓，要先考察当地阴阳是否调和，品尝当地泉水的味道，然后营造村邑、建造城墙，规制乡里、划分住宅地，先为百姓修建房屋，置办器物，百姓来到后便有可居之所，劳作便有可用之物。这正是百姓轻易离开故乡而迁往新居的原因。为迁徙来的百姓设立医生、巫神，来救治疾病，主持祭祀。百姓能够婚嫁，生死相依，坟墓相互连丛，栽种树木，喂养六畜，屋房完备安全。这样做正是百姓喜欢所居住的地方而愿意长期居住的原因啊。

“臣又闻古之制边县以备敌也[①]，使五家为伍，伍有长，十长一里，里有假士，四里一连，连有假五百，十连一邑，邑有假候，[②]皆择其邑之贤材有护、习地形、知民心者[③]；居则习民于射法，出则教民于应敌。故卒伍成于内，则军政定于外。服习以成[④]，勿令迁徙，幼则同游，长则共事。夜战声相知，则足以相救；昼战目相见，则足以相识；欢爱之心，足以相死。如此而劝以厚赏，威以重罚，则前死不还踵矣[⑤]。所徙之民非壮有材者，但费衣粮，不可用也；虽有材力，不得良吏，犹亡功也[⑥]。

注释

①制：建制，规制。

②“使五家为伍”至“邑有假候”句：上古兵民合一，伍、里、连、邑，均为行政、军事建制单位。自周始，后代多因之，其制不一。各单位均有长官，

伍有伍长，里有假士，连有假五百，邑有假候。假，大。百，通“伯”。假五百，帅名。候，军候。

③有护：有保护能力。

④服习：犹习惯，适应。

⑤还踵：转身逃跑。还，旋转。踵，脚后跟。

⑥亡功：亡通“无”，没有功效。

译文

“臣又听说古代为保边境各县防备敌人而创设的建制：让五家组成一伍，每伍设置伍长；每十伍组成一里，里设假士；每四里组成一连，连设假五百；每十连组成一邑，邑设假候，都是选择邑中有保护能力、熟悉地形、了解民心的贤者担任职务；安居无事时教民众学习射箭技法，出动时教民众抵御敌人。军队组织制形成于内部，军事政令便能在外部发挥作用。这些习惯逐渐养成，不准他们迁徙离开，幼小时一同玩乐，长大后一起共事。夜间战斗凭声音便能互相知晓，足以互相救援；白天作战亲眼看见对方，就足以相互识别；存有互相友爱之心，足以使他们同生共死。用重赏劝慰，用重罚威逼，（人们）就会前仆后继而不会临阵脱逃。所迁徙的百姓如果不是强壮有力的人，只能空费衣食，不能征用；虽然强壮有力，倘若没有好官去管理，仍不会有功效。

“陛下绝匈奴不与和亲[①]，臣窃意其冬来南也[②]；一大治，则终身创矣[③]。欲立威者，始于折胶；来而不能困，使得气去，后未易服也。”

注释

①绝：阻隔不通。和亲：汉朝采取的与匈奴通婚以缓和民族矛盾的一种绥靖政策。

②窃意：私下估计。

③一：一旦。创：创伤，喻遭受重大的损失。

④折胶：指秋冬时节。

译文

“陛下断绝与匈奴的往来，不与匈奴和亲，臣私下估计匈奴冬天会向南进犯；边境一旦大治，就可使匈奴遭受长久的重创。倘若想树立威名，就应利用好秋季；匈奴来犯而不能让他们陷于困境，使他们得志而去，以后就不容易降服了。”

错为人峭直刻深[①]，以其辩得幸太子，太子家号曰“智囊”。

注释

①峭直：严厉直率。

译文

晁错为人不仅刚直而且严峻苛刻，凭辩才而得到太子的宠信，太子家里称他为“智囊”。

第十七卷　汉纪九

武帝（辛丑，前140）

冬，十月，诏举贤良方正直言极谏之士[①]，上亲策问以古今治道[②]，对者百余人。广川董仲舒对曰[③]："道者，所繇适于治之路也[④]，仁、义、礼、乐，皆其具也。故圣王已没，而子孙长久，安宁数百岁，此皆礼乐教化之功也。夫人君莫不欲安存，而政乱国危者甚众；所任者非其人而所繇者非其道，是以政日以仆灭也[⑤]。夫周道衰于幽、厉，非道亡也，幽、厉不繇也。至于宣王[⑥]，思昔先王之德，兴滞补敝[⑦]，明文、武之功业，周道粲然复兴，此夙夜不懈行善之所致也。

注释

①举：汉朝实行人才察举制度，举是推荐、推举的意思。贤良：有道德有才能的人才。方正：正直，公正。

②策问：从汉代起，皇帝为选拔人才进行考试，事先将问题写在竹简上，叫"策"。策问是以对答形式考试的一种文体，内容以经义、政事为主。

③广川：汉代广川郡，今河北省枣强县东南。董仲舒：

广川人，西汉今文经学大师。

④繇：通“由”，从、自。适：往，归向。

⑤仆灭：毁灭，败灭。

⑥宣王：周宣王（前827年—前782年在位），姬姓，名静（一作靖），周厉王之子，西周朝第十二代王。

⑦敝：通“弊”，弊病，害处。

译文

冬季，十月，（汉武帝）下发诏令，命群臣举荐才华出众、道德高尚、正直公正、敢于进谏的人才，汉武帝亲自以古往今来治理天下的道理为题考问举荐者，对答的人有一百多。广川人董仲舒对答说：“所谓的‘道’，是指由此能适用于天下大治的途径，仁、义、礼、乐都是‘道’的具体方法。所以圣明的君王已经去世，而子孙却长久存在，天下安定太平可达数百年，这都是礼乐教化的功效。凡是君主没有人不希望国家安宁长存的，但政治混乱国家危亡的却很多。用人不当，所依从的并非治理国家的正道，这是国家政治一天比一天败灭的原因。周王朝治国之道在幽王、厉王时期衰败，并不是治国之道灭亡了，而是幽王、厉王不遵循治国之道。到了周宣王时，他怀念过去先王们的德政，恢复滞塞的政令，弥补弊病，彰扬周文王、周武王的功业，周朝治国之道的光彩再次焕然兴起，这是昼夜不懈地推行善政所取得的成效。

“孔子曰：‘人能弘道，非道弘人[①]。’故治乱废兴在于己，非天降命，不可得反；其所操持悖谬[②]，失其统也。为人君者，正心以正朝廷[③]，正朝廷以正百官，正百官以正万民，正万民以正四方。四方正，远近莫敢不壹于正[④]，而亡有邪气奸其间者[⑤]，是以阴阳调而风雨时，群生和而万民殖[⑥]，诸福之物，可致之祥，莫不毕至[⑦]，而王道终矣！

注释

①“孔子曰”句：出自《论语·卫灵公》，意谓明智之人则能行道，内无其质，非道所化。

②操持：掌握。悖谬：荒谬，不合事理。

③正：使动用法，使……端正，正直。

④壹：动词，统一。

⑤亡：没有。奸：通“干”，干扰。

⑥群：诸、众。

⑦毕：全，尽。

译文

“孔子说：‘明智的人可以发扬道，而不是道能弘扬内无其质的人。’所以国家治乱兴亡在于自己，如果不是上天降下大命，统治就不会丧失；（如果）君王的行为荒谬不合情理，就会丧失统治秩序。作为人民的君主，要通过端正自己的思想来整肃朝廷，整肃朝廷可整肃百官，整肃百官可整肃天下百姓，整肃天下百姓可整肃四方。四方都已经整肃，那么远近就没有敢不统一于正道的，而且也没有邪气在其间干扰，因此阴阳协调风雨及时，众多生物和谐相处而百姓繁衍，所有象征幸福的东西，可以招致它们的祥瑞之象，这一切一一尽现，是王道最好的结果！

“孔子曰：‘凤鸟不至，河不出图，吾已矣夫！’[①]自悲可致此物，而身卑贱不得致也。今陛下贵为天子，富有四海，居得致之位，操可致之势，又有能致之资；行高而恩厚，知明而意美[②]，爱民而好士，可谓谊主矣。然而天地未应而美祥莫至者，何也？凡以教化不立而万民不正也。夫万民之从利也，如水之走下，不以教化堤防之，不能止也。古之王者明于此，故南面而治天下[③]，莫不以教化为大务。立太学以教于国，设庠序以化于邑，[④]渐民以仁，摩民以谊，节民以礼，[⑤]故其刑罚甚轻而禁不犯者，教化行而习俗美也。圣王之继乱世也，扫除其迹而悉去之，复修教化而崇起之；[⑥]教化已明，习俗已成，子孙循之[⑦]，行五六百岁尚未败也。秦灭先圣之道，为苟且之治，故立十四年而亡，其遗毒余烈至今未灭，使习俗薄恶，人民嚚顽[⑧]，抵冒殊捍[⑨]，熟烂如此之甚者也。窃譬之：琴瑟不调，甚者必解而更张之，乃可鼓也；为政而不行，甚者必变而更化之[⑩]，乃可理也，故汉得天下以来，常欲治而至今不可善治者，失之于当更化而不更化也。

注释

①“孔子曰”句：语出《论语·子罕》。颜师古曰：“凤鸟、河图，皆王者之瑞，仲尼自叹有德无位，故不至也。”

②知：通“智”，智慧。

③南面：古代以坐北朝南为尊位，故天子、诸侯见群臣，或卿大夫见僚属，皆面南而坐。帝位面朝南，故代称帝位。

④太学：中国古代的大学。太学之名始于西周，汉代始设于京师。庠序：古代的地方学校。

⑤渐：浸，浸染。摩：揣测，体会。谊：同“宜”，符合正义，合宜的道德、行为。节：节制，节约。

⑥悉：全，都。去：除掉，剪掉。复：还原旧貌。修：整治，恢复。

⑦循：顺，顺而行之。

⑧嚚顽：愚蠢而顽固。

⑨抵：触也。冒：犯也。殊：绝也。捍：拒也。

⑩更化：改制，改革。更，改变，改换。

译文

“孔子说：‘凤鸟不来，黄河也不出现八卦图，我这一生也就完了吧！’他悲哀自己本可招致凤鸟、河图这些祥瑞，但因为身份卑微地位低下而不能招致。现在陛下您贵为天子，拥有广大的国土，居于可以招致祥端的尊位，操持着可以招致祥瑞的权势，又有能够招致祥瑞的资质；品行高尚而恩德深厚，智慧英明而心意美好，爱护百姓而喜好贤士，可称得上是最好的君主了。但是天地没有回应而美好吉祥的征兆没有到来，为什么呢？主要是因为德教风化没有树立，使得百姓没有整肃端正。百姓都在追逐钱财利益，就如同水流向低处一样，不用德教风化筑堤防范，就不能阻止。古代英明的君主深知此理，所以面南为王治理天下时，没有不把德教风化作为根本大事的。建立太学，以便在都城兴起德教风化，兴办学府，以便在地方城邑开导民众，用仁义来浸润民众，用符合正义的道德行为让民众体会，用礼仪来节制民众，当时的刑罚很轻但没有人触犯法禁，这是因为推行了德教风化而使社会风俗变得美好。圣明的君主继承了骚乱不平的世道，首先要把它的一切残余全都扫除，修复整治德教风化，并且推崇德教风化；德教风化已见明效，好的社会风俗已经形成，子孙后代顺而行之，实行五六百年也不会衰败。秦朝毁弃先代圣王的治国之道，实行只顾眼前、得过且过的统治方法，所以建国仅十四年就灭亡了。秦朝遗留的恶劣影响至今仍未清除，导致风俗浅薄恶劣，百姓愚蠢而顽固，抵触冒犯，拼死反抗，风俗竟然败坏到这种程度。我私下打个比方：琴瑟声音不和谐，严重时必须取下旧弦，更换新弦，才可以弹奏；统令不能推行，严重时一定要加以改变，才能治理好。所以自汉朝取得天下以来，一直想治理好，但至今没有治理好，缺失在于应当实行改革时而没有改革。

“臣闻圣王之治天下也，少则习之学，长则材诸位[①]，爵禄以养其德，刑罚以威其恶，故民晓于礼谊而耻犯其上。武王行大谊[②]，平残贼，周公作礼乐以文之；至于成、康之隆[③]，囹圄空虚四十余年[④]：此亦教化之渐而仁谊之流，非独伤肌肤之效也。至秦则不然，师申、商之法[⑤]，行韩非之说[⑥]，憎帝王之道，以贪狼为俗[⑦]，诛名而不察实，为善者不必免而犯恶者未必刑也。是以百官皆饰虚辞而不顾实，外有事君之礼，内有背上之心，造伪饰诈，趋利无耻；是以刑者甚众，死者相望，而奸不息，俗化使然也。今陛下并有天下，莫不率服[⑧]，而功不加于百姓者，殆王心未加焉[⑨]。《曾子》曰：‘尊其所闻，则高明矣；行其所知，则光大矣。高明光大，不在于他，在乎加之意而已[⑩]。’愿陛下因用所闻，设诚于内而致行之，则三王何异哉！

注释

①材：通“才”，才能。

②谊：同“义”。

③成、康：成，周成王（前1042年—前1021年在位，据《夏商周断代工程》），姬姓，名诵，周武王之子，是西周第二代王。康，周康王（前1020

年—前996年在位，据《夏商周断代工程》），姬姓，名昭，周成王之子。史书载，“成康之际，天下安宁，刑错四十余年不用”，后世称之为“成康之治”。

④囹圄：监狱。

⑤申、商：申不害，亦称申子，韩国著名思想家，法家代表人物，以“术”著称，使韩国走向富强。商鞅，卫国人，又称卫鞅，法家代表人物。商鞅通过变法使秦国强大，史称“商鞅变法”。

⑥韩非：韩非子，韩国公子，战国末期韩国人，法家思想的集大成者，后世称“韩子”或“韩非子”。

⑦贪狼：狼性贪婪，故谓贪者为贪狼。

⑧率服：相率而服从，亦指顺服。

⑨殆：副词，大概，恐怕。

⑩曾子：姓曾，名参，字子舆，春秋末年生于鲁国东鲁（今山东省临沂市平邑县），孔子高足，后世儒家尊他为“宗圣”。 曾子之言意为：敬重自己所听到的道理，看待问题就高明了；实践自己所知道的道理，就会光大自己的知识。高明光大，不在于其他，在于多加注意罢了。

译文

“臣听说圣明的君王治理天下，臣民们年幼的时候就让他学习，长大后就给他官位历练他的才能，赐爵给禄来培养他的德行，实施刑罚以威慑他的坏想法，这样民众就会通晓礼义道德而且以逆犯君上为耻。周武王遵行大义，镇压了凶残暴虐的人，周公制作了礼乐制度来修饰周朝的政治；到了成王、康王的盛世，监狱空虚长达四十多年。这也是德教风化的浸润和仁义道德的流布所致，而不止是伤残皮肉所能达到的效果。到秦代就不是这样，（秦朝）以申不害、商鞅的法令为效仿对象，实行韩非子的学说，憎恶帝王的治国之道，以贪求财利为风俗，只重虚名而不重事实，行善的人不一定能免受刑罚而作恶的人也不一定会受到惩罚。因此百官都装饰言辞花言巧语而不注重实际政务，表面上有侍奉君上的礼仪，内心却有背叛君上的念头，弄虚作假来掩饰狡诈之心，追求财利而毫无廉耻；所以遭受刑罚的人很多，死人相连，但是奸邪犯罪之事却没停息，是习俗风化的影响造成了这样的状况。现在陛下统治天下，没有不顺服于您的，但是治理效能却没有加给百姓，大概是由于您没有多注意这个问题吧。《曾子》一书说：‘敬重自己所听到的道理，看待问题就高明了；实践自己所知道的道理，就会光大自己的知识。高明光大，不在于其他，在于多加注意罢了。’希望陛下能够依据所听到的道理，内心真诚地信奉并推行开来，那么，您与圣明的三王就没有什么不同了！

“夫不素养士而欲求贤[①]，譬犹不琢玉而求文采也。故养士之大者，莫大呼太学[②]；太学者，贤士之所关也[③]，教化之本原也。今以一郡、一国之众对，亡应书者[④]，是王道往往而绝也。臣愿陛下兴太学，置明师，以养天下之士，数考问以尽其材[⑤]，则英俊宜可得矣。今之郡守、县令，民之师帅，[⑥]所使承流而宣化也；故师帅不贤，由主德不宣，恩泽不流[⑦]。今吏既亡教训于下，或不承用主上之法，暴虐百姓，与奸为市[⑧]，贫穷孤弱，冤苦失职，甚不称陛下之意；是以阴阳错缪[⑨]，氛气充塞[⑩]，群生寡遂，黎民未济，皆长吏不明使至于此也！

注释

①素养：平日豢养。素，素来，平日。

②呼：称道，称举。

③关：由也，来源。

④亡：通“无”，没有。

⑤数：屡次。材：通“才”，才能。

⑥郡守：郡的长官，主一郡政事。秦废封建设郡县，郡置守、丞、尉各一人。守治民，丞为佐。县令：官名，一县的行政长官。师帅：表率。

⑦宣：传达，传播。流：流传，传播。

⑧市：比喻政治上外交上的交易。

⑨缪：通“谬”，错误。

⑩氛：古时迷信说法，指预示吉凶的云气，也特指凶气。塞：塞满，充满。

译文

“平日不培养重视士人而想要求得贤能之臣，就好像不雕琢玉石而想求得花纹光采一样。所以养士最要紧的莫过于称道兴建太学；太学，是培养贤人志士的关键，是推行德教风化的本原。现在让一郡、一国的民众都来对答，而没有一个符合诏书要求的人，这是上古圣王之道常常灭绝的原因。臣希望陛下您可以兴建太学，置请贤明的老师，培养天下的士人，经常考问以便尽量表现他们的才能，那么英才俊杰就可以得到了。现在的郡守和县令，是百姓的表率，其职分就在于上承（皇上的）仁德之流而向下宣传德教风化；所以表率没有贤才，是由于君主的仁德不能宣传，恩惠福泽不能流布。现在的官吏既然不能教化下民，有的又不能运用主上的法度，残酷虐待百姓，与奸邪的坏人勾结交易，贫困的人孤弱无依，冤屈痛苦失去职业，十分不称合陛下的心意，这都是因为阴阳二气错综，凶气充满天地，众生弱小无依，平民百姓没有得到救济，官吏不称职会使得国家发展到这种地步！

“夫长吏多出于郎中、中郎、吏二千石子弟[①]，选郎吏又以富訾[②]，未必贤也。且古所谓功者，比任官称职为差，非谓积日累久也；故小材虽累日，不离于小官，贤材虽未久，不害为辅佐[③]，是以有司竭力尽知[④]，务治其业而以赴功。今则不然。累日以取贵，积久以致官，是以廉耻贸乱[5]，贤不肖浑淆[6]，未得其真，臣愚以为使诸列侯、郡守、二千石各择其吏民之贤者，岁贡各二人以给宿卫[7]，且以观大臣之能；所贡贤者，有赏，所贡不肖者，有罚。夫如是，诸吏二千石皆尽心于求贤，天下之士可得而官使也。遍得天下之贤人，则三王之盛易为而尧、舜之名可及也。毋以日月为功[8]，实试贤能为上，量材而授官[9]，录德而定位[10]，则廉耻殊路，贤不肖异处矣！

注释

①郎中：属员外级，就是分掌各司事务，其职位仅次于尚书、侍郎、丞相的高级官员。中郎：郎官的一种，即省中之郎，为帝王近侍官。二千石：汉官秩，又为郡守（太守）的通称。汉郡守俸禄为两千石，即月俸百二十斛，因有此称。

②訾：通“赀”，钱财。

③害：妨也。

④有司：指官吏。古代设官分职，各有专司，故称“有司”。知：通“智”，才能。

⑤贸：音“茂”，草木繁盛茂密，形容繁盛。

⑥浑：动词，混同。淆：搅扰，混杂。

⑦宿卫：在宫禁中值宿，担任警卫。

⑧毋：副词，不要。

⑨量：计量。

⑩录：记录。

译文

“官吏多出自郎中，中郎、二千石官员的子弟，选任郎官又以家庭富裕、资金充足为条件，（所选的人）未必贤能。而且古代所说的事功，是按照任职官员政绩的等差，并不是指任职年限的长久；因此，才能低的人即使是任职年限长，也仍做小官，贤能的人虽然任职不久，也不妨做辅政大臣，所以主事官员都尽心竭力，各司其职以求建功立业。现在却不是这样。靠任职年限就可以获取显贵，得到官职，因此廉耻转化掺杂，贤能和不肖混淆杂乱，不能了解他们才能的真伪。愚见认为，应让列侯、郡守、二千石禄秩的官员各自选择其所管理的吏民中的贤人，每年向朝廷选送二人到宫中担任宿卫，而且可以用这种方法来考察大臣才能；选送的人是贤才，给以奖赏，选送的人不好，就给以惩罚。如果这样施行，所有二千石官员都尽心寻求贤人，天下的贤士都可以得到并成为官员以供指使。全部得到天下的贤人，那么三代圣王的功业不难成就，而且尧舜的美名也可以企及。不要用任职时间长短计算功劳，实际考察贤能为上，根据各人才能授予不同官职，记录其品行而确定不同的地位，就会使廉耻各别、贤与不肖处于不同地位了！

“臣闻众少成多，积小致钜[①]，故圣人莫不以暗致明[②]，以微致显；是以尧发于诸侯[③]，舜兴乎深山，非一日而显也，盖有渐以致之矣。言出于己，不可塞也[4]；行发于身，不可掩也；言行，治之大者，君子之所以动天地也。故尽小者大，慎微者著；积善在身，犹长日加益而人不知也；积恶在身，犹火销膏而人不见也[5]；此唐、虞之所以得令名而桀、纣之可为悼惧者也[6]。

注释

①钜：同“巨”，大。

②暗：隐藏的状态。

③发：发迹。

④塞：阻塞。

⑤销：耗尽，毁灭。膏：油脂。

⑥唐：上古帝尧政权的称号，又称陶唐氏。唐本为地名，在今山西省临汾市一带，具体不详。或说在今山西省太原市。虞：帝舜先封于虞（今山西省平陆县东北），称有虞氏。

译文

“我曾听说聚少成多，积小成大，因此古代的圣贤之人，没有一个不是从默默无闻而变得声名远播，由身份低微而达到声名显赫；因此，尧由诸侯之位开始发达，舜从深山密林中得以兴盛，并非一日之内突然变得显赫起来，大概都是逐步达到的。话语是通过自己的口说出来的，不能阻塞；行为是由自身产生的，无法掩饰；言语和行为，都是治理天下的大事，君子之所以能够感天动地正是因为言行得当。所以，能处理好一切小事的人，最终才能成就一番大业，善于注意一切细微的人，最终会使功绩德行彰显。积累善行，犹如白天日日增长但人们不觉得；积累恶行，犹如灯火消耗灯油，连自己也察觉不到；恰恰就是这一点使得唐尧虞舜成就万世美名，而夏桀商纣则令人悲悼戒惧。

“夫乐而不乱[①]，复而不厌者[②]，谓之道。道者，万世亡敝[③]；敝者，道之失也。先王之道，必有偏而不起之处，故政有眊而不行[④]，举其偏者以补其敝而已矣。三王之道，所祖不同[⑤]，非其相反，将以救溢扶衰，所遭之变然也。故孔子曰：‘无为而治者其舜乎[⑥]！’改正朔[⑦]，易服色[⑧]，以顺天命而已[⑨]；其余尽循尧道，何更为哉！故王者有改制之名，亡变道之实[⑩]。然夏尚忠，殷尚敬，周尚文者，所继之救当用此也。孔子曰：‘殷因于夏礼，所损益可知也；周因于殷礼，所损益可知也；其或继周者，虽百世可知也[⑪]。’此言百王之用，以此三者矣。夏因于虞，而独不言所损益者，其道一而所上同也。道之大原出于天[⑫]，天不变，道亦不变；是以禹继舜，舜继尧，三圣相受而守一道，亡救敝之政也，故不言其所损益也。繇是观之[⑬]，继治世者其道同，继乱世者其道变。

注释

①乱：淫乱。

②复：反复。

③敝：弊病。

④眊：阴暗不明。

⑤祖：以……为祖。

⑥“孔子曰”句：语出《论语·卫灵公》，其意为：无为却可以治理天下的就是帝舜了。

⑦正朔：正，一年的第一月。朔，一月的开始。

⑧服色：指车马、祭祀、服饰等的颜色。

⑨天命：上天决定的命运。

⑩亡：无。

⑪“孔子曰”句：《论语·为政》。殷：商代。因：因袭，依循。损：减少。益：增加。

⑫原：本原，根本。

⑬繇：同“由”。

译文

“快乐而不淫乱，反复行善而不感到厌倦，这就是‘道’。所谓道者，可使万世没有弊害；如果有弊害产生，一定是因为没有按照道行事。一定是因为在执行先王之道的时候有所偏废，所以政治昏乱，政令得不到施行，那么补救的方法，就是运用王道中被偏废的部分去补救积累的弊端便可以了。三代圣王的治国之道，侧重点各有千秋，并不是它们之间相互矛盾，它们都是用来医治社会积弊，只是由于各自面对的社会情况不同，才形成了风格迥异的治国之道。所以孔子说：‘说到无为而治的人，应该非舜莫属了吧！’舜改换历法，改变衣服颜色，只是顺应天意罢了。其余一切都遵循尧的治国之道，哪里用得着改变什么呢？所以，圣明的君主，应该有改变制度的名义，而没有改变治道的实际内容。然而，夏代崇尚忠直，商代崇尚恭敬，周代崇尚礼仪，之所以历朝历代崇尚不一，是因为它们要各自弥补前朝的缺点和过失，必须使用各自不同的方法。孔子说：‘商代承袭了夏代的制度，所废除的和增加的制度是可以知道的；周代承袭了商代的制度，所废除的和增加的是可以知道的；若以后有人继承周代，即使过了一百代之后所实行的制度，也可以通过推测得出来。’这是说百代君主所用的治国之道，都是使用夏礼、商礼、周礼这三类了。夏代是继承了有虞氏的制度，而孔子唯独没有说到两者之间的制度是否有所变更，是因为两者的治国制度一致，而且所推崇的原则相同。道博大精深的原因，是由于它来源于天，只要天不变，道也就不会改变；因此，夏禹继位于虞舜，虞舜继位于唐尧，三位圣王相互授受禅让天下，而遵循相同的治世之道，因为清明的世道不需要其他方法来补救积弊，因此孔子便没有说他们之间的增减。由此看来，继承一个大治的朝代，统治者应该继承实行前朝的治国之道；继承一个政治昏乱的朝代，统治者应该改变治国之道。

“今汉继大乱之后，若宜少损周之文致[①]，用夏之忠者。夫古之天下，亦今之天下，共是天下，以古准今[②]，一何不相逮之远也[③]！安所缪而陵夷若是[④]？意者有所失于古之道与，有所诡于天之理与[⑤]？

注释

①损：简化。文致：指礼乐。

②准：量。

③相逮：相及。

④陵夷：衰败；走下坡路。

⑤诡：违反，违背。

译文

“现在汉朝建国是在乱世之后，似乎应该简化过分强调礼仪的周代制度，而提倡夏代的忠直之道。古代的天下，也就是今天的天下，而同样的天下，为什么古代制度与今天相比较，却会有天差地别？为何败坏到如此地步？是因为没有遵循古代的治国之道，或许是因为与天理有所违背吗？

“夫天亦有所分予：予之齿者去其角，傅其翼者两其足[①]，是所受大者不得取小也。古之所予禄者，不食于力，不动于末[②]，是亦受大者不得取小，与天同意者也。夫已受大，又取小，天不能足，而况人乎！

此民之所以嚣嚣苦不足也[③]。身宠而载高位[④]，家温而食厚禄，因乘富贵之资力以与民争利于下，民安能如之哉！民日削月朘[⑤],浸以大穷[⑥]。富者奢侈羡溢，贫者穷急愁苦；民不乐生，安能避罪！此刑罚之所以蕃而奸邪不可胜者也[⑦]。天子大夫者，下民之所视效，远方之所四面而内望也；近者视而放之，远者望而效之，岂可以居贤人之位而为庶人行哉！夫皇皇求财利[⑧]，常恐乏匮者，庶人之意也；皇皇求仁义，常恐不能化民者，大夫之意也。《易》曰：'负且乘，致寇至[⑨]。'乘车者，君子之位也；负担者，小人之事也；此言居君子之位而为庶人之行者，患祸必至也。若居君子之位，当君子之行，则舍公仪休之相鲁[⑩]，无可为者矣。

注释

①傅：通"附"，附着，加上。

②末：末业，古代重农轻商，手工业、商业被称为末业。

③嚣嚣怨愁：怨恨。

④载：乘，占据。

⑤朘：减少。

⑥浸：逐渐。

⑦蕃：繁多。

⑧皇皇：犹惶惶，慌恐、彷徨不安的样子。

⑨"《易》曰"句：《易·解》六三爻辞。意思是背着东西的仆从乘车，会招致贼寇的到来。

⑩公仪休：战国时鲁国人，鲁穆公的宰相，为官清廉。

译文

“上天也有分配赐予的规则：赐给（动物）锐利的牙齿就去掉它的角，加给翅膀就让它只有两只脚，这正是已享受大的利益的人，不能再获得小的利益。古代那些接受高官厚禄的人，不允许靠气力谋食，不得经营工商末业，这是得到大的利益就不能再获取小利，这与天的旨意是相同的。那些已获取大的利益又要获取小的利益的人，连上天都不能满足，更何况人呢！这正是百姓纷纷怨叹、困苦不足的根源。那些身受荣宠而居于高位，家庭富足又享受厚禄（的人），凭借着富贵的资本和势力，在下面与百姓去争夺利益，百姓怎么能比得上他们啊！百姓日日月月地被削弱，渐渐陷入穷困境地。富人奢侈成风大肆挥霍，贫民们生活煎迫愁苦；人民不愿意活下去，怎么可能不犯罪呢？这正是刑罚繁多但奸邪的行为却不能制止的原因。天子的官员，不仅是平民百姓观察仿效的对象，是四面八方的各族人民向中央观察仿效的对象；远近的人都观察和仿效他们，怎么可以身居贤人的高位却像平民百姓一样行事呢？急急忙忙地求财求利，而经常害怕穷困，这是平民百姓的心理；急急忙忙地追求仁义，常担心不能感化百姓，这才是大夫应有的心理。《易经》说：‘背负着东西乘车，招来了强盗抢劫。’乘坐车辆，这是君子的位置；身背肩担，这是小人的事；《易经》的这句话，是说居于君子尊位而去做平民百姓的事，这样的人，一定会招来祸患。如果居于君子之尊位，就应当有正人君子该有的行为，做该做的事。犹如公仪休遵奉法度，按原则行事，丝毫不改变规制，因此百官的品行自然端正，除了这样的辅政方法，再没有别的方法了。

"《春秋》大一统者[①]，天地之常经，古今之通谊也。今师异道，人异论，百家殊方，指意不同，是以上无以持一统，法制数变，下不知所守。臣愚以为诸不在'六艺'之科[②]、孔子之术者，皆绝其道，勿使并进，邪辟之说灭息，然后统纪可一，法度可明，民知所从矣！"

注释

①《春秋》：我国现存最早的一部编年体史书，由孔子据鲁国史书修订，记载了从鲁隐公元年（前722年）到鲁哀公十四年（前481年）的历史，也是儒家的经典。大：重视，尊重。一统：天下统系于中央政权。

②六艺：六艺有二说：一指礼、乐、射、御、书、数六种术艺。二指六经，即《易》《书》《诗》《礼》《乐》《春秋》。

译文

“《春秋》所重视的天下一统，是天地动行的永久法则，是古往今来共同的义理。现在各个经师所传的道不尽相同，每个人的观点各有千秋，百家学说方向不同，旨意也不相同，因此，君主无法实现统一，法令制度数次变化，臣下不知到底应该遵守什么。臣愚蠢地认为各种不在儒家‘六艺’范围内和孔子学说的学术，都应该禁绝其活动，不许它们（与儒学）齐头并进。邪恶不正的学说消灭止息了，然后所有的政令就可以统一，法度就可以明确，民众就明白该遵从什么了！”

天子善其对，以仲舒为江都相[①]。会稽庄助亦以贤良对策[②]，天子擢为中大夫[③]。丞相卫绾奏[④]：“所举贤良，或治申、韩、苏、张之言乱国政者[⑤]，请皆罢。”奏可。董仲舒少治《春秋》，孝景时为博士[⑥]，进退容止，非礼不行，学者皆师尊之。及为江都相，事易王[⑦]。易王，帝兄，素骄，好勇。仲舒以礼匡正，王敬重焉。

注释

①江都相：江都国的相。

②会稽：会稽郡。庄助：又作严助，字详，会稽吴（今苏州市吴县）人，西汉辞赋家。

③中大夫：官名，掌论议。

④卫绾：西汉代国大陵（今山西省文水县）人。历仕文、景、武帝三朝，先后任中郎将、河间王太傅、太子太傅、御史大夫，并做过三年丞相。

⑤申、韩、苏、张：申不害、韩非、苏秦、张仪，均为战国时人。前二者为法家代表，后二者为纵横家代表。

⑥孝景：汉景帝刘启。博士：秦汉时是掌管书籍文典、通晓史事的官职，后成为学术上专通一经或精通一艺、从事教授生徒的官职。

⑦易王：刘非（前 168 年—前 127 年），曾封江都王，汉景帝之子。

译文

武帝对董仲舒的对答很欣赏，任命他为江都国的相。会稽人庄助也以贤良参加了对答，武帝破格提拔他担任中大夫。丞相卫绾向武帝启奏："所举荐贤才良士，凡是有研究申不害、韩非、苏秦、张仪的学说扰乱国家政治的，请您都让他们停止。"这一奏请获得认可。董仲舒少时研究《春秋》，孝景帝时做了博士官，言行举止，不合乎礼法的不做，学者们都把他当作自己的老师一样尊敬。等到他做了江都国的相，辅佐江都易王刘非。易王，是武帝的兄长，历来骄傲蛮横，好勇力。董仲舒用礼义来加以匡正，易王也很敬重董仲舒。

第二十一卷　汉纪十三

武帝（辛巳，前100）

上嘉匈奴单于之义[①]，遣中郎将苏武送匈奴使留在汉者[②]，因厚赂单于[③]，答其善意。武与副中郎将张胜及假吏常惠等俱[④]，既至匈奴，置币遗单于[⑤]。单于益骄，非汉所望也。

注释

①上：汉武帝。单于：广大之貌，匈奴称其君主为单于。

②中郎将：官名。秦置中郎，至西汉置中郎将以统领皇帝的侍卫，属光禄勋。苏武：字子卿，杜陵（今陕西省西安市东南）人，西汉大臣，武帝时为郎。

③赂：赠送。

④假吏：本非吏而临时充任为吏者。

⑤遗：给予，馈赠。置：准备，安排。

译文

汉武帝赞许匈奴单于合乎情理的做法，于是派遣中郎将苏武出使，护送扣留在汉的匈奴使者回国。趁便送给单于很丰厚的礼物，以答谢他的好意。苏武与副使中郎将张胜及临时委派的使臣属官常惠等一同前往，已经到了匈奴那里，备办了一些财物送给单于。单于却更加倨傲，不是汉朝所期望的那样。

会缑王与长水虞常等及卫律所将降者[①]，阴相与谋劫单于母阏氏归汉[②]。卫律者，父故长水胡人，律善协律都尉李延年[③]，延年荐言律使于匈奴，使还，闻延年家收，遂亡降匈奴。单于爱之，与谋国事，立为丁灵王。虞常在汉时素与副张胜相知，私候胜曰[④]："闻汉天子甚怨卫律，常能为汉伏弩射杀之。吾母、弟在汉，幸蒙其赏赐[⑤]。"张胜许之，以货物与常。后月余，单于出猎，独阏氏、子弟在[⑥]，虞常等七十余人欲发[⑦]，其一人夜亡告之[⑧]。单于子弟发兵与战，缑王等皆死，虞常生得[⑨]。

注释

①会：适逢，恰值。缑王：匈奴的一个贵族。长水：在今陕西省蓝田县，汉派遣胡骑（归化的胡人所组成的骑兵）屯聚于此。虞常：长水的胡骑，后降匈奴。

②阏氏：匈奴称单于妻为阏氏。

③善：与……相善。协律都尉：汉武帝立乐府，使司马相如等作诗赋，以宦者李延年为协律都尉，谱成乐调，但在当时为临时官名，不常设。至晋代，改称协律校尉，属太常寺。李延年：西汉音乐家，

汉武帝宠妃李夫人的哥哥。收：逮捕，拘押。

④私：此处指不公开。候：访。

⑤幸蒙：希望受到。

⑥阏氏子弟：阏氏及单于的子弟。

⑦发：发动。

⑧夜亡：夜间逃亡，指逃离其同党。告之：告发此事。

⑨生得：犹言活捉。

译文

适逢曾经归降过汉朝的匈奴缑王和长水虞常，以及卫律所带来的被迫投降匈奴的原汉朝人暗自谋划，打算把单于的母亲阏氏劫掠到汉朝去请功。卫律，其父为长水胡人，卫律本人则因与汉朝的协律都尉李延年相善，经李延年推荐，受汉朝派遣出使匈奴。卫律自匈奴还时，听闻李延年因罪全家被捕，于是就逃到匈奴投降。单于非常喜欢他，与他商讨国家大事，封他为丁灵王，虞常在汉朝时一向与副使张胜有交往，他私下拜访张胜时说："听说汉朝皇帝对卫律有怨怼，我虞常能为汉庭埋伏弩弓将其射死。我的母亲和弟弟都在汉朝，愿其能受到皇帝赏赐。"张胜许诺了他，将许多财物赠予虞常。过了一个多月，单于外出狩猎，只有阏氏与单于的子弟留在王庭。虞常等七十余人将要起事，不料其中一人于夜间逃走，告发了此事。于是单于子弟发兵与虞常等人交战，缑王等全都战死，虞常被活捉。

单于使卫律治其事[①]，张胜闻之，恐前语发，以状语武[②]。武曰："事如此，此必及我[③]，见犯乃死，重负国[④]。"欲自杀，胜、惠共止之。虞常果引张胜[⑤]。单于怒，召诸贵人议，欲杀汉使者。左伊秩訾曰[⑥]："即谋单于，何以复加！宜皆降之。"单于使卫律召武受辞[⑦]。武谓惠等："屈节辱命，虽生，何面目以归汉！"引佩刀自刺。卫律惊，自抱持武，驰召医，凿地为坎，置煴火[⑧]，覆武其上，蹈其背以出血。武气绝，半日复息。惠等哭，舆归营[⑨]。单于壮其节，朝夕遣人候问武，而收系张胜[⑩]。

注释

①治：审理。

②发：泄露。状：情况。语：此处作动词，告诉。

③及：连及。

④见犯：被侵犯，被凌辱。重：更加。

⑤引：牵引。指其供出张胜之事。

⑥左伊秩訾：匈奴王号。王号有左、右之分。

⑦辞：指口供。

⑧煴火：火之无焰者。

⑨舆：此处用作动词。

⑩收系：逮捕而系于狱中。收，捕。

译文

匈奴单于派卫律审理这一案件，张胜听闻此事后，担心他和虞常私下所说的那些话被揭发，便把事情经过告诉了苏武。苏武说："事情到了如此地步，这一定会牵连到我们，（自己奉命出使，不能申明约束，致副使张胜有此错误行为，已经辜负了国家。）若不趁此时自杀，以致日后受到匈奴凌辱再死，那就更对不起国家了。"因此想自尽，张胜、常惠一同阻止了他。随后虞常果然供出张胜，单于勃然大怒，召集贵族们前来商议，意欲杀死汉使。匈奴左伊秩訾说："即使他们想谋害单于，也不过是判处死刑罢了。宜令其全部归降。"单于派卫律召唤苏武来受审。苏武对常惠等人说："丧失气节，玷辱使命，即使活着，又有何颜再归汉呢！"说着拔出佩刀自刎。卫律大吃一惊，亲自抱住苏武，（派人）骑快马去找医生，医生挖了个浅坑，在坑中点燃微火，然后把苏武脸朝下放在坑上，用脚踩苏武的后背，使淤血流出。苏武本已断气，如此这般过了好半天才恢复气息。常惠等痛哭，以车载苏武返回营幕。单于认为苏武的气节值得敬佩，早晚都派人探望问候，而将张胜逮捕监禁起来。

武益愈，单于使使晓武，欲降之，会论虞常[①]，欲因此时降武；剑斩虞常已，律曰："汉使张胜谋杀单于近臣，当死，单于募降者赦罪[②]。"举剑欲击之，胜请降。律谓武曰："副有罪，当相坐[③]。"武曰："本无谋，又非亲属，何谓相坐！"复举剑拟之[④]，武不动。

律曰："苏君！律前负汉归匈奴，幸蒙大恩赐号称王，拥众数万，马畜弥山⑤，富贵如此！苏君今日降，明日复然；空以身膏草野⑥，谁复知之！"武不应。律曰："君因我降⑦，与君为兄弟；今不听吾计，后虽欲复见我，尚可得乎！"武骂律曰："汝为人臣子，不顾恩义，畔主背亲⑧，为降虏于蛮夷，何以汝为见！且单于信汝，使决人死生，不平心持正，反欲斗两主，观祸败。南越杀汉使者，屠为九郡⑨；宛王杀汉使者，头悬北阙⑩；朝鲜杀汉使者，即时诛灭；独匈奴未耳。若知我不降明，欲令两国相攻，匈奴之祸从我始矣。"律知武终不可胁，白单于，单于愈益欲降之。乃幽武置大窖中⑪，绝不饮食；天雨雪，武卧，啮雪旃毛并咽之，数日不死。匈奴以为神，乃徙武北海上无人处⑫，使牧羝，曰"羝乳乃得归⑬。"别其官属常惠等，各置他所。

注释

①使使：派遣使者。晓：告白，通知。会：共同。

②募：招求之意。

③相坐：连坐。古代法律规定谋反等大罪者亲属也要处罚，称为连坐。

④拟之：做出杀的样子。

⑤弥山：充满山野。

⑥膏：肥沃。此处用作动词。

⑦因：依靠。

⑧畔：通“叛”。
⑨屠：犹夷，平定。
⑩宛王：大宛国王。大宛，西域国名，在今乌兹别克斯坦的费尔干纳盆地。
⑪幽：幽囚。大窖：空的粮窖。
⑫北海：即今俄罗斯西伯利亚的贝加尔湖，为当时匈奴的北境。
⑬乳：生育。

译文

苏武病情日渐好转，单于派遣使者知会苏武，欲使其归降匈奴，适逢处斩虞常，意欲借此契机迫使苏武归降。剑斩虞常后，卫律说：“汉使张胜意图谋害单于的亲信大臣，其罪当诛，单于招募归降，姑且赦免归降于匈奴的人。”说完举剑要击杀张胜，张胜请求投降。卫律又对苏武说：“副使有罪，理应连坐到你。”苏武回答说：“我本来就没有参与谋划，且不是张胜的亲属，怎么谈得上连坐？”卫律又举剑作势要杀苏武，苏武岿然不动。卫律说：“苏君！我曾经背叛汉朝，归降匈奴，有幸蒙单于大恩、赐我爵号，让我称王，拥有奴隶数万，马匹牲畜满山，如此富贵！苏君若今日归降，明日就会富贵如我，否则徒然以身体润泽草野，使之肥沃，谁人知晓呢？”苏武毫无反应。卫律又说：“你若依我引荐，归降匈奴，我与你结为兄弟；若不听我的建议，以后即使想见我，还能得到机会吗？”苏武骂道：“你身为汉朝臣子，却不顾恩德礼义，背叛君主、抛弃亲人、投降蛮夷异族，我见你干什么！况且单于信任你，让你决定别人的生死，你却居心不平，不主持公道，反而想要使汉皇帝和匈奴单于二主相斗，旁观两国的灾祸和损失。南越国诛杀汉使，结果九郡被平定；大宛王诛杀汉使，其人头被悬挂在汉朝的宫阙之下；朝鲜诛杀汉使，立即被讨平；唯独匈奴还未受惩罚。你明知我不会投降却想趁此契机挑起两国之间的战争，恐怕匈奴的灾祸将自（杀死）我苏武始。”卫律知道苏武终究不会投降，不得不如实禀报单于。单于见苏武如此忠心，越发想要使他投降，便将苏武囿于一个大地窖中，断绝其生活供应，不予饮食。正值大雪纷飞，苏武卧着嚼雪，同毡毛一起吞下充饥，几日不死。匈奴人以为有神灵庇佑，便将苏武流放到北海荒无人烟处，让他放养一群公羊，并对苏武说：“等到公羊生了小羊，你就可以归汉了。”分开他的随从官吏常惠等人，分别投放到其他地方。

第二十二卷　汉纪十四

武帝（庚寅，前91）

初[①]，上年二十九乃生戾太子[②]。甚爱之。及长，性仁恕温谨，上嫌其材能少[③]，不类己；而所幸王夫人生子闳[④]，李姬生子旦、胥[⑤]，李夫人生子髆[⑥]，皇后、太子宠浸衰[⑦]，常有不自安之意。上觉之，谓大将军青曰[⑧]："汉家庶事草创[⑨]，加四夷侵陵中国[⑩]，朕不变更制度，后世无法；不出师征伐，天下不安；为此者不得不劳民。若后世又如朕所为，是袭亡秦之迹也[⑪]。太子敦重好静，必能安天下，不使朕忧。欲求守文之主[⑫]，安有贤于太子者乎！闻皇后与太子有不安之意，岂有之邪？可以意晓之。"大将军顿首谢[⑬]。皇后闻之，脱簪请罪[⑭]。太子每谏征伐四夷，上笑曰："吾当其劳，以逸遗汝，不亦可乎！"

注释

①初：当初、起初。多用于追述以往之事。

②戾太子：刘据，汉武帝刘彻和皇后卫子夫之长子，后立为太子，又称"卫太子"。巫蛊之乱中，刘据被杀，刘据之孙刘询后即帝位，是为汉宣帝，宣帝谥刘据曰"戾"，故刘据又称"戾太子"。

③材：通“才”。才能，能力。

④王夫人：汉武帝刘彻妃。闳：刘闳，王夫人所生。

⑤李姬：王夫人的婢女，受武帝宠幸而生刘旦、刘胥。

⑥李夫人：本倡家出身，中山（今河北省定州市）人，生子刘髆 bó。

⑦皇后：孝武思皇后，名卫子夫，河东平阳（今山西省临汾市）人，汉武帝的第二任皇后，大司马大将军卫青的姐姐。浸：渐渐，逐渐。衰 cuī：减少。

⑧青：卫青，字仲卿，河东平阳（今山西省临汾市）人。西汉武帝时的大司马大将军。

⑨庶：众；多。草创：开始创建或创办。

⑩四夷：为对中原地区周边文明水平较低各族之泛称，指东夷、西戎、南蛮、北狄。陵：通“凌”。侵犯；欺侮。中国：指华夏族所居住的中原地区。

⑪袭：沿袭；重蹈。

⑫守文：本谓遵循文王法度，后泛指遵循先王法度。

⑬顿首：磕头，头叩地而拜。

⑭脱簪：去掉头上的簪子。脱，去掉。簪，古代妇女用来绾结头发的长针。

译文

起初，汉武帝二十九岁时才生下了戾太子刘据，汉武帝非常疼爱他。刘据日渐长成，性格仁厚宽恕、柔和恭敬，汉武帝嫌他才能少，不像自己；当时汉武帝宠爱的王夫人也生一子名叫刘闳，李姬生二子刘旦、刘胥，李夫人生一子刘髆。皇后、太子因皇上对他们的宠爱日渐减少，常常有不能自安的感觉。汉武帝发现后，对大将军卫青说：“我朝很多事才开始创立，再加上周围的外族不断侵犯欺凌我国，朕如果不变更规章制度，后世就没有可以效法的准则；如不发动军队征讨，天下就没有安宁，因此不得不使百姓们受些劳苦。但倘使后代也按照朕这样去做，就等于沿袭了秦朝灭亡的轨迹。太子为人敦厚稳重好静，必定能使天下安定，不会让朕担忧。朕想找一个能够遵循先王法度的君主，难道还有比太子更好的人选吗！听说皇后和太子有不安之意，难道真的有这种事吗？你可以把朕的心意转述给他们。”卫青磕头谢恩。皇后听到后，自认为有罪，特意摘下首饰向汉武帝请罪。太子经常劝谏皇上不要征伐四夷，汉武帝就笑着说：“由我来承担征伐的辛苦，将太平时世留给你，不也很好吗！”

上每行幸①，常以后事付太子，宫内付皇后；有所平决②，还，白其最③，上亦无异，有时不省也④。上用法严，多任深刻吏⑤；太子宽厚，多所平反⑥，虽得百姓心，而用法大臣皆不悦。皇后恐久获罪，每戒太子⑦，宜留取上意，不应擅有所纵舍。上闻之，是太子而非皇后。群臣宽厚长者皆附太子，而深酷用法者皆毁之；邪臣多党与⑧，故太子誉少而毁多。卫青薨⑨，臣下无复外家为据⑩，竞欲构太子⑪。

注释

①行：巡视、巡察。幸：帝王到某处。

②平：通“评”，评议、衡量。决：判决；裁决。

③白其最：省略句，“白其最于上”。白，禀告，陈述。

④省 xǐng：察看；看。

⑤深刻：严峻苛刻。

⑥平反：把误判的冤屈案件纠正过来。

⑦戒：告诫；劝诫；嘱咐。

⑧党与：同党之人。

⑨薨：诸侯死叫薨，后泛用于有封爵的高官去世。

⑩外家：指外戚。据：依靠；凭借。

⑪竞：竞相；争相；争着。构：诬陷，陷害。

译文

汉武帝每次外出巡察，经常将京中的事交付给太子，宫中事务交付给皇后，任他们处置。等汉武帝回来后，就将其中最重要的事加以汇报，汉武帝也没有异议，有时甚至不加过问。汉武帝法度严明，任用的多是严苛的官吏；而太子待人宽大厚道，经常为一些处罚过重的案例平反。太子这样做虽然深得百姓感激，但那些执法大臣大多不高兴。皇后害怕这样下去时间一长会受处罚，经常嘱咐太子，应该留下案宗，听取皇上的意见后再处理，不应擅自宽赦。汉武帝听说后，认为太子的做法是对的，而皇后多虑了。群臣中，为人宽厚的都归附于太子。而严苛的官员则对太子多有不满和指责。由于奸邪的臣子大多结交党羽，所以说太子好话的少而说太子坏话的多。卫青去世后，那些臣子认为太子没有有势力的外戚作为依靠，便争相设计陷害太子。

上与诸子疏，皇后希得见①。太子尝谒皇后，移日乃出②。黄门苏文告上曰："太子与宫人戏③。"上益太子宫人满二百人④。太子后知之，心衔文⑤。文与小黄门常融、王弼等常微伺太子过⑥，辄增加白之。皇后切齿，使太子白诛文等。太子曰："第勿为过⑦，何畏文等！上聪明，不信邪佞，不足忧也！"上尝小不平⑧，使常融召太子，融言"太子有喜色"，上嘿然⑨。及太子至，上察其貌，有涕泣处，而佯语笑，上怪之⑩；更微问⑪，知其情，乃诛融。皇后亦善自防闲避嫌疑⑫，虽久无宠，尚被礼遇。

注释

①希：同"稀"。稀少；稀疏。

②移日：移动日影。指很长的一段时间。

③黄门：宦者，太监。因东汉黄门令、中黄门诸官，皆为宦者充任，故称。苏文：西汉武帝时期宦官，颇受汉武帝宠信，因构陷卫太子刘据被武帝烧死。宫人：妃嫔、宫女的通称。这里指宫女。

④益：增加，与"损"相对。

⑤衔：怀恨；对人心怀不满。

⑥常融、王弼：小宦官。微伺：亦作“微司”，暗中伺察。

⑦第：但；只管。

⑧小：稍，略。不平：不适，欠安。

⑨嘿 mò 然：沉默无言的样子。

⑩怪：意动用法，认为……奇怪；惊异。

⑪更：再；又。

⑫防闲：防，用于治水的堤坝。闲，用于制兽的圈栏。引申为防备和禁阻。

译文

汉武帝与儿子们都很疏远，与皇后也很少见面。太子曾经进宫谒见皇后，过了很久才从宫中出来。太监苏文禀告武帝说：“太子和皇后宫中的宫女嬉戏。”于是汉武帝将太子宫中的宫女增加到二百人。太子后来知道了这件事，便对苏文怀恨在心。苏文与小太监常融、王弼等经常暗中窥察太子的过错，然后再去添油加醋地向汉武帝汇报。对此，皇后恨得咬牙切齿，让太子向皇帝奏报杀掉苏文等人。太子说：“只要我不犯错，苏文等人又有什么可怕的呢！皇上明察事理，不会相信邪恶奸佞之人所言，不必担心。”有一次，汉武帝感到身体略微不舒服，派常融去召太子，常融回来后对汉武帝言道：“太子面露喜悦的神态。”汉武帝默然无语。等太子到了，汉武帝留心观察其神色，见他脸上有泪痕，好像哭泣过。但表面上假装言笑如常，汉武帝觉得很奇怪，详细问了才了解内情，于是将常融处死。皇后自己也小心谨慎，躲避嫌疑，因此，虽然已经有好长时间没有得到宠幸，却仍然被汉武帝待之以礼。

是时，方士及诸神巫多聚京师①，率皆左道惑众②，变幻无所不为。女巫往来宫中，教美人度厄③，每屋辄埋木人祭祀之；因妒忌恚詈④，更相告讦⑤，以为祝诅上⑥，无道。上怒，所杀后宫延及大臣⑦，死者数百人。上心既以为疑，尝昼寝，梦木人数千持杖欲击上，上惊寤，因是体不平，遂苦忽忽善忘。江充自以与太子及卫氏有隙，见上年老，恐晏驾后为太子所诛⑧，因是为奸，言上疾祟在巫蛊⑨。于是上以充为使者，治巫蛊狱⑩。充将胡巫掘地求偶人，捕蛊及夜祠、视鬼，染污令有处，辄收捕验治⑪，烧铁钳灼⑫，强服之⑬。民转相诬以巫蛊，吏辄劾以为大逆无道；自京师、三辅连及郡、国⑭，坐而死者前后数万人⑮。

注释

①方士：方术之士。古代自称能访仙炼丹以求长生不老的人。京师：指长安。在陕西省西安市西北。

②率：一般；大致。左道：邪门旁道。多指非正统的巫蛊、方术等。

③度厄：旧时迷信，认为人有灾难，可以禳除逃过，谓之度厄。

④恚：恼怒；恼恨。詈：骂；辱骂。
⑤讦：责人过失或揭人阴私；告发。
⑥祝诅：祝告鬼神，使加祸于别人。
⑦后宫：代指妃嫔。
⑧晏驾：古代称帝王死亡的讳辞。
⑨祟 suì：迷信说法指鬼怪害人。巫蛊：巫师使用邪术加害于人。蛊，把许多毒虫放在器皿里使互相吞食，最后剩下不死的毒虫叫蛊，用来害人。
⑩狱：官司；案件。
⑪验治：考问。
⑫烧铁钳灼：一种酷刑，用烧红的烙铁夹人和烫人。
⑬强 qiǎng：强迫。
⑭三辅：西汉时本指治理京畿地区的三位官员，后指这三位官员（京兆尹、左冯翊、右扶风）管辖的地区（辖境相当于今陕西省中部地区）。
⑮坐：因为；由于。

译文

这时，方士和各类神巫大都聚集在京师长安，大多都是以旁门左道迷惑人，变幻多端，无所不为。一些女巫往来于宫中，教宫中美人驱除凶邪的法术，在每间屋里都埋上木头人，进行祭祀。她们彼此因为妒忌互相咒骂，结果相互上告，认为对方诅咒皇帝昏庸无道。汉武帝大怒，为此杀了后宫妃嫔和大臣数百人。汉武帝产生疑心以后，有一次，白天小睡时，梦见有好几千木头人手持棍棒想要攻击自己，被惊醒后，从此感到身体不舒服，精神恍惚，记忆力衰退。江充自知与太子及卫氏家族有嫌隙，见汉武帝年纪已老，担心皇上驾崩后被太子诛杀，故意借此机会为奸，说皇上的病是因为有巫蛊作祟而加重的。于是汉武帝派江充为使者，追查巫蛊案。江充率领胡人巫师到各处掘地寻找木头人，并逮捕了那些用巫术害人、夜间祭祀及能见到鬼魂的人，又命人事先在一些地方洒上血污，将那些染上血污的地方指为以邪术害人之处，然后对被捕之人进行审讯，并用铁钳烧灼他们，逼迫他们服罪。于是百姓们彼此诬告对方用巫蛊之术害人；官吏就弹劾别人大逆不道。从京师长安、三辅地区到各郡、国，牵连而死的先后共有数万人。

是时，上春秋高[①]，疑左右皆为蛊祝诅；有与无，莫敢讼其冤者。充既知上意，因胡巫檀何言："宫中有蛊气；不除之，上终不差[②]。"上乃使充入宫，至省中[③]，坏御座，掘地求蛊；又使按道侯韩说、御史章赣、黄门苏文等助充[④]。充先治后宫希幸夫人，以次及皇后、太子宫，掘地纵横，太子、皇后无复施床处。充云："于太子宫得木人尤多，又有帛书，所言不道；当奏闻。"太子惧，问少傅石德[⑤]。德惧为师傅并诛，因谓太子曰："前丞相父子、两公主及卫氏皆坐此[⑥]，今巫与使者掘地得征验，不知巫置之邪，将实有也，无以自明。可矫以节收捕充等系狱，穷治其奸诈。且上疾在甘泉[7]，皇后及家吏请问皆不报[8]；上存亡未可知，而奸臣如此，太子将不念秦扶苏事邪[9]！”太子曰：“吾人子，安得擅诛！不如归谢[10]，幸得无罪。”太子将往之甘泉，而江充持太子甚急；太子计不知所出，遂从石德计。秋，七月，壬午，太子使客诈为使者[11]，收捕充等；按道侯说疑使者有诈，不肯受诏，客格杀说。太子自临斩充，骂曰：“赵虏！前乱乃国王父子不足邪[12]！乃复乱吾父子也！”又炙胡巫上林中。

注释

①春秋：年纪；年数。

②差 chài：病愈，后写作“瘥”。

③省中：宫禁之中。

④按道侯：官名。韩说 yuè：西汉将军，韩王信曾孙。御史：官名，三公之一。御史大夫主要行使副丞相的职权，对包括丞相在内的百官公卿的一切行政活动进行监察，三公中地位最低，秩俸是中二千石。

⑤少傅：古代官名。“三孤”之一。周代始置，为国君辅弼之官。与少师、少保合称“三孤”。后一般为大官加衔，以示恩宠而无实职。石德：任官太常，西汉温县（今属河南省）人。

⑥前丞相父子、两公主及卫氏：指公孙贺及其子敬声、诸邑公主、阳石公主和卫伉，都是公孙贺巫蛊案

中牵连到的人。

⑦甘泉：甘泉宫，在今陕西省淳化县北的甘泉山南麓。

⑧家吏：皇后或太子的官属。请：谒见；拜访。不报：不批复；不答复。

⑨秦扶苏事：扶苏为秦始皇太子，始皇死后，遗命扶苏即位，赵高联络李斯，矫诏立始皇幼子胡亥，并逼迫扶苏自尽。

⑩谢：认错；道歉。

⑪客：门客；食客。寄食于豪门贵族并为之效力的人。

⑫乱乃国王父子：指赵国太子丹和其父赵王刘彭祖。

译文

此时，汉武帝岁数已经很大了，怀疑身边侍候的人都在用巫蛊之术诅咒降祸于他；而那些被逮捕治罪的人，无论有没有用巫蛊之术诅咒皇上，都不敢因为这种事诉冤。江充已经知道了汉武帝心思，于是便指使胡人巫师檀何言说道：“宫中有蛊气，不将这蛊气除去，皇上就不会痊愈。”于是汉武帝派江充进入宫中，直至宫禁之内，毁坏皇帝的宝座，掘地找蛊；又派按道侯韩说、御史章赣、黄门苏文等人帮助江充查办。江充先整治后宫中汉武帝很少宠幸的妃嫔的房间，然后依次搜寻，一直搜到皇后和太子宫中，在地上横竖挖掘，以致太子和皇后连放床的一块平稳之地都没有。江充回奏说：“在太子宫中找出的木头人最多，还有写在白绢上的文字，写的都是大逆不道的话，应当向皇上奏明，听皇上发落。”

太子非常害怕，问少傅石德应当怎么办。石德害怕因为自己是太子的老师而受牵连被杀，于是便对太子说："先前丞相公孙贺父子、两位公主以及卫伉等都被指犯有用巫蛊害人之罪而被杀死，如今巫师与皇上的使者又从宫中搜出证据，不知是巫师放置的呢，还是真的有，这样的情形是无法分辨清楚的。您可假传圣旨，将江充等人逮捕关押，彻底追究他们的奸谋。而且皇上在甘泉宫卧病，皇后和您派去请安的人都没得到答复，皇上存亡与否实未可知，而奸臣竟敢如此弄权，难道您忘了秦朝太子扶苏之事吗？"太子说道："我作为臣子，怎能擅自诛杀大臣呢！不如让我前往甘泉宫请罪，或许能侥幸得到赦免。"太子将要前往甘泉宫请罪，而江充追究太子很是急迫。太子一时想不出应对的办法，于是听从了石德的计谋。秋季，七月壬午，太子派门客假装为皇帝使者，逮捕江充等人。按道侯韩说怀疑使者有诈，不肯奉诏，太子门客杀死了他。太子亲自监斩江充，骂道："你这赵国的奴才，先前扰害你们国王父子还不够吗，如今又来扰乱我们父子！"又在上林苑中烧死了江充手下的胡人巫师。

太子使舍人无且持节夜入未央宫殿长秋门[①]，因长御倚华具白皇后[②]，发中厩车载射士[③]，出武库兵[④]，发长乐宫卫卒。长安扰乱，言太子反。苏文迸走[⑤]，得亡归甘泉，说太子无状[⑥]。上曰："太子必惧，又忿充等，故有此变。”乃使使召太子。使者不敢进，归报云：“太子反已成，欲斩臣，臣逃归。”上大怒。丞相屈氂闻变，挺身逃，亡其印绶，使长史乘疾置以闻⑦。上问：“丞相何为？”对曰：“丞相秘之，未敢发兵。”上怒曰：“事籍籍如此⑧，何谓秘也！丞相无周公之风矣，周公不诛管、蔡乎⑨！”乃赐丞相玺书曰⑩：“捕斩反者，自有赏罚。以牛车为橹⑪，毋接短兵，多杀伤士众！坚闭城门，毋令反者得出！”太子宣言告令百官云：“帝在甘泉病困，疑有变；奸臣欲作乱。”上于是从甘泉来，幸城西建章宫⑫，诏发三辅近县兵，部中二千石以下⑬，丞相兼将之。太子亦遣使者矫制赦长安中都官囚徒⑭，命少傅石德及宾客张光等分将；使长安囚如侯持节发长水及宣曲胡骑⑮，皆以装会。侍郎马通使长安⑯，因追捕如侯，告胡人曰：“节有诈，勿听也！”遂斩如侯，引骑入长安；又发楫棹士以予大鸿胪商丘成。初，汉节纯赤，以太子持赤节，故更为黄旄加上以相别。

注释

①舍人：官名，战国至汉初王公贵人的私门之官。

②长御：汉时皇后宫内女官名，宫女之长。倚华：长御的字。

③中厩：亦作“中”，指宫中的车马房。

④武库：储藏兵器的仓库。

⑤迸走：犹逃跑。迸，通“屏”。

⑥无状：罪大不可言状。

⑦长史：官名，秦置，汉相国、丞相都有长史。疾置：古时为供紧急传递公文的使者途中停宿、换乘马匹等而设置的驿站。

⑧籍籍：众口喧腾的样子。

⑨周公不诛管、蔡乎：周武王死后，成王年幼，由周公摄政。管叔、蔡叔和霍叔勾结武庚及东方夷族叛周，周公奉承王命东征平叛。

⑩玺书：指皇帝的诏书。

⑪橹：盾。

⑫建章宫：汉长安城西郊的一处园林式离宫。

⑬两千石：汉制，郡守俸禄为两千石，即月俸百二十斛。也因称郡守为“两千石”。

⑭都官：汉代京师各官署的统称。

⑮长水及宣曲胡骑：长水，关中、宣曲均为河名。宣曲宫在今咸阳市区渭河南，汉置官于此，也屯驻胡骑。汉置长水校尉，八校尉之一，掌屯于长水与宣曲的乌桓人、胡人骑兵，秩两千石。

⑯侍郎：秦汉郎中令的属官之一。

译文

太子派舍人无且手持符节在夜里进入未央宫的长秋门，通过长御女官倚华将情形全部禀告皇后，调动皇家的马车运载射手，取出武器库的兵器，又征调长乐宫的守卫。长安城中混乱纷纷，都说太子造反了。宦官苏文逃回甘泉宫，向汉武帝报告太子的种种罪状。汉武帝说：“太子一定是害怕了，又痛恨江充等人，因此发生这样的变故。”于是武帝派使臣召太子前来。使臣不敢进入长安，回禀武帝说：“太子已经造反，想杀我，我逃了回来。”汉武帝非常愤怒。丞相刘屈氂听到事变消息后，起身逃跑，连丞相的官印、绶带都丢掉了，于是派长史乘驿站快马奏报汉武帝。汉武帝问道：“丞相是如何做的？”长史回答说：“丞相隐藏消息，不敢发兵。”汉武帝生气地说：“事情已经传得沸沸扬扬，还说什么保守秘密呢！丞相没有周公的风范，周公不是也诛杀了管、蔡吗！”于是赐给丞相印有玺印的诏书，命令他：“捕杀叛逆者，朕自会赏罚分明。用牛车作盾遮掩自身，不要和叛乱者短兵相接，杀伤过多兵卒！紧守城门，不要让叛军冲出长安城！”太子发表宣言，向文武百官发出号令说：“皇上因病困居甘泉宫，我怀疑有一些变故，奸臣们想乘机作乱。”汉武帝于是从甘泉宫出发，来到长安城西建章宫，下诏征调三辅附近各县的军队，部署中二千石以下的官员，由丞相兼职率领。太子也派出使者假传旨意，赦免长安各官署的犯人，命少傅石德及门客张光等分别率领；又派长安囚犯如侯持符节征发长水和宣曲两地的胡人骑兵，都全副武装前来会合。侍郎马通奉命来到长安，追捕如侯，告诉胡人说：“如侯带来的符节是假的，不能听他调遣！”于是斩杀了如侯，带领胡人骑兵进入长安；又征调船兵楫棹士，交给大鸿胪商丘成指挥。当初，汉朝的符节是纯赤色，因为太子手持赤色符节，所以在汉武帝所发的符节上改加黄缨来相互区别。

太子立车北军南门外，召护北军使者任安[①]，与节，令发兵。安拜受节;入，闭门不出。太子引兵去，驱四市人凡数万众[②]，至长乐西阙下，逢丞相军，合战五日，死者数万人，血流入沟中。民间皆云“太子反”，以故众不附太子，丞相附兵浸多[③]。

注释

①护北军使者：官名，北军指挥官员。任安：字少卿，西汉荥阳（今属河南省）人。

②四市：长安城内的东、西、南、北四个商业区。

③浸：逐渐。

译文

太子将车停在北军南门外，将护北军使者任安召出，给了他符节，命令任安发兵。任安恭敬地接过符节后，却进入营中，闭门不出。太子带兵离去，驱使长安四方百姓数万人，来到长乐宫西门外，遇到丞相刘屈氂率领的军队，双方会战五天，死亡数万人，血都流到了路边的沟里。民间都传说“太子谋反”，所以人们不肯依附太子，而依附丞相的士兵却逐渐增多。

庚寅，太子兵败，南奔覆盎城门[①]。司直田仁部闭城门[②]，以为太子父子之亲，不欲急之；太子由是得出亡。丞相欲斩仁，御史大夫暴胜之谓丞相曰[③]:“司直，吏二千石，当先请，奈何擅斩之！”丞相释仁。上闻而大怒，下吏责问御史大夫曰[④]:“司直纵反者，丞相斩之，法也；大夫何以擅止之？”胜之惶恐，自杀。诏遣宗正刘长、执金吾刘敢奉策收皇后玺绶[⑤]，后自杀。上以为任安老吏，见兵事起，欲坐观成败，见胜者合从之，有两心，与田仁皆要斩。上以马通获如侯，长安男子景建从通获石德，商丘成力战获张光，封通为重合侯，建为德侯，成为秺侯。诸太子宾客尝出入宫门，皆坐诛[⑥]；其随太子发兵，以反法族；吏士劫略者皆徙敦煌郡[⑦]。以太子在外，始置屯兵长安诸城门。

注释

①覆盎：长安城门之一。师古曰：长安城南出东头第一门曰覆盎，一曰杜门。

②司直：官名。指丞相司直，西汉武帝时置，帮助丞相检举不法，秩比两千石。

③暴胜之：西汉御史大夫，善于治理地方。

④下吏：交付司法官吏审讯。

⑤宗正：官名，掌管王室宗族的事务。汉魏以后，都由皇族担任。执金吾：负责京城治安的长官。玺绶：古代印玺上所记的彩色丝带。借指印玺。

⑥坐：判……刑。

⑦劫略：以威力胁迫。敦煌郡：治所在今甘肃省敦煌市，西汉元鼎六年置。

译文

庚寅（十七日），太子兵败，向南逃到覆盎门。司直田仁带兵闭守城门，认为太子和皇上是父子之亲，不愿逼迫太急，所以太子得以逃出。丞相刘屈氂想斩杀田仁，御史大夫暴胜之对丞相说："司直是朝廷二千石的官员，应当先请奏圣上，怎能擅自斩杀他呢！"于是丞相放了田仁。汉武帝听说后非常愤怒，将暴胜之交付司法官吏审讯，责问他说："司直放走了谋反的人，丞相杀他，是合法的，你为什么要擅加阻止？"暴胜之惶恐不安，自杀而死。汉武帝下诏派遣宗正刘长、执金吾刘敢奉命收回皇后的印玺和绶带，皇后自杀。汉武帝认为，任安是老官吏，见出现叛乱之事，想坐观成败，看谁取胜就归附谁，对朝廷怀有二心，因此将任安与田仁一同腰斩，汉武帝因马通擒获如侯，长安男子景建跟随马通，擒获石德，商丘成奋力战斗，擒获张光，封马通为重合侯，封景建为德侯，封商丘成为秺侯。曾经出入宫门的太子门客，都被处死；凡是跟随太子发兵的，一律按谋反罪灭族；被胁迫的官吏和士兵一律流放到敦煌郡。因太子逃亡在外，所以开始在长安各城门设置屯守军队。

上怒甚，群下忧惧，不知所出。壶关三老茂上书曰[①]："臣闻父者犹天，母者犹地，子犹万物也，故天平[②]，地安[③]，物乃茂成；父慈，母爱，子乃孝顺。今皇太子为汉适嗣[④]，承万世之业，体祖宗之重，亲则皇帝之宗子也[⑤]。江充，布衣之人，闾阎之隶臣耳[⑥]；陛下显而用之，衔至尊之命以迫蹴皇太子[⑦]，造饰奸诈[⑧]，郡邪错缪[⑨]，是以亲戚之路鬲塞而不通。太子进则不得见上，退则困于乱臣，独冤结而无告[⑩]，不忍忿忿之心，起而杀充，恐惧逋逃，子盗父兵，以救难自免耳；臣窃以为无邪心。《诗》曰：'营营青蝇，止于藩。恺悌君子，无信谗言。谗言罔极，交乱四国[⑪]。'往者江充谗杀赵太子，天下莫不闻。陛下不省察[⑫]，深过太子，发盛怒，举大兵而求之，三公自将[⑬]；智者不敢言，辩士不敢说，臣窃痛之！唯陛下宽心慰意[⑭]，少察所亲，毋患太子之非[⑮]，亟罢甲兵，无令太子久亡！臣不胜惓惓[⑯]，出一旦之命，待罪建章宫下。"书奏，天子感寤[⑰]，然尚未敢显言赦之也。

注释

①壶关三老茂：令狐茂，壶关县人。西汉武帝时，封为壶关三老。

②天平："平"为"天"，属阳。

③地安："安"为"地"，属阴。天平、地安寓意自然界风调雨顺，人间太平祥和、幸福康乐。

④适嗣：嫡嗣。指正妻所生的孩子。

⑤宗子：嫡子承大宗，故谓之宗子。泛指嫡长子。

⑥闾阎：泛指平民老百姓。隶：贱也。

⑦衔：奉接，接受。至尊：用为皇帝的代称。迫蹴：迫害，逼迫。

⑧造饰：伪造掩饰。

⑨错缪：相矛盾，错乱。

⑩冤结：冤屈。

⑪“《诗》曰”句：出自《诗经·小雅·青蝇》。营营：象声词，拟苍蝇飞舞声，显示苍蝇往来的样子。藩：篱笆。恺悌：恺，乐也，快乐，和乐；悌，易也，本义为敬爱兄长。罔极：谓谗人之言不止，则二人不和，后因以“罔极”指谗言或馋人。交：都。乱：搅乱、破坏。

⑫省察：审察，仔细考察。

⑬自将：亲自率领。

⑭唯：表示希望、祈使。

⑮患：憎恶，讨厌，厌烦。

⑯惓惓：忠心耿耿的样子。

⑰感寤：有感而醒悟。寤，觉醒。

译文

汉武帝非常愤怒，臣下又忧虑又恐惧，不知道该怎么办。壶关三老令狐茂上书（汉武帝）说：“臣听说：父亲好像天，母亲就好像地，儿子就像（天地间的）万物，所以只有上天平静，大地安好，万物才能繁茂长成；父亲有慈，母亲有爱，儿子才能孝顺。如今皇太子本是汉朝的嫡子，将继承万代大业，体行祖宗的重托，论亲缘又是皇上的嫡长子。江充本为一个平民，不过是个街巷中的奴才罢了，陛下却对他尊显重用，让他奉接至尊之命来迫害皇太子，对皇太子进行欺诈栽赃、逼迫陷害，使陛下与太子的父子至亲关系堵塞不通。太子进不能面见皇上，退又被乱臣的陷害困扰，独自蒙不白之冤申诉无门，忍不住愤恨的心情，起而杀死江充，却又害怕皇上降罪，被迫逃亡。太子作为陛下的儿子，盗用父亲的军队，只不过是为了救难，使自己免遭别人的陷害罢了，臣认为并非有什么险恶的用心。《诗经》上说：‘嗡嗡营营飞舞的苍蝇，停在篱笆上吮舐不停。和蔼可亲的君子啊，切莫把害人的谗言听信。谗害人的话儿没有标准，把四方邻国搅得纷乱不平。’以往，江充曾以谗言害死赵太子，天下人没有不知道的。而今陛下不仔细考察，就过分地责备太子，发雷霆之怒，发动大军追捕太子，还命丞相亲自率领，致使智慧之人不敢进言，善辩之士不敢说话，我心中实在感到痛惜。希望陛下解除愁闷，平心静气，不要苛求自己的亲人，不要憎恶太子不对的地方，立即结束对太子的征讨，不要让太子长期逃亡在外！我对陛下您忠心耿耿，随时准备献出我短暂的性命，待罪于建章宫外。”递上奏章，汉武帝见到后受到感动而醒悟，但还是没有明明白白地说出来赦免太子。

太子亡，东至湖[①]，藏匿泉鸠里；主人家贫，常卖屦以给太子[②]。太子有故人在湖，闻其富赡，使人呼之而发觉。八月，辛亥，吏围捕太子。太子自度不得脱[③]，即入室距户自经[④]。山阳男子张富昌为卒[⑤]，足蹋开户[⑥]，新安令史李寿趋抱解太子[⑦]，主人公遂格斗死，皇孙二人并皆遇害。上既伤太子，乃封李寿为邘侯，张富昌为题侯。

注释

①湖：湖县，属京兆，今河南省灵宝市北。

②屦：鞋子。

③自度：自己衡量，自忖。

④距户：撑住门户。距，通“拒”。自经：自缢而死。

⑤山阳：山阳时为昌邑国。

⑥蹋：踢。

⑦新安令史：新安，地名。令史，秦和西汉时期，令史多为县级政府的属吏。

译文

太子向东逃到京师附近的湖县，藏身在泉鸠里。主人家境贫寒，经常织卖草鞋来奉养太子。太子有一位以前相识的人住在湖县，听说那人很富有，太子派人去叫他而被人发觉。八月辛亥（初八），官吏围捕太子。太子估计自己不能够逃脱，便进屋紧闭房门，自缢而死。前来搜捕的士兵中，有一山阳男子名叫张富昌，用脚踹开房门。新安县令史李寿跑上前去，抱住解下太子。主人（与搜捕太子的人）格斗而死，二位皇孙也一起遇害。汉武帝感伤于太子之死，于是封李寿为邘侯，张富昌为题侯。

第二十三卷　汉纪十五

昭帝（庚子，前81）

初，苏武既徙北海上，禀食不至[①]，掘野鼠、去草实而食之。杖汉节牧羊，卧起操持，节旄尽落。武在汉，与李陵俱为侍中[②]；陵降匈奴，不敢求武[③]。久之，单于使陵至海上。为武置酒设乐，因谓武曰："单于闻陵与子卿素厚，故使来说足下，虚心欲相待。终不得归汉，空自苦；亡人之地，信义安所见乎！足下兄弟二人，前皆坐事自杀；来时，太夫人已不幸；子卿妇年少，闻已更嫁矣；独有女弟二人[④]、两女、一男，今复十余年，存亡不可知。人生如朝露，何久自苦如此！陵始降时，忽忽如狂[⑤]，自痛负汉，加以老母系保宫[⑥]。子卿不欲降，何以过陵！且陛下春秋高[⑦]，法令无常，大臣无罪夷灭者数十家。安危不可知，子卿尚复谁为乎！"武曰："武父子无功德，皆为陛下所成就，位列将[⑧]，爵通侯[⑨]，兄弟亲近，常愿肝脑涂地。今得杀身自效，虽斧钺、汤镬[⑩]，诚甘乐之！臣事君，犹子事父也；子为父死，无所恨。愿勿复再言！"陵与武饮数日，复曰："子卿一听陵言！"武曰："自分已死久矣[⑪]，王必欲降武，请毕今日之欢，效死于前！"陵见其至诚，喟然叹曰："嗟乎，义士！陵与卫律之罪上通于天！”因泣下沾衿，与武决去[12]。赐武牛羊数十头。

注释

①禀食：公家所给的粮食。禀，通“廪”。

②李陵：西汉名将李广的孙子，字少卿。武帝时为骑都尉，统兵五千，与匈奴作战，杀伤匈奴兵甚多，以无接应，力竭而降。侍中：官名，汉时为加官（即由他官兼任者），掌管乘舆服物。

③求：访求。

④女弟：指妹妹。

⑤忽忽：失意的样子。

⑥保宫：汉代官署名，即灌夫所系的“居室”，于武帝太初元年改名保宫。

⑦春秋：指人的年龄。

⑧位列将：指苏武父亲苏建曾为右将军，武为中郎将，兄嘉为奉东都尉，弟贤为骑都尉。

⑨爵通侯：指封建平陵侯。

⑩蒙：受。钺：大斧。镬：大锅。二者都是古代刑具。

⑪分：料定。

⑫决：诀别。

译文

刚开始，苏武被匈奴流放到北海边以后，公家发给的粮食不来，便掘取野鼠所储藏的草籽来充饥。他拄着代表汉庭的节杖去牧羊，无论睡卧还是起身都用手握着，以致节杖上的毛缨全部脱尽了。苏武在汉朝当差时，与李陵同为侍中，李陵因自己投降匈奴而感到羞愧，不敢访问苏武。过了很久，单于派遣李陵来到北海边，为苏武设酒筵，并辅之以歌舞。李陵趁机对苏武说："单于听闻你我向来情谊深厚，所以派我来劝说足下，单于愿意虚心待你。你终究回不了汉朝，空自受苦于无人之地，你的忠义信念又如何显现于世呢！你的两个兄弟，之前都已因罪自杀；我去匈奴的时候，你母亲已不幸去世；你的夫人尚且年轻，我听闻她已经改嫁别人；只剩下两个妹妹、两个女儿、一个儿子，而如今又过了十几年，生死不知。人生短暂，如同朝露，你又何苦如此长期地折磨自己！我投降匈奴之初，精神恍惚，几近疯癫，痛心自己辜负汉朝，还连累老母被拘禁在保宫。你不愿归降匈奴的心情，怎么会超过我李陵当时呢！何况皇上年事已高，法度律令更换无常，数十家无辜的大家被满门抄斩，安危不可预料，你还要为谁这样守节呢？"苏武说："我苏武父子本无功劳与恩德，都是皇上栽培和提拔起来的，官职升到列将，爵位封为通侯，兄弟三人都是皇帝的亲近之臣，所以我常常希望能够肝脑涂地，报主隆恩。如今得到牺牲自己以效忠国家的机会，即便是斧钺加身，汤锅烹煮，我也心甘情愿！为臣的侍奉君王，就如同儿子侍奉父亲一般，儿子为父亲而死，没有遗憾之说。希望你不要再说了。"李陵与苏武共饮数日，又劝道："子卿你听一听我的话吧！"苏武说："我料想自己已经是死去的人了，大王你如果非要逼迫我苏武投降，就请让我在今日和你尽情欢乐一天，然后死在你的面前！"李陵见苏武一片至诚，慨然长叹道："唉！你才是真正的至忠至义之人啊！我李陵与卫律的罪孽深重，无以复加！"李陵不觉老泪纵横，浸湿衣襟，与苏武告别后便悻悻离去。赠予苏武几十头牛羊。

后陵复至北海上，语武以武帝崩。武南乡号哭欧血[①]，旦夕临[②]，数月。及壶衍鞮单于立，母阏氏不正，国内乖离，常恐汉兵袭之，于是卫律为单于谋，与汉和亲。汉使至，求苏武等，匈奴诡言武死。后汉使复至匈奴，常惠私见汉使，教使者谓单于，言："天子射上林中[③]，得雁，足有系帛书，言武等在某泽中。"使者大喜，如惠语以让单于[④]。单于视左右而惊，谢汉使曰："武等实在。"乃归武及马宏等。马宏者，前副光禄大夫王忠使西国，为匈奴所遮；忠战死，马宏生得，亦不肯降。故匈奴归此二人，欲以通善意。于是李陵置酒贺武曰："今足下还归，扬名于匈奴，功显于汉室，虽古竹帛所载，丹青所画[⑤]，何以过子卿！陵虽驽怯[⑥]，令汉贳陵罪[⑦]，全其老母，使得奋大辱之积志，庶几乎曹柯之盟，此陵宿昔之所不忘也[⑧]。收族陵家，为世大戮[⑨]，陵尚复何顾乎！已矣，令子卿知吾心耳！"陵泣下数行，因与武决。

注释

①南乡：向着南方。乡，通“向”。欧：通“呕”。

②临：哭。

③上林：汉上林苑。

④让：责备。

⑤丹青所画：指古代丹青所画的杰出人物。丹青，谓国画。丹，丹砂。青，青雘。皆绘画所用颜料，故称国画为丹青。

⑥驽怯：无能而胆怯。驽，材质庸劣。

⑦令：使，犹言假使。贳：宽恕。

⑧宿昔：以前。

⑨大戮：大耻辱。

译文

后来，李陵又来到北海边，告诉苏武汉武帝已经驾崩。苏武面对南方号啕痛哭，吐血，早晚哀哭，几个月后才停息。壶衍单于即位后，其母阏氏行为不合礼法，国内分崩离析，常常忧惧汉军发兵侵袭，于是卫律为单于出谋划策，决议与汉朝和亲。汉使来到匈奴，要求释放并归还苏武等人，匈奴谎称苏武等人已死。后来汉使再次来到匈奴，常惠私下会见汉使，教使者对单于说：“汉天子在上林苑射猎时射下了一只大雁，雁脚上系着一块帛书，上面说苏武等人在某湖泽之地。”使者高兴万分，按常惠所教之言谴责单于欺骗汉朝。单于看了看身边的人，十分惊讶，然后向汉使道歉说："苏武等人的确还活着。"这才下令放还苏武及马宏等人。马宏曾作为光禄大夫王忠的副使被汉朝派往西域各国出使，因受到匈奴军队的阻截，王忠战死，马宏被生擒，却也不肯投降匈奴。所以匈奴这次归还苏武、马宏二人，意欲向汉朝表示他们的善意。于是，李陵摆设酒席向苏武道贺："如今足下荣归故里，在匈奴扬名，在汉皇族中功绩显赫，是史籍所载的事迹、丹青描画的人物所无法企及的！我李陵虽然愚笨怯懦，可假如当年汉朝能宽宥我的罪过，保全我的老母，使我得以在此奇耻大辱的处境中，奋起实现我向往已久的志向，做出像曹沫却齐桓公一类折服敌国的事，这是我一直不忘的心愿！谁知汉朝竟逮捕杀戮我全家，成为当世的奇耻大辱，我还能再顾念什么呢？算了吧，不过让你了解我的心罢了！"李陵（说罢）涕泪纵横，同苏武诀别。

单于召会武官属[①]，前已降及物故[②]，凡随武还者九人。既至京师，诏武奉一太牢谒武帝园庙[③]，拜为典属国[④]，秩中二千石[⑤]，赐钱二百万，公田二顷，宅一区。武留匈奴凡十九岁，始以强壮出，及还，须发尽白。霍光、上官桀与李陵素善，遣陵故人陇西任立政等三人俱至匈奴招之。陵曰："归易耳，丈夫不能再辱！"遂死于匈奴。

注释

①会：集聚。

②物故：死亡。

③太牢：以一牛、一豕、一羊为祭品。园：陵寝，帝后的葬所。庙：古代祭祀祖先的处所。

④典属国：官名，掌管少数民族事务。

⑤秩：官秩。汉代官吏，按照俸禄大小，分为中二千石、二千石、比二千石等不同等级。

译文

单于下诏聚集起当年随苏武前来的汉朝官员及随从，除去归降匈奴的和已辞世的，跟随苏武回去的一共有九人。苏武一行回归长安后，汉昭帝下诏命令苏武带一份祭品，用最隆重的仪式祭拜汉武帝的陵墓和宗庙，封苏武为典属国，俸禄为中二千石，并赏钱二百万、官田二顷 、住宅一处。苏武被扣押在匈奴共十九年，当年壮年出使，归来时须发皆白。霍光、上官桀向来交好于李陵，所以特意派遣李陵的故交陇西人任立政等三人一同前往匈奴，劝说李陵回国。李陵对他们说："回去容易，但大丈夫无法再次受此奇耻大辱！"于是老死于匈奴。

昭帝（庚午，前51）

上以戎狄宾服[①]，思股肱之美[②]，乃图画其人于麒麟阁[③]，法其容貌[④]，署其官爵、姓名；唯霍光不名，曰“大司马、大将军、博陆侯，姓霍氏”，其次张安世，韩增、赵充国、魏相、丙吉、杜延年、刘德、梁丘贺、萧望之、苏武，凡十一人，皆有功德，知名当世，是以表而扬之，明著中兴辅佐[⑤]，列于方叔、召虎、仲山甫焉。

注释

①戎狄：泛指境内各少数民族。

②股肱：谓辅佐大臣。股，即大腿；肱，为手臂自肘至肩的部分，也泛指胳膊。

③麒麟阁：汉武帝建于未央宫之中，因汉武帝元狩年间打猎获得麒麟而命名，主要用于保存历代记载资料和历史文件。

④法：仿效、模仿。

⑤明：明确地。著：说明，指出。中兴：衰而复盛。

译文

汉宣帝因西北戎狄各族的归顺臣服，念及辅佐大臣的功劳，便命人在麒麟阁上为他们绘制画像，描摹其容貌，注明官爵、姓名，只有霍光不注姓名，写明是“大司马、大将军、博陆侯，姓霍氏”，其次为张安世、韩增、赵充国、魏相、丙吉、杜延年、刘德、梁丘贺、萧望之、苏武，共十一人，他们都为大汉立过大功，闻名于当世，所以以此来表彰他们，把他们的德行发扬光大，表明他们对中兴汉朝的辅佐之功堪比古代名臣方叔、召虎、仲山甫。

第二十九卷　汉纪二十一

元帝（壬午，前39）

上好儒术、文辞[1]，颇改宣帝之政；言事者多进见，人人以为得上意。又傅昭仪及子济阳王康爱幸[2]，逾于皇后、太子。太子少傅匡衡上疏曰[3]："臣闻治乱安危之机，在乎审所用心[4]。盖受命之王，务在创业垂统[5]，传之无穷；继体之君[6]，心存于承宣先王之德而褒大其功。昔者成王之嗣位[7]，思述文、武之道以养其心[8]，休烈盛美归之二后[9]，而不敢专其名，是以上天歆享[10]，鬼神佑焉。陛下圣德天覆，子爱海内，然而阴阳未和、奸邪未禁者，殆议者未丕扬先帝之盛功[11]，争言制度不可用也，务变更之，所更或不可行而复复之，是以群下更相是非，吏民无所信。臣窃恨国家释乐成之业而虚为此纷纷也[12]！愿陛下详览统业之事，留神于遵制扬功，以定群下之心。《诗·大雅》曰：'无念尔祖，聿修厥德[13]'，盖至德之本也。《传》曰：'审好恶，理情性，而王道毕矣[14]。'治性之道，必审己之所有馀而强其所不足，盖聪明疏通者戒于太察，寡闻少见者戒于壅蔽，勇猛刚强者戒于太暴，仁爱温良者戒于无断，湛静安舒者戒于后时，广心浩大者戒于遗忘。必审己之所当戒而齐之以义，然后中和之化应，而巧伪之徒不敢比周而望进⑮。唯陛下戒之，所以崇圣德也！

注释

①上：汉元帝刘奭（前48年—前33年在位），汉宣帝刘询之子。

②傅昭仪：汉元帝妃嫔，汉哀帝祖母。昭仪，皇帝妃嫔封号，汉元帝始置。

③太子少傅：官名。汉沿置，秩三千石，掌奉太子以观三公之道德而教谕。匡衡：字稚圭，西汉著名经学大师，东海郡承县人。

④审：详究，考察。

⑤创业垂统：指开创传承大业。

⑥继体：继承国体。

⑦嗣：诸侯传位给嫡长子。

⑧文、武：周文王、周武王。

⑨休烈：美好，美善。

⑩歆享：旧指鬼神享受祭品，香火。

⑪丕：大。

⑫释：舍弃，抛弃。虚：徒然，白白地。纷纷：多而杂乱。

⑬"《诗·大雅》曰"句：语出《诗经·大雅·文王》。念：经常思念之意。聿：助词，用在句首或句中。修：在学问、品行方面学习和培养。厥：代词，其，他的。

⑭"《传》曰"句：《诗经》的传。

⑮比周：出自《论语·为政第二》："子曰：'君子周而不比，小人比而不周。'"周，合群。比，勾结。

译文

汉元帝喜欢儒家的学说和文章辞赋，对宣帝的政令多有改变，就政事提出建议的人，大都被（元帝）召见，所以每人都认为得到皇帝的赏识。而且傅昭仪和她的儿子济阳王刘康此时正受元帝宠爱，以至超过了皇后和皇太子刘骜。太子少傅匡衡上书说："臣听说，国家治乱安危的关键，在于审视人主的用心。受天之命的君王，要务在于开创大业继承大统，使之无穷无尽地延续下去。而继任的君王，心思要放到继承发扬祖先的恩德并扩大他们的功业。从前周成王继承王位之后，追思周文王、周武王的治国方法，涵养心志，把美好的声誉和荣耀都归功于两位先王，而不敢专享荣誉。因此，神灵享用他的供品，连鬼神也都保佑他。陛下您圣明的恩德，恰似天一样覆盖大地，视四海之内的百姓如同自己的儿女一样。然而阴阳没有调和，奸诈邪恶也没有消除。这大概是因为臣子未能发扬光大先帝的盛大功业，反而争先恐后地指责过去的制度不再适用，一定要有所改变。然而，一些制度变更后无法施行，只好再恢复原样。因此群臣相互之间产生纠纷，官吏和平民无所信从。我暗自觉得遗憾，国家为什么舍弃人心所乐的功业，而徒劳地去做那些繁多而杂乱的事情？但愿陛下您仔细回顾汉室世代相继的事业，留意于遵守祖制弘扬功业，用以安定臣僚的心。《诗经·大雅》说：‘不要忘记祖先的教诲，竭力修养自己的德行，效法先祖。’这是达到‘德’的根本方法。《诗传》说‘审查人的好恶，陶冶人的性情，王者之道全在于此。’修身养性的方法，必定要了解自己的长处，而弥补自己的短处。聪明通达的人，要警惕苛察；见识不广的人，要防止被蒙蔽；勇猛刚强的人，不要过于暴烈；仁爱温良的人，以防没有决断；恬淡安静的人，切勿贻误时机；胸襟宽广的人，杜绝疏忽大意。必须了解自己应当纠正的缺陷，以大义来弥补它，然后才能达到万事和谐的美好境界。那些奸巧伪善之辈，才不会拉帮结派妄图挤进朝廷。请陛下务必加强警戒，以此来提高圣德。

“臣又闻室家之道修[①]，则天下之理得，故《诗》始《国风》，《礼》本冠、婚[②]。始乎《国风》，原情性以明人伦也[③]；本乎冠、婚，正基兆以防未然也[④]；故圣王必慎妃后之际[⑤]，别适长之位[⑥]，礼之于内也。卑不逾尊，新不先故，所以统人情而理阴气也；其尊适而卑庶也，适子冠乎阼[⑦]，礼之用醴[⑧]，众子不得与列，所以贵正体而明嫌疑也。非虚加其礼文而已，乃中心与之殊异，故礼探其情而见之外也。圣人动静游燕所亲[⑨]，物得其序，则海内自修，百姓从化。如当亲者疏，当尊者卑，则佞巧之奸因时而动，以乱国家。故圣人慎防其端，禁于未然，不以私恩害公义。《传》曰[10]：'正家而天下定矣！'"

注释

①室家道之修：家庭治理得好，和睦安详。室家，泛指家庭。道，这里指治家之道。修，好，美好。

②《礼》:《礼记》。冠:冠礼，贵族子弟的成人礼。婚:婚礼。

③原：推究。

④基兆：始因，根本。

⑤际：中间，彼此之间。

⑥适长：嫡出的长子。适，通"嫡"。

⑦阼：指堂前东面的台阶。

⑧醴：甜酒。

⑨游燕：同"游宴"，游乐宴饮。

⑩传：《易传》。

译文

"臣又听说，如果家庭安宁和睦，天下便会治理得好。所以《诗经》一开篇就是《国风》，《礼记》一开篇就讨论冠礼、婚礼。以《国风》开篇，是为了追溯性情的根本，明确人伦。以冠礼、婚礼开篇，是为安宁的家庭奠定基础以防患于未然。所以圣明的君王必须谨慎处理妃嫔与皇后的关系，注意区分嫡子与长子的地位，把礼仪纳入自己家中。低贱的不能逾越尊荣的，新的不能先于旧的。以此来达到合乎人情理顺阴气。使嫡子尊贵而使庶子卑微，嫡子举行加冠礼时在高台上隆重举行，在礼上使用甜酒庆贺。其他的儿子，不可以用同等仪式，其目的就在于彰显正统的尊贵，从而说明其地位的不可僭越，不只是礼节仪式而已，而是内心真正区别嫡子与其他儿子的不同，所以使用礼仪，把真情显露在外面。圣人的一举一动、游乐宴饮、与人亲近，都要使万物有一定次序。只有这样，全国百姓才会提高自我修养，乐于顺从归化。如果应当亲近的反而疏远，应当尊重的反而让他卑贱，那么谗佞巧诈之徒就会乘机而动，来使国家陷于混乱。所以圣人谨慎地防止坏事出现的苗头，禁绝于乱起之前，决不因私人的恩怨损害公正。恰如《易传》所说：'家庭安稳了，则天下就平定了。'"

二年（甲申，前 37）

东郡京房学《易》于梁人焦延寿[①]。延寿常曰："得我道以亡身者，京生也。"其说长于灾变，分六十卦，更直日用事，以风雨寒温为候，各有占验。房用之尤精，以孝廉为郎[②]，上疏屡言灾异，有验。天子说之，数召见问。房对曰："古帝王以功举贤，则万化成[③]，瑞应著；末世以毁誉取人，故功业废而致灾异。宜令百官各试其功[④]，灾异可息。"诏使房作其事，房奏考功课吏法[⑤]。上令公卿朝臣与房会议温室，皆以房言烦碎，令上下相司[⑥]，不可许；上意乡之[⑦]。时部刺史奏事京师[⑧]，上召见诸刺史，令房晓以课事；刺史复以为不可行。唯御史大夫郑弘、光禄大夫周堪初言不可[9]，后善之。

注释

①东郡：秦置，治濮阳。汉因之。约当今河南省东北部和山东省西部部分地区。京房：西汉学者，本姓李，字君明，东郡顿丘（今河南省清丰县西南）人。焦延寿：西汉梁人（今河南省商丘市南），字赣。汉代学者。治《易经》，著《焦氏易林》。

②孝廉：汉武帝时所设的察举考试的一个科目。孝是孝顺父母，廉是办事廉正。孝廉是察举制常科中最主要、最重要的科目。郎：封建时代的官名。

③万化：万事万物。

④试：刺探，试探。

⑤奏：特指向帝王进言或上书。

⑥司：职掌，主管，处理。

⑦乡：通"向"，偏向。

⑧刺史：古代官名。汉武帝元封五年始置。刺，检核问事之意。

⑨郑弘：字稺卿，泰山刚（今山东省宁阳县东北）人。光禄大夫：战国时代置中大夫，汉武帝时始改为光禄大夫，秩比二千石，掌顾问应对。隶于光禄勋。

译文

东郡人京房向梁人焦延寿学习《易经》。焦延寿常说：

“得到我的真传而失去生命的，就是京房。”他擅长于占卜天灾人祸，总共分六十卦，交替地指定日期，用风雨冷热作为征候，都应验了。京房对于这种卦术的使用尤其娴熟，以孝廉（被举荐）并（在朝廷）担任郎的官职，他屡次上书元帝议论天象变异，得到了验证。元帝喜欢他，屡次召见，向他咨询。京房回答说：“古代帝王按功劳选举贤能，万物化成，祥瑞之兆显现。衰亡之世任用官员则以遭诋毁还是受称誉为依据，所以功业颓废而招致天灾变异。应当考查百官的政绩，天灾变异才可停止。”元帝下诏让京房主持这件事，京房于是向元帝上书拟定考查政绩和查课官吏的办法。元帝命令公卿朝臣与京房在温室殿举行讨论，大家都认为京房的办法过于繁琐，让上级和下级互相监督考查，不能够施行。但元帝却倾向京房。当时，正好各州刺史向朝廷奏报事宜，集中在京师长安。元帝召见他们，命京房告知他们考核之事，刺史们也认为不可行。御史大夫郑弘、光禄大夫周堪，开始时不同意，后来又给予认可。

是时，中书令石显颛权[①]，显友人五鹿充宗为尚书令[②]，二人用事。房尝宴见，问上曰：“幽、厉之君何以危[③]？所任者何人也？”上曰：“君不明而所任者巧佞。”房曰：“知其巧佞而用之邪，将以为贤也？”上曰：“贤之。”房曰：“然则今何以知其不贤也？”上曰：“以其时乱而君危知之。”房曰：“若是，任贤必治，任不肖必乱，必然之道也。幽、厉何不觉悟而更求贤，曷为卒任不肖以至于是？”上曰：“临乱之君，各贤其臣；令皆觉寤，天下安得危亡之君！”房曰：“齐桓公、秦二世亦尝闻此君而非笑之④；然则任竖刁、赵高⑤，政治日乱，盗贼满山，何不以幽、厉卜之而觉寤乎？”上曰：“唯有道者能以往知来耳。”房因免冠顿首曰：“《春秋》纪二百四十二年灾异，以示万世之君。今陛下即位以来，日月失明，星辰逆行，山崩，泉涌，地震，石陨，夏霜，冬雷，春凋，秋荣，陨霜不杀，水、旱、螟虫，民人饥、疫，盗贼不禁，刑人满市，《春秋》所记灾异尽备。陛下视今为治邪，乱邪？”上曰：“亦极乱耳，尚何道！”房曰：“今所任用者谁与？”上曰：“然，幸其愈于彼，又以为不在此人也。”房曰：“夫前世之君，亦皆然矣。臣恐后之视今，犹今之视前也！”上良久，乃曰：“今为乱者谁哉？”房曰：“明主宜自知之。”上曰：“不知也；如知，何故用之！”房曰：“上最所信任，与图事帷幄之中，进退天下之士者是矣。”房指谓石显，上亦知之，谓房曰：“已谕。”房罢出，后上亦不能退显也。

注释

①中书令：官名。汉武帝时以宦官担任中书，中令为其长，掌传宣诏命。石显：字君房，济南（今山东省章丘市西北）人。颛：通“专”，专擅。

②五鹿充宗：五鹿充宗，氏五鹿，名充宗，卫之五鹿人，以地为氏。西汉著名的儒家学者。尚书令：官名。始于秦，西汉沿置，本为少府的属官，掌文书及群臣的奏章。用事：当权。

③幽、厉：周幽王，周厉王。

④秦二世：嬴姓，名胡亥，前210年—前207年在位，也称二世皇帝。

⑤竖刁：竖刁，又名竖刀，春秋时齐国宦官。赵高：战国时秦国及秦朝政治人物，沙丘之变、望夷宫之变的主谋，指鹿为马事件的策划者。

译文

这时，中书令石显专权。石显的友人五鹿充宗任尚书令，二人联合执政。京房有一次在宴会上见到元帝，问元帝："周幽王、周厉王为什么会遇上危难？他们任用的是些什么人？"元帝说："君王不明智，任用的都是巧诈奸佞之臣。"京房进一步问："君王明知他们是奸佞而仍用他们，还是以为他们贤能呢？"元帝回答说："以为他们贤能。"京房说："可是，现在我们凭什么知道他们不是贤德之人呢？"元帝说："根据当时局势混乱而君王身处险境便可以知道。"京房说："如果是这样，那么任用贤能国家肯定治理得好，任用奸邪国家一定会混乱，这是事物发展的必然规律。幽王、厉王为什么不觉悟而另用贤能，为什么终究要用奸佞以致后来陷入困境？"元帝说："身处乱世的君王，各自认为他所任用的臣子都是贤人。倘使他们都能醒悟到自己的错误，天下怎么还会有昏庸的君王？”京房说：“齐桓公、秦二世也曾听说周幽王、周厉王的故事，并嘲笑过他们。可是，齐桓公任用竖刁，秦二世任用赵高，以致政治日益陷入混乱，盗贼随处可见。为什么不能用周幽王、周厉王的例子作为警醒而察觉到用人的不当？”元帝说：“只有贤明的君王，才能以史为鉴，面向未来。”京房于是摘下官帽，叩头说：“《春秋》一书，记载二百四十二年间的天变灾难，用来给后世君王借鉴。而今陛下即位以来，出现日食月食，星辰倒行；山峦崩塌，泉水涌流，大地震动，天落陨石，夏季降霜，冬季打雷，春季百花凋谢，秋季枝叶茂盛，降霜后草木并不凋零，水灾、旱灾、虫灾，百姓饥馑，瘟疫流行。盗贼降服不住，服刑的人充斥着街市。《春秋》所记载的灾异，都已经发生。陛下您认为现在是治世，还是乱世？”元帝说：“已经乱到极点了，这还用问？”京房说：“陛下现在任用的是些什么人？”元帝说：“今天的灾难变异和政治腐败虽然超过前代，但责任不在这些人身上。”京房说：“前世的君主，也是陛下这种想法。我恐怕后代看待今天，就像今天看待前代。”元帝过了许久才说：“现在扰乱国家的是谁？”京房回答说：“明君您自己应该知道。”元帝说：“不清楚啊！如果清楚，哪里还会用他？”京房说：“陛下最信任的，与他们在宫禁内共同商榷国家大事，掌管天下用人大权的人，就是了。”京房所指的是石显，元帝也心领神会，他对京房说：“我知晓了。”京房告退。但是到最后，汉元帝还是没有辞退石显。

臣光曰[①]：人君之德不明，则臣下虽欲竭忠，何自而入乎[②]！观京房所以晓孝元，可谓明白切至矣，而终不能寤，悲夫！《诗》曰："匪面命之，言提其耳。匪手携之，言示之事。"又曰："诲尔谆谆，听我藐藐[③]。"孝元之谓矣！

注释

①光：司马光。

②何自："自何"的倒装，从哪里。

③"《诗》曰"句、"又曰"句：出自《诗经·大雅·抑》。匪：不仅，不但。藐藐：疏远貌。

译文

臣司马光说：君王的品行不明达，则臣下虽想尽心竭力，又从何着手呢？看京房对元帝的提醒，可以说讲得十分明了了，而最终仍不能醒悟，可悲啊！《诗经》说："我不但当面告诉他，而且对着他的耳朵向他讲起。不但是用手拉着你，而且明示了你许多事。"又说："我教导你是那么恳切认真，而你却漫不经心听不进去。"这说的就是元帝啊！

上令房上弟子晓知考功、课吏事者[①]，欲试用之。房上："中郎任良、姚平[②]，愿以为刺史，试考功法；臣得通籍殿中[③]，为奏事，以防壅塞[④]。"石显、五鹿充宗皆疾房[⑤]，欲远之，建言，宜试以房为郡守。帝于是以房为魏郡太守，得以考功法治郡。

注释

①上：上报，呈报。弟子：学生，门徒。晓：通晓，精通。考功：按一定标准考核官吏的政绩。课吏：考核官员的政绩。

②姚平：西汉著名经学家，河东人，曾向京房学习《易》学。

③通籍：记名于门籍，可以进出宫门。

④壅塞：阻塞，堵塞。

⑤疾：厌恶，憎恨。

译文

汉元帝命令京房举荐他的学生中精通考核政绩和有能力监察官吏的人，打算试用他们。京房上书奏明："中郎任良、姚平，希望把他们任命为刺史，在各州试行考察官员政绩。请允许我留在朝廷进出宫门，以传报他们的奏章，从而防止下情不能上达。"但是石显、五鹿充宗都憎恨京房，想让京房远离元帝，于是向元帝提出建议，应该尝试让京房做郡守。汉元帝就任命京房为魏郡太守，允许他凭借考功法去管理魏郡。

房自请："岁竟[①]，乘传奏事[②]。"天子许焉。房自知数以论议为大臣所非[③]，与石显等有隙[④]，不欲远离左右，乃上封事曰[⑤]："臣出之后，恐为用事所蔽[⑥]，身死而功不成，故愿岁尽乘传奏事，蒙哀见许。乃辛巳，蒙气复乘卦[⑦]，太阳侵色[⑧]，此上大夫覆阳而上意疑也[⑨]。己卯、庚辰之间，必有欲隔绝臣，令不得乘传奏事者。"

注释

①岁：年的别称。竟：终了的时候。

②乘传：乘坐驿车。传，驿站的马车。奏事：向皇帝陈述事情。

③数：多次，屡次。

④隙：怨恨，嫌怨，感情关系的裂痕。

⑤封事：密封的奏章。古时臣下上书奏事，防有泄漏，用皂囊封缄，故称。

⑥用事：指执掌大权。蔽：蒙蔽。

⑦蒙气：指古时包围在地球外面的大气。

⑧侵色：指光芒变得暗淡。

⑨覆阳：遮盖，这里指掩蔽君主。

译文

京房请求说："年尾的时候，请允许我乘坐驿车前来，向陛下当面报告工作。"汉元帝答应了。京房自己知道由于屡次议政而被大臣非议，跟石显等人有怨恨，不想远离汉元帝左右。于是上奏密封的奏章："我离开京师后，恐被执掌大权的大臣所谋害，身死而功业不能成就，所以希望在年终的时候，能够乘坐驿车前来京师向陛下陈述事情，所幸承蒙陛下哀怜而被允许。然而，在六月辛巳，阴云狂风乱起，太阳光色昏暗，表明上级官员蒙骗天子，而天子心里怀疑啊。在六月己卯、庚辰之间，一定有想要隔绝陛下和我的关系，使我不能够乘坐驿车向您奏事的事情发生。"

房未发，上令阳平侯王凤承制诏房止无乘传奏事[①]。房意愈恐。秋，房去至新丰[②]，因邮上封事曰[③]："臣前以六月中言《遁卦》不效[④]，法曰[⑤]：'道人始去，寒涌水为灾。'至其七月，涌水出。臣弟子姚平谓臣曰：'房可谓知道，未可谓信道也[⑥]。房言灾异，未尝不中。涌水已出，道人当逐死[⑦]，尚复何言！'臣曰：'陛下至仁，于臣尤厚，虽言而死，臣犹言也。'平又曰：'房可谓小忠，未可谓大忠也。昔秦时赵高用事，有正先者[⑧]，非刺高而死[⑨]，高威自此成，故秦之乱，正先趣之[⑩]。'今臣得出守郡，自诡效功[⑪]，恐未效而死，惟陛下毋使臣塞涌水之异[⑫]，当正先之死，为姚平所笑。"

注释

①王凤：西汉外戚、权臣。字孝卿，生于魏郡元城（今

河北省大名县东），阳平（今山东省莘县）顷侯王禁长子。汉孝元皇后王政君的同母兄。曾任汉大司马、大将军、领尚书。无：通“毋”，不要。

②新丰：西汉高帝十年以骊邑县改名，治所即今陕西省临潼区东北阴盘城。

③因：经由，通过。邮：传递文书的人。

④不效：没有效验。

⑤法：占卜之法。

⑥信：笃信。

⑦逐：放逐，流放。

⑧正先：秦始皇时博士，因在赵高专权时批评赵高而被杀。

⑨非：非难，责怪。

⑩趣：通“促”，催促，推动。

⑪诡：诡求，责成。

⑫惟：句首语气词，表示希望或祈求。塞：阻隔，堵住，堵塞。

译文

京房还没有出发离开，汉元帝就命令阳平侯王凤承奉诏书告诉京房，不要乘驿车回京师奏事了。京房心里更加恐惧。秋季，京房出发了，到了新丰，通过朝廷传递文书的差人再次呈上密封的奏章：“我先前在六月间曾经上书陛下，书中所说《遁卦》虽然没有应验，可是占卜之法中说：‘拥有道术的人刚刚离开，天气将会变得寒冷，大水将要涌出成灾。’到了七月，果然不出所料，大水真的涌出。我的学生姚平对我说：‘你可以说是通晓道术，却不能说是虔信道术。你所预料的天灾与变异，没有一件事不应验的。如今，大水已经奔涌而出，有道术的人将要被流放到外边而死，还有什么话要说呢？’我说：‘陛下最仁爱了，对我尤其关爱深厚，虽然会因为进言而被处死，我仍然要进言。’姚平又对我说：‘你只能够说是小忠，不能够算是大忠。以前，秦朝赵高执掌大权，有一位名叫正先的人，因为讥讽赵高而被处死，赵高的权威从此建立。因此秦朝的祸乱，是正先推动的。’而如今我被允许担任郡守，把考核功效当作自己的责任，只恐怕还没有开始便被谋杀。请求陛下不要让我应验大水涌出的预言，倘如正先那样死去，就会被姚平讥笑。”

房至陕[①]，复上封事曰：“臣前白愿出任良试考功，臣得居内[②]。议者知如此于身不利，臣不可蔽，故云‘使弟子不若试师[③]’。臣为刺史，又当奏事，故复云‘为刺史，恐太守不与同心，不若以为太守’。此其所以隔绝臣也。陛下不违其言而遂听之，此乃蒙气所以不解、太阳无色者也。臣去稍远[④]，太阳侵色益甚，愿陛下毋难还臣而易逆天意[⑤]！邪说虽安于人，天气必变，故人可欺，天不可欺也，愿陛下察焉！”

注释

①陕：今河南省陕县。

②居内：处内，位于朝廷之中。

③试：试用。

④去：相距，距离。

⑤还：返回。

译文

京房到达陕县后，再次献上密封的奏章："我先前表明意愿让任良负责考核官员政绩，让我得以留在朝廷。议论这件事的人认为这样对于他们自身没有好处，而且不能够把我和陛下隔绝起来，因此说：'与其让学生出任，不如试用他们的老师。'但是，如果任命我为刺史，又担心我面见陛下呈报事情，于是又说：'如果当刺史，恐怕不能与太守达成一致意见，不如把他任命为太守。'这就是为了隔绝我们君臣联系。陛下不但没有反对他们的言论，反而听从了他们的意见。这正是阴云乱风之所以不散，太阳之所以失去光辉的原因。我距离京师长安越远，太阳的光辉的昏暗就越来越严重。希望陛下征我回京师而不要轻易地违反天意！邪恶的阴谋，人们虽然察觉不到，上天却必然有变化，因此人可以被欺凌，但天不可以被欺凌，希望陛下详察！"

房去月余[①]，竟征下狱[②]。初，淮阳宪王舅张博[3]，倾巧无行[4]，多从王求金钱，欲为王求入朝。博从京房学，以女妻房[5]。房每朝见，退辄为博道其语[6]。博因记房所说密语，令房为王作求朝奏草，皆持柬与王，以为信验。石显知之，告："房与张博通谋，非谤政治[7]，归恶天子，诖误诸侯王[8]。"皆下狱，弃市，妻子徙边[9]。郑弘坐与房善，免为庶人[10]。

注释

①去：离开。

②征：征召，特指君召臣。

③淮阳宪王：刘钦，出生于长安（今陕西省西安市），汉宣帝刘询之子，母张婕妤。封淮阳王，谥号宪王。张博：淮阳宪王刘钦的舅舅，常以灾变之说蛊钦，欲钦为周召之事。后事泄，伏诛。

④倾巧：狡诈。无行：行为恶劣。

⑤妻：以女嫁人。

⑥辄：立即，就。道：称引。

⑦非谤：非议谤毁。

⑧诖误：欺骗，牵连，损坏诸侯名声。

⑨妻子：妻子和儿女。徙边：流放到边远地区服刑。

⑩庶人：平民，百姓。

译文

京房离去一个多月，竟然被征回京师，逮捕下狱。从前，淮阳宪王刘钦的舅舅张博是一个狡诈诡辩，行为恶劣的人物，多次向刘钦讨要钱财，想要为刘钦求得去中央做官的机会而在京师活动。张博曾经跟从京房学习《易经》，并且把女儿嫁给京房。京房每次朝见，退朝回家之后，就把他跟元帝之间问答的话都讲给张博听。张博就暗中记下京房所说的机密语言，想让京房代替刘钦草拟请求进入朝廷的奏章。他把这些机密言语记录和奏章草稿，都送给刘钦观看，把这些作为他工作的证据。石显得知这件事后，就控告说："京房和张博通谋，非议治国策略，诋毁皇帝，贻误牵连诸侯王。"因此京房和张博都被逮捕入狱，在街市上被斩首示众，妻子儿女被放逐到边远地区服刑。御史大夫郑弘，被控告和京房关系亲密，遭到免职，被贬为平民。

第三十五卷　汉纪二十七

哀帝（己未，前2年）

是日，日有食之。上诏公卿大夫悉心陈过失[①]；又令举贤良方正能直言者各一人。大赦天下。

注释

①上：汉哀帝刘欣，字和，西汉第十三位皇帝，前7年—前1年在位。

译文

这一天，出现日食。汉哀帝下诏告知公卿大夫尽心诉说自己的过失；又下令推荐有德行才能、正直不阿、能直言敢谏的各一人。大赦天下。

丞相嘉奏封事曰[①]："孝元皇帝奉承大业，温恭少欲，都内钱四十万万。尝幸上林[②]，后宫冯贵人从临兽圈，猛兽惊出，贵人前当之[③]，元帝嘉美其义，赐钱五万。掖庭见亲[④]，有加赏赐，属其人勿众谢[⑤]。示平恶偏，重失人心，赏赐节约。是时外戚赀千万者少耳[⑥]，故少府、水衡见钱多也[⑦]。虽遭初元、永光凶年饥馑，加以西羌之变，外奉师旅，内振贫民[8]，终无倾危之忧，以府臧内充实也[9]。孝成皇帝时，谏臣多言燕出之害[10]，及女宠专爱，耽于酒色，损德伤年[11]，其言甚切，然终不怨怒也。宠臣淳于长、张放、史育，育数贬退，家赀不满千万，放斥逐就国[12]，长榜死于狱[13]，不以私爱害公义，故虽多内讥，朝廷安平，传业陛下。

注释

①嘉：王嘉，西汉平陵人，字公仲。

②上林：上林苑。始建于秦始皇，汉武帝时扩建，是规模庞大的皇家园林。

③当：通“挡”，阻拦。

④掖庭：永巷，初为宫女居住的地方。

⑤属：通“嘱”，嘱咐，嘱托。

⑥赀：通“资”，资财。

⑦少府：负责皇上奉养之官。水衡：官名，管理水利的官员。

⑧振：通“赈”，救济。

⑨臧 zāng：通“藏”，仓库。

⑩燕出：指帝王微服私行。

⑪年：寿命。

⑫斥：排斥，斥退。

⑬榜 bàng：用鞭子或板子拷打。

译文

丞相王嘉呈上密封奏书说："孝元皇帝继承大业，温顺谦恭，很少有贪欲。京都之内的钱达到四十万亿。元帝曾经前往上林苑。后宫的冯贵人跟随一起到了兽圈，猛兽受到惊吓跑出来，贵人上前挡住了它，元帝嘉奖赞美她的情义，赏赐给她的钱不过五万钱。掖庭宫人有亲戚来见，元帝对她们有额外的赏赐。嘱咐她不要再到众人面前谢恩。这是为了显示公平和不喜欢偏袒，看重人心的得失，还会赏赐节约的人。当时外族亲戚中资产能达到千万的人很少，所以少府、水衡能利用的钱很多。虽然遭受了初元、永光年间的灾荒，加上西羌部族的叛变，对外要给军队补给，对内要救济贫苦百姓。然而最终也没有国家倾覆的担忧，因为国库里面财物充实。孝成皇帝的时候，谏臣大都进言说微服私行的坏处，还有独宠美女，沉迷于酒和美色中，损害了德行，伤及寿命。他们的话非常激烈，但是成帝始终没有生气怨恨。宠臣于长、张放、史育三人，史育遭到数次贬职，家产不够千万；张放被斥退逐回封地；淳于长在监狱里被鞭子打死。成帝不会因为私下里的恩宠而去损害公义，所以虽然宠爱后宫，被人讥笑，但是朝廷内外安稳平和，才能把皇位传给陛下。

"陛下在国之时，好《诗》、《书》，上俭节[①]，征来，所过道上称诵德美，此天下所以回心也。初即位，易帷帐，去锦绣，乘舆席缘绨缯而已[②]。共皇寝庙比当作，忧闵元元[③]，惟用度不足，以义割恩，辄且止息，今始作治。而驸马都尉董贤亦起官寺上林中[④]，又为贤治大第，开门乡北阙[⑤]，引王渠灌园池，使者护作，赏赐吏卒，甚于治宗庙。贤母病，长安厨给祠具[⑥]，道中过者皆饮食。为贤治器，器成，奏御乃行，或物好[⑦]，特赐其工；自贡献宗庙、三宫[⑧]，犹不至此。贤家有宾婚及见亲，诸官并共[⑨]，赐及仓头[⑩]、奴婢人十万钱。使者护视、发取市物[⑪]，百贾震动，道路欢哗，群臣惶惑。诏书罢苑，而以赐贤二千余顷[⑫]，均田之制从此堕坏。奢僭放纵，变乱阴阳，灾异众多，百姓讹言，持筹相惊[⑬]，天惑其意，不能自止。陛下素仁智慎事，今而有此大讥。

注释

①上：通“尚”，崇尚。

②绨缯 tí zēng：粗厚的丝织品。

③元元：平民，老百姓。

④驸马都尉：官名，汉武帝时始置。掌副车之马。驸，即副。

⑤乡：通“向”，朝向。

⑥祠具：祭祀时所用的器具，或称祠器。

⑦或：副词，有时。

⑧三宫：汉代皇帝、太后、皇后合称为三宫。

⑨共：通“供”，供给，供应。

⑩仓头：汉时奴仆以深青色布包头，故称苍头。仓，通“苍”。

⑪发取：犹取给。市物：货物，商品。

⑫余：盈余。

⑬持筹：西汉时民间崇拜西王母，持筹即传筹，人们奔走于路上，将手中的麻秆传给他人，意为通报西王母的到来的时辰，并为其开路。筹，本为计数用的竹签，又指计时的竹签。传筹，即通报出行的时辰。此处用禾秆麻秆代替竹签。

译文

“陛下在封国的时候，喜爱《诗经》《书经》，崇尚节俭。征召前来长安时，一路上所经过的地方，都颂扬陛下的德行美好，这就是为什么天下之人把希望转而寄托在陛下身上的原因。刚开始即位时，陛下更换帷帐，去掉锦绣，乘坐的车马和座席上的靠垫都只是用粗厚的丝织品包边而已。每逢共皇寝庙应当修建的时候，都会因为怜悯百姓的辛劳，考虑国家经费不足，为了公义而割舍亲情，暂且停止，现在才开始投入修建。然而驸马都尉董贤，也在上林苑中兴建官衙，陛下又为他修建了宏大的府宅，开门朝向皇宫的北门，引王渠灌注园林水池，陛下派使者监督施工，赏赐吏卒，超过修建宗庙之时。董贤母亲患病，由长安的官家厨师供应祭祀的器具和食品，道路过往的路人都能得到施舍的食物。为董贤制造器具，做成后，必须向陛下禀告，审查之后才可送去。

有时器物做得精巧，会特别赏赐这个工匠。即便是奉献宗庙、奉养三宫太后，也没有达到这个地步。遇到董贤家里招待宾客、举办婚礼以及亲戚相见，大小官员一起供献财物，甚至赏赐给仆人、奴婢的钱一人就达十万钱。董贤家去街市购买货物，（有您派的）使者陪同，监视交易，众多商人为之震惊，路人喧哗，群臣为之惶惑不安。陛下您下诏罢建皇家苑林，却用来赏给董贤两千余顷土地，均平制度从这时候开始遭到破坏。奢侈僭越，横行放纵，变乱阴阳，灾害异常的事情很多，百姓以讹传讹，路人手持禾秆麻秆惊恐奔走，上天也对百姓的流言和奔走感到迷惑，不能使他们自行停止。陛下一向仁慈智慧，行事谨慎，而今却因为有这些过失被人大肆讥讽。

“孔子曰：‘危而不持，颠而不扶，则将安用彼相矣[①]！’臣嘉幸得备位[②]，窃内悲伤不能通愚忠之信；身死有益于国，不敢自惜。唯陛下慎己之所独乡[③]，察众人之所共疑！往者邓通、韩嫣，骄贵失度，逸豫无厌[④]，小人不胜情欲，卒陷罪辜[⑤]，乱国亡躯，不终其禄，所谓‘爱之适足以害之’者也！宜深览前世，以节贤宠，全安其命。”上由是于嘉浸不说。

注释

①“孔子曰”句：出自《论语·季氏》。

②备位：居官的自谦之词。

③唯：用句首，表示希望。独乡：又作“独向”，独自向慕。

④逸豫：安乐。厌：通“餍”，满足。

⑤罪辜：罪咎。

⑥浸：副词，渐渐，逐渐。

译文

“孔子说：‘国家有危难而不去扶持，看到要覆灭不去匡正，那么要你们这些宰相有什么用？’我王嘉有幸能够位居丞相，自己经常私下内心难过，不能使陛下相信我的愚忠。假如我的死能够有益于国家，那我不敢爱惜自己的生命。希望陛下谨慎地对待自己向慕的人，细细观察众人共同的疑惑！从前邓通、韩嫣骄横显贵没有限度，安乐不知满足，小人不能克制情欲，终于犯下大罪，搞乱了国家，也丢失了性命，不能最终保全富贵。正所谓‘爱他，却恰恰足以害他’。应该深入对照前世的教训，节制对董贤的宠爱，来保全他的生命。”哀帝因为这对王嘉渐渐不满。

前凉州刺史杜邺以方正对策曰[①]：“臣闻阳尊阴卑，天之道也。是以男虽贱，各为其家阳；女虽贵，犹为其国阴。故礼明三从之义，虽有文母之德[②]，必系于子。昔郑伯随姜氏之欲[③]，终有叔段篡国之祸[④]；周襄王内迫惠后之难，而遭居郑之危。汉兴，吕太后权私亲属，几危社稷。窃见陛下约俭正身，欲与天下更始⑤，然嘉瑞未应⑥，而日食、地震。案《春秋》灾异⑦，以指象为言语⑧。日食，明阳为阴所临⑨。坤以法地，为土，为母，以安静为德；震，不阴之效也⑩。占象甚明，臣敢不直言其事！昔曾子问从令之义，孔子曰：'是何言与！'善闵子骞守礼不苟从亲⑪，所行无非理者，故无可间也。今诸外家昆弟⑫，无贤不肖，并侍帷幄⑬，布在列位，或典兵卫⑭，或将军屯，宠意并于一家，积贵之势，世所希见、所希闻也。至乃并置大司马、将军之官，皇甫虽盛⑮，三桓虽隆⑯，鲁为作三军，无以甚此！当拜之日，然日食。不在前后，临事而发者，明陛下谦逊无专，承指非一，所言辄听，所欲辄随，有罪恶者不坐辜罚⑰，无功能者毕受官爵，流渐积猥⑱，过在于是，欲令昭昭以觉圣朝。昔诗人所刺，《春秋》所讥，指象如此，殆不在他。由后视前，忿邑非之⑲；逮身所行，不自镜见，则以为可，计之过者。愿陛下加致精诚，思承始初，事稽诸古，以厌下心，则黎庶群生无不说喜，上帝百神收还威怒，祯祥福禄，何嫌不报！"

注释

①杜邺：字子夏，茂陵（今陕西省兴平市东北）人。

②文母：周文王之母。

③郑伯：郑国伯爵。姬姓，郑庄公。姜氏：郑庄公母。

④叔段：郑庄公弟，名段，后因奔共，故称共叔段。
⑤更始：重新开始，除旧布新。
⑥嘉瑞：吉祥的征兆。
⑦案：通“按”，察看；考察。
⑧指象：谓天以景象示意。
⑨临：靠近，逼近。
⑩效：证明，验证。
⑪闵子骞：名损，字子骞，春秋末期鲁国（现鱼台县大闵村）人，孔子高徒。苟：随便，苟且。
⑫昆弟：指兄和弟，比喻亲密友好。
⑬帷幄：借指天子近侧或朝廷。
⑭或：有的，有的人。
⑮皇甫：复姓。
⑯三桓，即指鲁国卿大夫孟氏、叔孙氏和季氏。
⑰坐：牵连治罪。
⑱猥：众多，多。
⑲忿邑：愤恨忧郁。

译文

前凉州刺史杜邺以方正参加策问，说：“我听说阳尊阴卑，这是上天的道理。所以男子纵然地位卑下，依旧是他家的阳；女子纵然地位尊贵，依旧是这个国家的阴。所以礼教明确地规定‘三从’的内容。即便有周文王母亲的美德，也一定是依附于儿子。过去郑伯顺着母亲姜氏对幼子的过分溺爱，最终出现了叔段篡国的灾祸。

周襄王内心迫于母亲惠后的责难，而遭受流亡郑国的危难。汉朝兴起，吕太后把朝廷大权私自交给她的亲属，几乎危害到国家。我私下里看见陛下节约简朴、端正自身，想要让天下除旧布新，开创新的局面。但是祥瑞没有应验降临，反而发生了日食、地震。察看《春秋》记载异常灾害的事件，是用景象所指示的含义作为语言，来警告世人。日食，说明阳被阴逼近。阴为坤，坤被用来表示地，所以称‘坤’为‘土’，为‘母’，把安静当作美德。发生地震，是阴气失控，不遵循常理的验证。占验情况如此明了，我哪敢不直率地讲这件事！从前，曾参问孔子听从父命可算孝顺的道理，孔子说：‘这是什么话！’孔子赞许了闵子骞遵守礼法，不随便听从父母的命令，所做的事没有不合常理的，所以别人没有办法离间他与父母及亲人的关系。但是如今各位外戚家的兄弟，无论是贤能还是品行不端，都在朝廷任职，分布在各个重要的位子。有的掌管禁卫，有的率军屯驻，恩宠集中于一家，越来越显贵的声势在以前各朝代很少见到，很少听说的。甚至同时设置两个大司马、将军的官职。古时候皇甫氏虽然兴盛，三桓虽然势力强大，鲁国即便创立三军，却也不能和今天的皇亲国戚相比。就在接受任命为大司马、将军官职的那一天，却出现日食。不前不后，就在任命官位的时刻发生日食，说明陛下太过谦逊，没有擅自决断，不止一次地接受太后的旨意，她所说的话都听从，所想要的东西都满足。外戚中有犯罪的人不牵连治罪；没有功劳没有才能的人全都加封官爵。

这类事情逐渐发展增加，越积越多，陛下的过失就是在于此处。我想说清楚这些过失，以便让圣明的天子醒悟。从前被诗人所斥责、被《春秋》所讥讽的，就是这类现象，大概不是针对其他。由后世来看前代发生的事情，会愤恨忧郁地指出他们的错误。等到自己去做，就不能像照镜子一样看见自己的过失，就以为自己是对的，但是其实方法已经错误。但愿陛下更加精诚治国，想到继承皇位最开始的时候，每件事都考查古代的规定，用来满足百姓的心愿。如此，所以黎民百姓没有不开心愉悦的，上帝和众神灵也会收回怒气，为什么要疑心吉祥福禄不会降临呢？”

上又征孔光诣公车①，问以日食事，拜为光禄大夫②，秩中二千石，给事中③，位次丞相。

注释

①孔光：字子夏，鲁国（今山东省曲阜市）人。公车：汉代官署名，掌管宫殿司马门的警卫，天下上事及征召等事宜也在此处理。

②拜：授给官职。

③给事中：官名，秦始置。西汉因之，为加官，位次中常侍，无定员，备皇帝顾问之用。

译文

哀帝再次征召孔光在公车接见，询问关于日食的事情。任命孔光为光禄大夫，俸禄有两千石，还授给他给事中的官职，地位仅次于丞相。

鲍宣上书曰："陛下父事天，母事地，子养黎民；即位以来，父亏明，母震动，子讹言相惊恐。今日食于三始[①]，诚可畏惧。小民正朔日尚恐毁败器物，何况于日亏乎！陛下深内自责，避正殿，举直言，求过失，罢退外亲及帝仄素餐之人[②]，征拜孔光为光禄大夫，发觉孙宠、息夫躬过恶，免官遣就国，众庶歙然[③]，莫不说喜。天人同心，人心说则天意解矣。乃二月丙戌，白虹干日[④]，连阴不雨，此天下忧结未解，民有怨望未塞者也。侍中、驸马都尉董贤，本无葭莩之亲[⑤]，但以令色、谀言自进，赏赐无度，竭尽府臧，并合三第，尚以为小，复坏暴室。贤父、子坐使天子使者，将作治第，行夜吏卒皆得赏赐，上冢有会[⑥]，辄太官为供[⑦]。海内贡献，当养一君，今反尽之贤家，岂天意与民意邪！天不可久负，厚之如此，反所以害之也！诚欲哀贤，宜为谢过天地，解仇海内，免遣就国，收乘舆器物还之县官，可以父子终其性命；不者，海内之所仇，未有得久安者也。孙宠、息夫躬不宜居国，可皆免，以视天下。复征何武、师丹、彭宣、傅喜，旷然使民易视，以应天心，建立大政，兴太平之端。”上感大异，纳宣言，征何武、彭宣；拜鲍宣为司隶⑧。

注释

①三始：正月初一。

②仄：通“侧”。旁边。素餐：不劳而食，多指无功受禄。

③歙然：和谐；融洽的样子。

④白虹干日：白色的长虹穿日而过，意指人间有不祥之事发生。

⑤葭莩：亲戚的代称。

⑥上冢：上坟。

⑦太官：官名，掌皇帝膳食及燕享之事。

⑧司隶：官名，掌罪、蛮、闽、夷、貉五隶的政令。

译文

鲍宣向皇上进言说：“陛下把上天当作父亲来服侍，把大地当作母亲来侍奉，把人民当作儿女来抚养。继承皇位以来，上天缺少光明，大地发生震动，百姓流传谣言而惊慌恐惧。但是今天，日食发生在正月初一，真的让人害怕恐惧。普通百姓在正月初一和各月初一尚且害怕毁坏器物，更何况是出现日食呢！陛下深刻地在内心自我责备，避开正殿，举荐直言进谏的人，要求对自己的过失进行批评，罢黜斥退外戚以及皇帝身边无功而受禄的人，征召任命孔光为光禄大夫，察觉了孙宠、息夫躬的过失和恶行，罢免了他们的官职遣送回封国。老百姓都和谐融洽，没有不心生欢喜的。天人同心，人心欢悦了，则天的愤怒自然化解。但是，二月丙戌，白色的长虹穿日而过，天气一直阴沉却没下雨，这表明天下还有忧虑纠结在一起没有解决，百姓还有怨气没有平息。侍中、驸马都尉董贤，本来与陛下没有丝毫亲戚关系，但是他凭借谄媚的脸色和好听的言辞博取了陛下的欢心，对他赏赐没有限度，用尽了府库积藏的财物，把三座府邸合并赐给他，但还是认为太小，又拆除宫廷暴室来扩充面积。董贤和他的父亲可以坐着驱使天子的使者，能够使用御用的工匠为他修建宅第，连夜间为他巡逻的吏卒都能够得到赏赐。他家祭扫祖坟和举行聚会，都由太官供应。各地进献的贡品，本应当奉养一位君主，但是如今反过来全到了董贤的家里。这难道是天意和民意吗？天意不能够长时间的辜负，对董贤如此厚待，反而会因此害了他！假如真的想要怜惜董贤，就应当替他向天地谢罪，解除天下对他的仇视，罢免他的官职，斥退到封国，没收所赐的马车等器物，归还给县官。只有这样，才能保全他父子的性命。不然的话，作为天下人都厌恶的人，他不会得到长久的安宁。孙宠、息夫躬不应该再拥有封国，可以全部收回，用来向天下表示彻底改过。重新任用何武、师丹、彭宣、傅喜，让百姓改变先前的看法，用来顺应天意，建立大政，开始振兴太平盛世。”哀帝感到非常惊奇，接受了鲍宣的建议，征召何武、彭宣，并任命鲍宣为司隶。

第三十八卷　汉纪三十

王莽（壬午，22年）

初，长沙定王发生春陵节侯买[①]，买生戴侯熊渠，熊渠生考侯仁。仁以南方卑湿，徙封南阳之白水乡[②]，与宗族往家焉。仁卒，子敞嗣，值莽篡位，国除。节侯少子外为郁林太守[③]，外生钜鹿都尉回[④]，回生南顿令钦。钦娶湖阳樊重女[⑤]，生三男：縯，仲，秀[⑥]，兄弟早孤，养于叔父良[⑦]。縯性刚毅，慷慨有大节，自莽篡汉，常愤愤怀复社稷之虑，不事家人居业，倾身破产，交结天下雄俊。秀隆准日角[⑧]，性勤稼穑；縯常非笑之，比于高祖兄仲。秀姊元为新野邓晨妻[⑨]，秀尝与晨俱过穰人蔡少公，少公颇学图谶[⑩]，言“刘秀当为天子”；或曰：“是国师公刘秀乎？”秀戏曰：“何用知非仆邪！”坐者皆大笑。晨心独喜。

注释

①刘发：汉景帝第十个儿子。春陵：今湖北省枣阳市南。买：刘买，汉朝宗室，长沙定王刘发的儿子，被封为春陵侯，谥号节。

②南阳：今湖北省枣阳市。

③郁林：今广西东南部玉林市。

④钜鹿：今河北省平乡县（乞村）西南平乡。

⑤湖阳：今河南省唐河县西南部湖阳镇。

⑥縯，仲，秀：刘縯，字伯升，南阳蔡阳人，东汉光武帝刘秀的长兄。刘秀，字文叔，东汉王朝开国皇帝，庙号世祖，谥号帝武。公元25—57年在位，汉高祖刘邦九世孙。

⑦良：刘良，字次伯，东汉开国皇帝刘秀的叔父，东汉时先后封广阳王赵王。

⑧隆准：高鼻梁。

⑨新野：今河南省新野县。邓晨：字伟卿，南阳新野人。后助刘秀镇压各地农民军，刘秀即帝位，封为房子侯。谥号惠侯。

⑩图谶：古代方士编造出来的关于帝王受命征验一类的书。

译文

当初，汉朝长沙定王刘发，生了舂陵节侯刘买，刘买生了戴侯刘熊渠，刘熊渠生了考侯刘仁。刘仁因为南方地势很低，气候很潮湿，被重封到南阳郡的白水乡，和宗族迁居到了这里。刘仁死后，儿子刘敞继承了爵位，正好碰上王莽夺取了皇位，封国撤销。舂陵节侯刘买小儿子刘外是郁林太守，刘外生了钜鹿都尉刘回，刘回生了南顿令刘钦。刘钦娶了湖阳樊重的女儿为妻，生了三个儿子：刘縯、刘仲、刘秀。三兄弟小的时候父亲去世，由叔父刘良抚育长大。刘縯性情刚强坚毅，胸怀大志并且有高风亮节。从王莽以下犯上夺取汉朝的政权之后，刘縯经常感到非常气愤，心里怀着光复汉朝的打算，不侍奉家人经营产业，反倒卖田卖宅，拿来结识天下杰出的人物。刘秀长得鼻梁高挺，额角高高隆起，性情勤劳勉励，喜欢耕地。刘縯常嘲笑他，将他比成刘邦的哥哥刘喜。刘秀的姐姐刘元，是新野县邓晨的老婆，刘秀过去曾经和邓晨一起拜见穰县的蔡少公，少公对图谶很有研究，说："刘秀应该成为天子！"有个人紧接着说："说的这是国师公刘秀吧？"刘秀开玩笑地说："你怎么知道说的不是我呢？"在座的人都哈哈大笑。只有邓晨心里暗暗高兴。

宛人李守[①]，好星历、谶记[②]，为莽宗卿师，尝谓其子通曰："刘氏当兴，李氏为辅。"及新市、平林兵起[③]，南阳骚动，通从弟轶谓通曰[④]："今四方扰乱，汉当复兴。南阳宗室，独刘伯升兄弟汎爱容众[⑤]，可与谋大事。"通笑曰："吾意也！"会秀卖谷于宛，通遣轶往迎秀，与相见，因具言谶文事，与相约结，定计议。通欲以立秋材官都试骑士日，劫前队大夫甄阜及属正梁丘赐[⑥]，因以号令大众，使轶与秀归舂陵举兵以相应。于是縯召诸豪杰计议曰："王莽暴虐，百姓分崩；今枯旱连年，兵革并起，此亦天亡之时，复高祖之业，定万世之秋也！"众皆然之。于是分遣亲客于诸县起兵，縯自发舂陵子弟。诸家子弟恐惧，皆亡匿，曰：“伯升杀我！”及见秀绛衣大冠，皆惊曰：“谨厚者亦复为之！”乃稍自安。凡得子弟七八千人，部署宾客，自称“柱天都部”。秀时年二十八。李通未发，事觉，亡走；父守家属坐死者六十四人。

注释

①宛 yuān：古时楚国地名，秦昭王置县。治所在今河南省南阳市。

②谶记：谶书。

③新市：今湖北省京山县东北。平林：今湖北省随州市东北。

④从弟：堂弟。

⑤汎：同“泛”。

⑥前队：今南阳。甄阜：新莽时期前队大夫。

译文

宛城人李守，爱好星象与谶书，是王莽的宗卿师，曾经对他的儿子李通说：“刘姓应该会重新兴起，李姓应当成为辅佐的大臣。”待到新市兵、平林兵兴起，南阳郡人心动荡不安，李通的堂弟李轶对李通说：“当今天下动乱不安，汉朝应当会重新兴盛。南阳的姓刘的皇族，仅仅只有刘伯升兄弟有广博的爱，可以容得下别人，能和他谋划大事。”李通笑着说：“我也有这样的想法。”正逢刘秀到宛城去贩卖粮食。李通派遣李轶前往那里迎接刘秀，和他相见，仔细地谈论了谶文的事情，于是就相互结交，制定了计策。李通计划在立秋那天，趁着骑兵武士大检阅的机会，劫持前队大夫甄阜及属正梁丘赐，然后对人发号施令，聚众起兵，让李轶和刘秀回春陵起事，来相互呼应。刘缜就集结当地有威望的人商议说："王莽凶恶暴虐，百姓妻离子散，而现在又连着好几年大旱，处处兵荒马乱，这是上天要灭亡他的时机，是复兴高祖的大业，建立千秋万代功绩的时机！"大家一致表示赞成。就分别派遣各自的亲友宾客到各县起兵，刘缜自己则发动春陵的子弟。众子弟都觉得恐惧，都逃避躲藏起来，说："刘缜将要害死我了！"直到看到刘秀穿着红色的衣服，头上戴着大大的帽子，改穿将军的衣服，都大吃一惊，说："小心敦厚的人同样这么干了呀！"心里才慢慢安定下来。共召集子弟七八千人，安排下属，自己称为柱天都部。刘秀当年二十八岁。李通的起兵计策还没有付诸实施，就被人发现，所以逃亡了。他的父亲李守和家里的亲人受连坐被诛杀，一共死了六十四人。

缜使族人嘉招说新市、平林兵[①]，与其帅王凤、陈牧西击长聚[②]；进屠唐子乡[③]，又杀湖阳尉。军中分财物不均，众恚恨，欲反攻诸刘；刘秀敛宗人所得物，悉以与之，众乃悦。进拔棘阳[④]，李轶、邓晨皆将宾客来会。

注释

①嘉：刘嘉，字孝孙，是汉光武帝的族兄，舂陵侯刘敞的同母弟刘宪之子。被封为顺阳侯。招：招来，招集。

②王凤：新莽末年农民起义军领袖，新市人。陈牧：平林（今湖北省随州市东北）人。

③唐子乡：在今河南省唐河县西南，接湖北省枣阳市界。

④棘阳：西汉高帝七年置，今河南省南阳市南。

译文

刘縯派遣本族人刘嘉去说服了新市、平林兵，和他们的统领王凤、陈牧一块儿向西攻打长聚。进攻唐子乡时杀死许多人，又将湖阳尉杀了。因为军中财物分配不均，众人气愤怨恨，计划倒戈反击刘姓家族的军队。刘秀收集本宗族人所得到的财产物品，全部分给了大家，大家这才高兴了。继续向前挺进，把棘阳攻下。李轶、邓晨各自领着他们的宾客赶来会合。

第三十九卷　汉纪三十一

淮阳王更始元年（癸未，23 年）

春陵戴侯曾孙玄在平林兵中[①]，号更始将军。时汉兵已十余万，诸将议以兵多而无所统一，欲立刘氏以从人望。南阳豪杰及王常等皆欲立刘縯[②]；而新市、平林将帅乐放纵，惮縯威明，贪玄懦弱，先共定策立之，然后召縯示其议。縯曰："诸将军幸欲尊立宗室，甚厚！然今赤眉起青、徐[③]，众数十万，闻南阳立宗室，恐赤眉复有所立，王莽未灭而宗室相攻，是疑天下而自损权，非所以破莽也。春陵去宛三百里耳，遽自尊立[④]，为天下准的[⑤]，使后人得承吾敝，非计之善者也。不如且称王以号令，王势亦足以斩诸将。若赤眉所立者贤，相率而往从之，必不夺吾爵位；若无所立，破莽，降赤眉，然后举尊号[⑥]，亦未晚也。"诸将多曰："善！"张卬拔剑击地曰："疑事无功，今日之议，不得有二！"众皆从之。二月，辛巳朔，设坛场于淯水上沙中[⑦]，玄即皇帝位，南面立，朝群臣；羞愧流汗，举手不能言。于是大赦，改元，以族父良为国三老，王匡为定国上公[⑧]，王凤为成国上公，朱鲔为大司马，刘縯为大司徒，陈牧为大司空，余皆九卿将军。由是豪杰失望，多不服。

注释

①玄：刘玄，字圣公，南阳舂陵人，西汉皇族后裔。23 年被绿林军立为皇帝，年号更始，后更始政权瓦解后被赤眉军所杀。

②王常：字颜卿，豫州颍川郡舞阳县人。

③赤眉：赤眉军，中国古代著名的农民起义军之一。青：青州，治所在今山东省淄博市东北临淄区北。徐：徐州，今山东省南部和江苏省长江以北地区。

④遽：匆忙，仓促。

⑤准的：箭靶的中心，比喻受攻击的目标。

⑥尊号：指古代尊崇皇帝、皇后的称号。

⑦淯水：白河，在今河南省。

⑧王匡：荆州江夏郡新市（今湖北省京山县）人，绿林军首领。

译文

舂陵戴侯刘熊渠的曾孙刘玄，在平林兵中，自号为更始将军。这时侯汉兵已经有了十多万人，各位将领们商议，军队虽然多，但是没有共同的头领。就计划拥立一位汉朝的姓刘的皇族，来满足大家的期望。南阳郡的豪杰和下江兵王常等，都想要拥立刘縯。可新市兵、平林兵的首领喜欢放纵自已，惧怕刘縯的威武严明，贪求刘玄的软弱，提前制订计划拥立刘玄，造成既定事实，再叫来刘縯告诉他决定。刘縯说："我们刘姓皇族非常有幸地被尊为首领！但是今天赤眉军在青州、徐州起兵，有几十万人，听说南阳拥立姓刘的皇族的信息，害怕他们也会拥立一位姓刘的皇族。王莽还没有攻破，但刘姓皇族却互相攻打，这将导致天下怀疑而有损于自己的实力，不是攻破王莽的好主意。并且，舂陵距离宛城不超过三百里，自己匆忙立为皇帝，变成天下攻击的目标，导致后代人承受我们的衰败，不是好的计策。不如暂时称王来发号施令，国王的势力也足够斩杀将帅。要是赤眉拥立的是有才能有道德的人，我们就一块儿去投奔归顺他，一定不会夺去我们的官位的。要是赤眉没有拥立皇帝，那么，等我们攻取了王莽，使赤眉臣服，然后再称帝，也不算迟。”众将领们大部分都说：“好！”张印将宝剑拔出来，砍击地面，说：“对自己所做的事，怀着疑问的态度，肯定不能成功。现在这项决策，不能有第二种意见！”大家都同意。二月辛巳朔（初一），在白河沙滩上布置坛场，刘玄登极，面朝南方站着，接受大臣们朝拜。他感到不好意思，脸上流满了汗，举起手却说不出话来。于是宣布大赦，改换年号，让堂叔刘良当国三老，王匡当定国上公，王凤当成国上公，朱鲔当大司马，刘縯当大司徒，陈牧当大司空，剩下的将领都是九卿将军。从此，英雄豪杰感到失望，大都不服气。

诸将见寻、邑兵盛[①]，皆反走，入昆阳，惶怖，忧念妻孥[②]，欲散归诸城。刘秀曰：“今兵谷既少而外寇强大，并力御之，功庶可立[③]；如欲分散，势无俱全。且宛城未拔，不能相救；昆阳即拔，一日之间，诸部亦灭矣。今不同心胆，共举功名，反欲守妻子财物邪！”诸将怒曰：“刘将军何敢如是！”秀笑而起。会候骑还[④]，言：“大兵且至城北，军陈数百里，不见其后。”诸将素轻秀[⑤]，及迫急，乃相谓曰：“更请刘将军计之。”秀复为图画成败[⑥]，诸将皆曰：“诺。”时城中唯有八九千人，秀使王凤与廷尉大将军王常守昆阳，夜与五威将军李轶等十三骑出城南门，于外收兵。

注释

①寻：王寻，新朝大司徒、章新公。邑：王邑，新朝大司空，军事将领，王莽从弟。

②孥：子女。

③庶：副词，表示可能或期望。

④候骑：骑马的侦察兵。

⑤素：一向。

⑥图：谋取，图谋。画：谋划，筹划。

译文

汉军的诸位将领们看见王寻、王邑兵多势众，全都掉头往回跑，进入昆阳城，惶恐不安，担心妻子和孩子，想要从这里分开回到各自的城邑中去。刘秀对他们说：“现在城里面兵、粮食已经不多了，而城外入侵者又势力强大，要是一起合力抵御他们，也许能够建立功绩；要是想要分散，一定不能全部保全。并且刘縯的军队还没有攻取宛城，不能赶来援救；要是昆阳被敌军攻占，只需一天的功夫，我军其他部队也就都被灭了。今天怎么可以不统一思想，共同建立功业，反倒想着守护妻子儿女和财产呢？”将领们生气地说：“刘将军怎么敢这么说！”刘秀笑着站起身来。正好碰上前去侦察的骑兵回来，报告说：“对方大军将要抵达城北面，军阵达到几百里，看不见它的后队。”将领们向来看不起刘秀，到了这么急迫的时候，才相互谈论道：“再去请刘将军筹划这件事情。”刘秀再次给将领们描述成功和失败的因素，将领们全都说：“是的。”这时候城里只有八九千人，刘秀派王凤和廷尉大将军王常驻守昆阳，自己趁夜色和五威将军李轶等十三个人骑马跑到昆阳城的南门外，在外面招募士兵。

第五十三卷　汉纪四十五

桓帝（辛卯，151年）

十一月，辛巳，京师地震[①]。诏百官举独行之士[②]。涿郡举崔实[③]，诣公车[④]，称病，不对策；退而论世事，名曰《政论》。其辞曰："凡天下所以不治者，常由人主承平日久，俗渐敝而不悟，政寝衰而不改，习乱安危，怢不自睹。或荒耽耆欲[⑤]，不恤万机；或耳蔽箴诲，厌伪忽真[⑥]；或犹豫歧路，莫适所从；或见信之佐[⑦]，括囊守禄[⑧]；或疏远之臣，言以贱废；是以王纲纵弛于上，智士郁伊于下[⑨]。悲夫！

注释

①京师：今河南省洛阳市。

②独行之士：品行高尚，不随波逐流的人才。

③涿郡：今河北省涿州市。崔实：字子真，冀州（今河北省安平县一带）人。东汉后期政论家、农学家。

④公车：汉代官署名。

⑤耽：沉溺。耆：通"嗜"。

⑥厌伪：对奸邪虚伪感到满意。

⑦佐：此指辅佐大臣。

⑧括囊守禄：保全高官俸禄。

⑨郁伊：悲愤抑郁。

译文

十一月辛巳，京都洛阳发生地震。（桓帝）下诏命朝廷的官员们推荐节操高尚，不随波逐流的独行之人。涿郡太守推荐崔实。崔实到洛阳任官职时，谎称有病，没有面见皇上参加策问考试。失去官职回乡后，撰写了一篇评论时事的文章，篇名叫作《政论》。文章说："国家之所以不能够得到治理，通常是由于统治者继承享受太平盛世的时间太久。社会风俗已经逐渐败坏，却仍不醒悟；制度法令已经逐渐失去效力，却不知道与时俱进变更法制。把混乱当作有条理，危险当作安全，熟视无睹。有的沉溺于酒色，荒淫纵欲，不忧虑国事；有的听不进任何劝谏，愿意听信奸邪之辈的谗言，忽视事实；有的不能分辨忠臣和奸佞小人，事情的错和对，在该做决断时犹豫不决，不知道该怎么办；于是，亲信的辅佐大臣害怕得罪奸佞，闭口不上谏真言，只求高官厚禄不受威胁；而并不常侍奉左右的臣子，虽然敢说真话，但因为地位低下，谏言不能受到重视和采纳。因此，朝廷的法度在上面遭到破坏，有才能的人在下面感到无可奈何，真是悲哀！

"自汉兴以来，三百五十余岁矣，政令垢玩[①]，上下怠懈，百姓嚣然，咸复思中兴之救矣！且济时拯世之术，在于补决坏[2]，枝拄邪倾，随形裁割，要措斯世于安宁之域而已。故圣人执权，遭时定制[3]，步骤之差，各有云设，不强人以不能，背急切而慕所闻也[4]。盖孔子对叶公以来远[5]，哀公以临人[6]，景公以节礼[7]，非其不同，所急异务也。俗人拘文牵古，不达权制[8]，奇伟所闻，简忽所见[9]，乌可与论国家之大事哉[10]！故言事者虽合圣听，辄见掎夺[11]。何者？其顽士暗于时权，安习所见，不知乐成，况可虑始[12]，苟云率由旧章而已[13]；其达者或矜名妒能[14]，耻策非己，舞笔奋辞以破其义。寡不胜众，遂见摈弃，虽稷、契复存，犹将困焉。斯贤智之论所以常愤郁而不伸者也。

注释

①政令垢玩：政令严重荒废。

②决：原指水把河堤冲开或溢出，决口。此处指裂缝。

③遭：四周、周围。此处指根据具体情况。

④急切：此指应急的事情。

⑤叶公：叶公，春秋时期楚国贵族，名子高，封于叶（古邑名，今河南省叶县）。

⑥哀公：鲁哀公（前494年—前477年在位），姬姓，名将，为春秋时期鲁国君主。临人：选用贤才。

⑦景公：齐景公（前547年—前490年在位），姜姓，吕氏，名杵白，春秋后期齐国国君。节礼：节约财富。

⑧不达权制：不懂得根据具体形势。

⑨简：忽略。

⑩乌：表疑问，哪里、怎么能。

⑪掎：牵制。

⑫况可虑始：何况忧虑事情的开始。

⑬苟：只是。由：遵循。

⑭矜名：夸耀自己的名声。

译文

“自从汉王朝建立迄今，已经过去三百五十多年，制度法令已经严重衰败，官员上下松懈怠惰，百姓怨声载道，都盼望重新建立法制，挽救目前危机。况且，拯救时世的办法，在于把裂缝补好，把倾斜支住，根据具体情况，采取相对应的措施，这样做无非要使天下处于安宁的状况而已。所以，有才能的人掌权，就会根据当时面临的具体形势，制订与之相符合的制度和措施。虽然施行的步骤会不同，设置的制度和措施也有区别，但都不会强人所难，强迫百姓去做根本做不成的事，也不会放弃当前急需解决的事，而一味追求遥远不切实际的目标。孔子回答叶公说，为政的重点在于使远处的人都能归顺服从；他回答鲁哀公时说，为政的关键在于选用有才能的人；他回答齐景公时说，为政的重点在于节约财富。并不是孔子对为政本身有不同的理解，而是针对君王们所面临的不同状况。庸碌无为的人，只知拘泥于古书上的文字，不懂得与时俱进的道理。只知道书中的古人古事有道理，而忽略眼前所见的现实，怎么能和这种人共同商讨国家大事呢？所以，臣属上书奏事，虽然符合主上心意，但有才能的人经常遭到牵制和排挤。怎么会这样呢？有些顽固的人士不懂审时度势，只知安于所见到过的事情，即使是事情已经成功，也不知其中的乐趣，何况在开始就遇到操心的事，他怎么会同意？只是马马虎虎地说，大致遵循原来的法令规章就够了；有的人，虽然见识通达，但夸名自负，忌妒贤能，因为自己没有提出好的计策，感到羞耻，于是舞文弄墨，去诋毁别人提出的良策。即便是最好的计策，因为寡不敌众，也终于遭到摈弃，即便后稷、子契重生，也毫无办法。这就是有识之士常常悲愤抑郁而不能得到赏识的原因。

凡为天下者，自非上德[①]，严之则治，宽之则乱。何以明其然也？近孝宣皇帝明于君人之道，审于为政之理[②]，故严刑峻法，破奸轨之胆，海内清肃[③]，天下密如[④]，算计见效[⑤]，优于孝文。及元帝即位，多行宽政，卒以堕损，威权始夺，遂为汉室基祸之主。政道得失，于斯可鉴。昔孔子作《春秋》，褒齐桓，懿晋文[⑥]，叹管仲之功[⑦]；夫岂不美文、武之道哉？诚达权救敝之理也。圣人能与世推移，而俗士苦不知变，以为结绳之约[⑧]，可复治乱秦之绪，干戚之舞[⑨]，足以解平城之围[⑩]。夫熊经鸟伸[⑪]，虽延历之术，非伤寒之理；呼吸吐纳，虽度纪之道，非续骨之膏。盖为国之法，有似理身，平则致养，疾则攻焉。

夫刑罚者，治乱之药石也；德教者，兴平之粱肉也。夫以德教除残，是以粱肉养疾也；以刑罚治平，是以药石供养也。方今承百王之敝[12]，值厄运之会，自数世以来，政多恩贷[13]，驭委其辔[14]，马骀其衔，四牡横奔，皇路险倾，方将钳勒鞬辀以救之，岂暇鸣和銮，调节奏哉！昔文帝虽除肉刑[15]，当斩右趾者弃市，笞者往往至死。是文帝以严致平，非以宽致平也。”实，瑗之子也[16]。山阳仲长统尝见其书[17]，叹曰：“凡为人主，宜写一通，置之坐侧。”

注释

①自：如果。

②审：知道。

③海内：古人认为我国疆土的四面皆有海环绕，故称国境以内为海内。

④密如：安宁。

⑤算计见效：总结经验。

⑥懿：美好。文中指赞叹。

⑦管仲：姬姓，管氏，名夷吾，字仲，谥敬，被称为管子、管夷吾、管敬仲，颍上（今安徽省颍上县）人，东周春秋时代齐国的政治家，佐齐桓公确立霸主地位。

⑧结绳之约：上古时期没有文字的时候就用结绳来记事。

⑨干戚之舞：上古乐舞，操干戚作道具。

⑩平城之围：即白登之围，指汉高祖七年刘邦被匈奴围困于白登山（今山西省大同市东北马铺山）的事件。

⑪熊经鸟伸：熊伸手展足，鸟伸腿展翅。

⑫百王：历代先王。

⑬恩贷：宽容，厚待。

⑭委：抛弃。

⑮肉刑：残害肉体的刑罚，古代指墨、劓、刵、宫、大辟等。

⑯瑗：崔瑗，字子玉，涿郡安平人。汉代书法家，尤善草书，师法杜度，时称“崔杜”。

⑰山阳：陕西省商洛市。仲长统：字公理，山阳郡高平（今山东省微山县两城镇）人。东汉末年哲学家、政论家。仲长统从小聪颖好学，博览群书，长于文辞。

译文

“但凡治理天下的君主，如果不具备最好的品德，则采用严厉的手段，就能够治理国家；采用宽容放纵的手段，国家就陷入混乱。怎么会明白这个道理？近世孝宣皇帝，通晓如何统治人民的道理，知道如何处理好政务的道理，所以，采用严酷的刑罚，使为非作歹的人闻风丧胆，国境内平安无事，天下安定，总结他的政绩和为政的经验，比文帝成功。等到元帝即位，放宽了许多制度法令，最后导致朝政衰败，皇帝的威势逐渐减弱，权力开始下降，奠定了汉王朝败落的基础。为政之道的成败，从这里可以得到鉴证。过去，孔子作《春秋》，褒奖齐桓公，夸奖晋文公，赞叹管仲。那么，孔子为什么不赞赏周文王、周武王的为政之道呢？实在是因为他懂得权变通达、拯救时弊的道理。圣人能够与时俱进，而俗人却苦于不知道权变，他们以为上古时代所采用的结绳记事的原始方法，仍然可以改变纷乱如麻的秦王朝社会现状；以为挥舞红色的盾牌和玉石斧头就足以解除汉高祖受困的平城之围。像熊那样在树木间攀缘，伸手展足，像鸟那样在高空中翱翔，伸腿展翅，虽然可以延长寿命，却不能治愈伤寒重病。用嘴不断吐出浑浊的气息，用鼻不断吸进清新的空气，这样做虽然可以使身体保持健康，却不能连接折断的骨骼。治理国家，就好比养护身体，平时注意保养，有病时则服食药物进行治愈。刑罚就好像是治理乱世的药物，德教则是治理太平盛世的美味食肴。如果用德教去铲除凶残，就好比用美食佳肴去治疗疾病；反之，如果在太平盛世施以重刑，就好比用药物保养身体，都是不符合规律的。可是，现在我们继承了历代帝王遗留下来的弊端，又正好处于艰难的时势政局中。自最近几代以来，制度法令大多宽松，这就好比驾马车的人扔掉了缰绳，马匹没有缰绳的衔勒，四匹牡马横冲直撞，前面的道路又有很多的危险，应该赶紧勒马刹车，进行补救，怎么还有空闲一边听着车铃的节奏声，一边从容不迫地往前走呢？过去，汉文帝虽然下令废除了肉刑，但是，却将本应砍掉右脚趾的刑罚改为斩首示众的重刑，受笞刑的人也经常会被鞭打直至死亡。所以，汉文帝仍然是在施行严刑而非采用宽容的办法，这才实现了天下太平。”崔实是崔瑗的儿子。山阳郡人仲长统曾经看过这篇文章，感叹说：“但凡是君主，都应把它抄录下来，放在座位左右，作为自己为政的座右铭。”

臣光曰[①]：汉家之法已严矣，而崔实犹病其宽[②]，何哉？盖衰世之君，率多柔懦，凡愚之佐，唯知姑息，是以权幸之臣有罪不坐，豪猾之民犯法不诛[③]；仁恩所施，止于目前；奸宄得志[④]，纪纲不立。故崔实之论，以矫一时之枉[⑤]，非百世之通义也。孔子曰：“政宽则民慢，慢则纠之以猛；猛则民残，残则施之以宽。宽以济猛，猛以济宽，政是以和。”斯不易之常道矣。

注释

①光：司马光，北宋政治家，文学家。

②病：缺点不足。

③豪猾之民：豪强不守法度的刁民。

④奸宄：犯法作乱的人。

⑤枉：歪曲或行为不合正道。

译文

臣司马光说：汉朝的制度法律已经非常严厉了，然而，崔实还嫌它宽容，为什么呢？因为衰败之世的君王通常懦弱无能，平庸愚昧的辅佐之臣，只知道姑息迁就。所以，有权势而得君王宠幸的臣下，即使有罪，也得不到应有的惩罚；强取豪夺和不遵守社会法治的人，即使违法，也没有被诛杀；施加仁爱恩惠，只限于眼前；使为非作歹的人得逞，纲纪难以维持效力。所以，崔实的评论只能用来矫正一时的弊端，不是适应各个朝代的法则。孔子说："政治法度太宽大，那么人民就会松懈，人民一旦松懈下来，政府就用严刑峻法来纠正。施行严刑峻法，人民就会感到统治者暴虐无道，人民一旦感到暴虐，对政治不满，那就改施宽大的法度。用宽大和严厉两种手段互相补充，政局才能稳定。"这是永世不变的为政之道。

第六十三卷　汉纪五十五

献帝（己卯，199年）

袁术既称帝，淫侈滋甚，媵御数百[①]，无不兼罗纨，厌粱肉[②]，自下饥困，莫之收恤。既而资实空尽，不能自立，乃烧宫室，奔其部曲陈简、雷薄于灊山[③]，复为简等所拒，遂大穷，士卒散走，忧懑不知所为。乃遣使归帝号于从兄绍曰[④]："禄去汉室久矣，袁氏受命当王，符瑞炳然。今君拥有四州[⑤]，人户百万，谨归大命[⑥]，君其兴之！"袁谭自青州迎术，欲从下邳北过[⑦]。曹操遣刘备及将军清河朱灵邀之，术不得过，复走寿春[⑧]。六月，至江亭，坐箦床而叹曰[⑨]："袁术乃至是乎！"因愤慨结病，欧血死。术从弟胤畏曹操，不敢居寿春，率其部曲奉术柩及妻子奔庐江太守刘勋于皖城。故广陵太守徐璆得传国玺，献之。

注释

①媵：古代贵族妇女出嫁时随嫁的人。御：侍奉。

②厌：饱。

③部曲：家兵、私兵。灊山：县名，故城在今安徽省霍山县东北三十里，今天的安徽潜山，也叫天柱山。

④绍：袁绍，袁术之堂兄，字本初。

⑤四州：指冀（今河北省临漳县西南）、青（今山东省淄博市北）、幽（今北京市西南）、并（今山西省太原市西南）四州之地。

⑥谨：慎重、恭敬。大命：上天授予的使命。

⑦下邳：古县名，在今江苏省睢宁县西北。

⑧寿春：今安徽省六安市寿县，为军事重镇，位于淮水南岸的八公山下。

⑨箦床：没有茵席的榻。

译文

袁术称帝后，奢侈淫逸更加厉害，妃嫔以及侍奉的人有数百，而且无不身穿绫罗绸缎，饱食可口的饭菜。属下将士饥饿贫困，他却并不体恤。不久，物资确实都已耗尽，自己不能供给，于是将宫殿都烧毁，到灊山投奔他的部将陈简、雷薄，但又被陈简等人拒绝。于是袁术相当困窘，部下士兵不断分散逃走。他感到忧虑愤懑，无计可施，于是派遣使者把皇帝的尊号归还他的堂兄袁绍，说："汉朝的气数已经失去很久了，袁氏应当接受天命称王，符命与祥瑞都非常明显。如今您拥有四州的领地，人口一百万户，我恭敬地将上天授予的使命归还给您，您一定要复兴大业！"袁谭从青州来迎接袁术，想从下邳北方通过。曹操派遣刘备及将军、清河人朱灵率军阻挡袁术，袁术不能通过，又返回寿春。六月，袁术到达江亭，坐在只铺着竹席的床上，并且叹息说："我袁术怎会沦落到这个地步！"因此气愤感慨成病，吐血而死。袁术的堂弟袁胤害怕曹操，不敢在寿春停留，率他的部将带着袁术灵柩与妻子儿女，到皖城投奔庐江太守刘勋。旧任广陵郡太守徐璆得到传国玉玺，把它献给朝廷。

袁绍既克公孙瓒，心益骄，贡御稀简。主簿耿包密白绍[①]，宜应天人，称尊号。绍以包白事示军府。僚属皆言包妖妄，宜诛，绍不得已，杀包以自解[②]。

注释

①主簿：古代官名，即各级主官属下掌管文书的佐吏。白：告诉。

②自解：自我辩解，自作解说。

译文

袁绍战胜公孙瓒后，心态更加骄傲，对朝廷的供奉更加稀少简单。主簿耿包秘密地告诉袁绍，应当响应天命和人民，以尊号称王。袁绍把耿包所说的事情显示给军府，官僚下属都说耿包妖言荒诞，应该杀掉。袁绍不得已，杀掉耿包来为自己开解。

绍简精兵十万、骑万匹，欲以攻许。沮授谏曰："近讨公孙瓒，师出历年，百姓疲敝，仓库无积，未可动也。

宜务农息民，先遣使献捷天子；若不得通，乃表曹操隔我王路，然后进屯黎阳[①]，渐营河南[②]，益作舟船[③]，缮修器械，分遣精骑抄其边鄙，令彼不得安，我取其逸，如此，可坐定也。”郭图、审配曰[④]：“以明公之神武，引河朔之强众，以伐曹操，易如覆手，何必乃尔！”授曰：“夫救乱诛暴，谓之义兵；恃众凭强，谓之骄兵；义者无敌，骄者先灭。曹操奉天子以令天下，今举师南向，于义则违。且庙胜之策[⑤]，不在强弱。曹操法令既行，士卒精练，非公孙瓒坐而受攻者也。今弃万安之术而兴无名之师，窃为公惧之！”图、配曰：“武王伐纣，不为不义；况兵加曹操，而云无名！且以公今日之强，将士思奋，不及时以定大业，所谓‘天与不取，反受其咎’，此越之所以霸，吴之所以灭也。监军之计在于持牢，而非见时知几之变也。”绍纳图言。图等因是谮授曰[⑥]：“授监统内外，威震三军，若其浸盛，何以制之！夫臣与主同者亡，此《黄石》之所忌也。且御众于外，不宜知内。”绍乃分授所统为三都督，使授及郭图、淳于琼各典一军。骑都尉清河崔琰谏曰[⑦]：“天子在许，民望助顺[⑧]，不可攻也！”绍不从。

注释

①黎阳：今河南省浚县东，为黄河北岸古津渡口。

②营：管理。

③益：增加。

④郭图：字公则，颍川（治今河南省禹州市）人，袁绍帐下的谋士。审配：字正南，魏郡阴安（今河北省清丰县）人，为人正直，袁绍心腹。

⑤庙胜之策：古人在祖庙中策划军事活动，庙胜之策是指在祖庙中已经策划好的可取得胜利的计策。

⑥谮：毁谤，诬陷。

⑦骑都尉：官名。汉武帝始置。两汉均置，属光禄勋，秩比二千石，掌监羽林骑，无定员。

⑧民望助顺：民心所向，受助者顺遂。

译文

袁绍挑选了十万精兵，万匹良马，打算用来攻伐许都。沮授劝谏他说："近来讨伐公孙瓒，军队连年出征，人民疲劳不堪，仓库中又没有积累，不可发兵。应当发展农业，使人民休息。先派遣使者向天子呈献消灭公孙瓒的捷报，如果捷报不能传达给天子，就能向天子上表说曹操在我们朝拜的路上进行阻隔，然后进驻黎阳，逐渐管理黄河以南的地区。同时多造船只，修理整备兵器，分派精锐的骑兵到曹操统辖地域的边境掠取，使他不能安宁，而我们享受安逸，这样，就可以安定局势。"郭图、审配说："以您用兵的神圣英武，率领北方的强大军队，去攻伐曹操，容易得就像反掌一样，何必那样小心呢？"沮授说："救护乱世诛杀暴臣的军队，被称为义兵；倚仗凭借强大的军队，被称为骄兵。义兵无敌，骄兵先被灭亡。曹操敬奉天子来命令天下，现今我们发动军队南下，就违背了传统的君臣道义。而且，战胜的策略，不在于强弱。曹操法令能够实行，士兵精明干练，不是公孙瓒那样坐等被攻击的人。如今放弃万全之计而发动没有正当理由的军队，我私下为您担心啊！”郭图、审配说：“周武王讨伐商纣王，不能说不正义；何况我们的军队攻打曹操，怎么能说是没有正当理由呢？而且以您今天的强大，将军士兵思虑勤奋，不乘此时机确定统一大业，就正像古人所说的：‘不接受上天的给予，反过来会受到处罚。’这正是春秋时期越国称霸的原因，吴国所以灭亡的原因，监军沮授的计谋过于持重，不是看见时机就变化的谋略。”袁绍接纳了郭图等的建议。郭图等人因此诬陷沮授，说：“沮授监管统率内外，威名震慑全军，如果他的气势逐渐强盛，将怎么制止他呢！大臣的权威与君主一样，就会灭亡，这是兵书《黄石》所忌惮的。而且在外抵御军队的，不应该管理内部政务。”袁绍于是把沮授所统率的军队分给三位都督，命令沮授、郭图与淳于琼各自率领一军。骑都尉、清河人崔琰劝谏袁绍说：“天子在许都，百姓的期望会起到推动帮助作用，不可以攻击！”袁绍不听从。

许下诸将闻绍将攻许，皆惧，曹操曰：“吾知绍之为人，志大而智小，色厉而胆薄，忌克而少威[①]，兵多而分画不明[②]，将骄而政令不一，土地虽广，粮食虽丰，适足以为吾奉也。”孔融谓荀彧曰[③]：“绍地广兵强，田丰、许攸智士也，为之谋；审配、逢纪忠臣也，任其事；颜良、文丑勇将也，统其兵。殆难克乎！”彧曰：“绍兵虽多而法不整，田丰刚而犯上，许攸贪而不治，审配专而无谋，逢纪果而自用④；此数人者，势不相容，必生内变。颜良、文丑，一夫之勇耳，可一战而禽也⑤。”

注释

①忌克：亦作“忌刻”，谓心存妒忌而欲驾凌于人，亦泛指为人妒忌而刻薄。

②分画：部署，调配。

③孔融：字文举，鲁国（今山东省曲阜市）人，东汉文学家，“建安七子”之首。荀彧：字文若，颍川颍阴（今河南省许昌市）人，东汉末年著名政治家、战略家。

④果：坚决。

⑤禽：通“擒”，捕捉。

译文

许都的将领们听说袁绍将要攻打许都，都感到恐惧。曹操说：“我知道袁绍的人品，志向远大而智慧浅薄，颜色厉害而胆量弱小，妒恨严苛而缺少威信，士兵虽多部署却不分明，将士骄傲并且法令不一致，他的土地虽然广阔，粮食虽然丰实，恰好给我们作供奉。”孔融对荀彧说：“袁绍土地广阔兵力强盛，有聪明的谋士田丰、许攸为他谋划，有忠诚的大臣审配、逢纪为他掌管事务，有勇猛的将领颜良、文丑为他统率士兵，恐怕很难攻克吧！”荀彧说：“袁绍的兵马虽多，而律令却没有秩序。田丰虽刚毅，但冒犯上司；许攸贪财却不会管理；审配专权，却没有谋划；逢纪做事果决，却凭主观处理。这几个人，势必不会相互包容，一定会在内部产生变乱。颜良、文丑不过是匹夫之勇，凭一战就可以擒获。”

秋，八月，操进军黎阳，使臧霸等将精兵入青州以扞东方[①]，留于禁屯河上[②]。九月，操还许，分兵守官渡。

注释

①臧霸：又名奴寇，字宣高，泰山华县（今山东省费县方城镇）人。三国时期魏国名将。扞：通“捍”，保卫。

②于禁：字文则，三国时期曹魏五良将之一，泰山钜平（今山东省泰安市南）人。

译文

秋季，八月，曹操发军进攻黎阳，派臧霸等人率领精干的士兵进入青州，以捍卫东方边境，留下于禁驻守在黄河畔。九月，曹操回到许都，在官渡分派士兵把守。

袁绍遣人招张绣，并与贾诩书结好。绣欲许之，诩于绣坐上显谓绍使曰[①]："归谢袁本初，兄弟不能相容,而能容天下国士乎！"绣惊惧曰:"何至于此！"窃谓诩曰："若此，当何归？"诩曰："不如从曹公。"绣曰:"袁强曹弱,又先与曹为雠[②],从之如何？"诩曰："此乃所以宜从也。夫曹公奉天子以令天下，其宜从一也；绍强盛，我以少众从之，必不以我为重，曹公众弱，其得我必喜，其宜从二也;夫有霸王之志者，固将释私怨以明德于四海，其宜从三也。愿将军无疑！"冬，十一月，绣率众降曹操，操执绣手，与欢宴，为子均取绣女，拜扬武将军；表诩为执金吾，封都亭侯[③]。

注释

①坐，通"座"，席位。

②雠：同"仇"，仇恨，仇怨。

③都亭侯：爵位名，属于亭侯的一种。

译文

袁绍派遣使者去召纳张绣，并给张绣的谋士贾诩写信，愿意与他结为好友。张绣想要答应。贾诩坐在张绣的座位边清楚地对袁绍使者说："回去替我们感谢袁绍，他和自己的亲兄弟都不能彼此相容，还能包容得下天下的贤士吗？"张绣惊恐地说："不至于这样吧！"他偷偷地对贾诩说："如果这样的话，我们应该归附谁呢？"

贾诩说："不如跟随曹操。"张绣说："袁绍实力较强，曹操势力相对薄弱，我们先前又和曹操结过仇，跟随了他会怎样呢？"贾诩说："这正是应当跟随他的原因。曹操尊奉天子来命令天下，名正言顺，这是应当跟随他的第一个原因。袁绍兵强人盛，我们以较少的人跟随他，一定不会看重我们；而曹操兵力薄弱，他有了我们一定会非常喜悦，这是应当跟随他的第二个原因。有霸王志向的人，一定会解除私人怨恨，在四海之内彰显美德，这是应当跟随他的第三个原因。希望将军不要疑虑。"冬季，十一月，张绣率众向曹操投降。曹操握着张绣的手，与他一起欢畅地宴饮，为儿子曹均娶张绣的女儿为妻。授予张绣扬武将军的职位；上表推荐贾诩担任执金吾，封为都亭侯。

关中诸将以袁、曹方争，皆中立顾望。凉州牧韦端使从事天水杨阜诣许[①]，阜还，关右诸将问："袁、曹胜败孰在？"阜曰："袁公宽而不断，好谋而少决；不断则无威，少决则后事[②]，今虽强，终不能成大业。曹公有雄才运略，决机无疑，法一而兵精，能用度外之人[③]，所任各尽其力，必能济大事者也。"

注释

①凉州牧：凉州的最高官员。古以九州之长为"牧"，"牧"是管理人民之意。汉武帝时设十三州部，每

部设一刺史。汉成帝时，改刺史为州牧。后废置无常。东汉灵帝时，为镇压农民起义，再设州牧，并提高其地位，居郡守之上，掌一州之军政大权。韦端：字休甫，京兆（今陕西省西安市西北）人。从事：官名，源于汉武帝时期，有刺史属吏之称，分为别驾从事史、治中从事史等，主要职责是主管文书，察举非法，后改为参军。

②后事：延迟事宜。

③度外之人：指与某人或某集团没有关系或关系不近的人，即局外人。

译文

关中地区的各位将领认为袁绍与曹操正在争斗，都保持中立，采取观望的态度。凉州牧韦端派遣从事、天水人杨阜到许都，杨阜返回后，关中各位将领问："袁绍与曹操相争，谁将会胜利，谁将会失败？"杨阜说："袁公宽容而不果断，喜欢参谋而缺乏决绝；不果断就没有威信，缺少决绝就会延迟事宜，现在虽然强盛，但终究不能达成霸业。曹公有英勇才能、运筹谋略，处理时机毫不迟疑，法令统一，兵力强盛，能够任用关系甚远的人，部下各自竭尽力量，一定会成就大业。"

曹操使治书侍御史河东卫觊镇抚关中[①]，时四方大有还民[②]，关中诸将多引为部曲。觊书与荀彧曰："关中膏腴之地[3]，顷遭荒乱，人民流入荆州者十万余家，闻本土安宁，皆企望思归；而归者无以自业，诸将各竞招怀以为部曲[4]，郡县贫弱，不能与争，兵家遂强，一旦变动，必有后忧。夫盐，国之大宝也，乱来放散，宜如旧置使者监卖[5]，以其直益市犁牛[6]，若有归民，以供给之，勤耕积粟以丰殖关中，远民闻之，必日夜竞还。又使司隶校尉留治关中以为之主[7]，则诸将日削，官民日盛，此强本弱敌之利也。"彧以白操，操从之。始遣谒者仆射监盐，司隶校尉治弘农[8]。关中由是服从。

注释

①卫觊：字伯儒，河东安邑（今山西省运城市）人。他是三国时期著名的政治家、文学家、书法家，也是曹魏政权中颇有见识的政治人物。关中：函谷关以西的渭河平原一带。镇抚：安抚。

②还民：回归的老百姓。

③膏腴：土地肥沃。

④招怀：招抚，怀柔。

⑤监卖：监管（盐的）出售。

⑥直：报酬，酬金。市：买。

⑦司隶校尉：旧号"卧虎"，是汉至魏晋监督京师和地方的监察官。

⑧治：治理，统理。弘农：郡名，三国时辖河南西部地区。

译文

曹操派遣治书侍御史、河东人卫觊安抚关中地区。当时四处都有回归的老百姓，关中的诸位将领大都将他们收留下来。卫觊给荀彧写信说："关中是肥沃的地方，不久前遭受荒芜废乱，有十万余家百姓流入荆州。听说家乡安静和宁，都渴望回归旧土。但回归的百姓没法自立就业，各位将领竟然各自用怀柔之策招为部曲。郡、县贫弱，不能与其相抗争，将领的势力于是逐渐强大，一旦产生变动，一定会有无穷的忧患。盐，是国家的重要财富，战乱以来放任松散，应当像过去那样设置使者监管盐的出售，用卖得的钱多买犁和牛，如果有回归的百姓，拿来供给他们，勤于耕种，积聚粮食，使关中地区殷实富裕。流亡远方的百姓听说后，一定会不分昼夜地争着回来。还要派遣司隶校尉治理关中，作为关中地区主持事务的人。这样，各位将领的势力就会日益削减，官吏与百姓就会日益强盛，这是增强根本，削弱敌人的好机会。"荀彧把这个方法告诉给曹操，曹操听从了他的建议。于是开始派遣谒者仆射监管盐政事务，监督盐的买卖，让司隶校尉管理弘农。关中地区因此服从了中央。

第七十卷　魏纪二

文帝（丁未，227 年）

三月，蜀丞相亮率诸军北驻汉中①，使长史张裔、参军蒋琬统留府事②。临发，上疏曰：“先帝创业未半而中道崩殂③，今天下三分，益州疲敝④，此诚危急存亡之秋也⑤。然侍卫之臣不懈于内，忠志之士忘身于外者，盖追先帝之殊遇，欲报之于陛下也。诚宜开张圣听⑥，以光先帝遗德，恢弘志士之气；不宜妄自菲薄，引喻失义⑦，以塞忠谏之路也。

注释

①丞相：也称宰相，古代中国最高行政长官的通称。协助皇帝管理一切军国大事。亮：诸葛亮，字孔明，号卧龙，三国时期蜀汉丞相，杰出的政治家、军事家。

②长史：官名，其执掌不一，多为幕僚性质的官员，亦称为别驾。蒋琬：字公琰，三国时蜀国大司马，三国时期著名的政治家、军事家。

③先帝：指刘备，字玄德，三国时期蜀汉开国皇帝，政治家。公元 221 年，刘备在成都称帝，公元 223 年，刘备病逝于白帝城，终年 63 岁。崩殂：死。崩，

古时指皇帝死亡。殂，死亡。

④益州：地名，其范围包括今天的四川盆地和汉中盆地一带。这里指蜀汉政权。

⑤秋：这里是“时”的意思。

⑥开张圣听：扩大圣明的听闻，意思是要后主广泛听取别人的意见。开张，扩大。

⑦引喻失义：讲话不恰当。引喻，称引、譬喻。喻，喻指。义，适宜、恰当。

译文

三月，蜀汉丞相诸葛亮率领各路军队向北挺进，驻军汉中，让长史张裔、参军蒋琬留下处理丞相府的各项政务。临近出发前，诸葛亮上书说：“先皇开创的事业还没有完成一半，就中途去世了。现在，天下已分成魏、蜀、吴三国，我们蜀汉最为贫困衰弱，这实在是形势危急、决定存亡的关键时刻。然而，宫廷里侍奉守卫的臣子，不敢稍有懈怠，忠诚有志的将士在边疆奋不顾身、舍生忘死作战，是因为追念先皇在世时对他们的优待厚遇，想在陛下身上报答啊。陛下确实应该广泛听取别人意见，发扬光大先帝留下的美德，鼓舞志士们的士气；而不应随便看轻自己，讲出不恰当的话来，从而堵塞忠臣进谏劝告的道路。

“宫中、府中，俱为一体[①]，陟罚臧否[②]，不宜异同。若有作奸犯科[③]，及为忠善者，宜付有司论其刑赏，以昭陛下平明之理[④]，不宜偏私[⑤]，使内外异法也。

注释

①俱，通“具”，全，都。

②陟罚臧否：泛指对下级的奖罚或处分。陟，提升；罚，处罚；臧，表扬、褒奖；否，批评。

③作奸犯科：做奸邪事情，触犯科条法令。

④昭：显示，表明。

⑤偏私：偏袒，有私心。

译文

“宫廷和相府是一个整体，提升、处罚、表扬、批评，不应因在皇宫中或朝廷中而有所不同。如果有做奸邪之事，触犯科条法令以及尽忠做好事的人，应交给主管的官吏，评定应得的处罚、奖赏，以表明陛下的公正、严明，不应偏袒徇私，使宫廷内外刑赏之法不同。

“侍中、侍郎郭攸之、费祎、董允等，此皆良实，志虑忠纯，是以先帝简拔以遗陛下[①]。愚以为宫中之事，事无大小，悉以咨之，然后施行，必能裨补阙漏[②]，有所广益。将军向宠，性行淑均[③]，晓畅军事，试用于昔日，先帝移之曰能，是以众议举宠为督[④]。愚以为营中之事，悉以咨之，必能使行陈和睦[5]，优劣得所。

注释

①简：挑选。遗：给予。

②裨补阙漏：弥补缺点和疏漏之处。阙，通“缺”，缺点，疏漏。

③性行淑均：性情德行善良端正。淑，善良。均，公平。

④督：武职，向宠曾为中部督。

⑤行陈：指部队。陈，“阵”的古字。

译文

“侍中郭攸之、费祎和侍郎董允等人，都是善良诚实、志向和心思忠诚无二的人，因此先帝把他们选拔出来留给陛下使用。我以为宫廷中事务，无论大小，都应先征询他们的意见，然后再付诸实施，这样一定能弥补缺点和疏漏的地方，获得更多的好处。将军向宠，性情德行善良平正，精通军事，从前经过试用，先帝称赞他很有才能，因此大家商议推举他为中部督。我认为军营中的事务，都应征求他的意见，必定会使军队团结协作，让有勇有谋和能力平庸的人各得其所。

“亲贤臣，远小人，此先汉所以兴隆也；亲小人，远贤臣，此后汉所以倾颓也[1]。先帝在时，每与臣论此事，未尝不叹息痛恨于桓、灵也[2]。侍中、尚书、长史、参军，此悉端良、死节之臣[③]，愿陛下亲之，信之，则汉室之隆，可计日而待也[④]。

注释

①倾颓：倾覆衰败。

②痛恨：痛惜，遗憾。桓：汉桓帝（140年—167年在位），刘志，字意，东汉第十位皇帝。灵：汉灵帝（167年—188年在位），刘宏，东汉第十一位皇帝。

③死节：为国而死的气节，能够以死报国。

④计日：计算着天数，指时日不远。

译文

“亲近贤臣，疏远小人，这是前汉能够兴隆昌盛的原因；亲近小人，疏远贤臣，这是后汉所以倾覆衰败的根源。先帝在世时，每当与我谈论起这些事，没有一次不对桓、灵二帝感到惋惜遗憾的。侍中郭攸之、费祎，尚书陈震，长史张裔，参军蒋琬，这些都是忠贞贤良、能以死报国的忠臣，希望陛下亲近他们，信任他们，那么汉室的兴隆就指日可待了。

“臣本布衣，躬耕南阳[①]，苟全性命于乱世，不求闻达于诸侯[②]。先帝不以臣卑鄙[③]，猥自枉屈[④]，三顾臣于草庐之中[⑤]，咨臣以当世之事；由是感激，遂许先帝以驱驰[⑥]。后值倾覆，受任于败军之际，奉命于危难之间，尔来二十有一年矣。先帝知臣谨慎，故临崩寄臣以大事也。

注释

①躬耕：亲自耕种。

②闻达：显达扬名。

③卑鄙：地位、身份低微，见识短浅。卑，身份低下。鄙，地处偏远。与今义不同。

④猥 wěi 自枉屈：猥，辱，这里有降低身份的意思。枉屈：枉驾屈就。

⑤顾：拜访。

⑥驱驰：奔走效劳。

译文

“我本是一介平民，在南阳亲自耕作，只求能在乱世中保全性命，不谋求在诸侯前扬名做官。先皇不介意我身世卑微，降低自己的身份，亲自三次到草庐里来看望我，向我征询对当今天下大事的意见，我因此十分感动，于是答应先帝愿为他奔走效劳。后来遇到兵败，在战败时承担重任，临危受命，从那时到现在已经二十一年了。先皇帝知道我做事谨慎，因此在临终前把国家大事托付给我。

受命以来，夙夜忧叹[①]，恐托付不效，以伤先帝之明。故五月渡泸，深入不毛[②]。今南方已定，甲兵已足，当奖率三军，北定中原，庶竭驽钝[③]，攘除奸凶，兴复汉室，还于旧都，此臣所以报先帝，而忠陛下之职分也。至于斟酌损益[④]，进尽忠言，则攸之、祎、允之任也。愿陛下托臣以讨贼兴复之效，不效，则治臣之罪以告先帝之灵，责攸之、祎、允等之慢[⑤]，以章其咎。陛下亦宜自谋，以谘诹善道[⑥]，察纳雅言，深追先帝遗诏[⑦]，臣不胜受恩感激。今当远离，临表涕零，不知所言。”遂行，屯于沔北阳平石马。

注释

①夙夜：早晚。夙，清晨。

②不毛：不长草的地方，比喻地方偏远。

③驽钝：比喻才能平庸，这是诸葛亮自谦的话。驽，劣马，走不快的马。钝，刀刃不锋利。

④斟酌损益：斟酌情理，有所兴革。斟酌，商讨，考虑。损益，增减，兴革。

⑤慢：怠慢。

⑥谘诹善道：征求好的建议。诹，询问。

⑦深追：深切地追念。

⑧遗诏：皇帝在临终时所发的诏令。

译文

“自从接受先皇遗命以来，日夜担忧兴叹，唯恐先帝之所托不能实现，有损先皇的知人之明。因此我在五月渡过泸水，深入荒芜之境。现在南方已经平定，武器装备已经准备充足，应当鼓舞并率领三军，向北平定中原。我希望竭尽自己平庸之力，铲除奸邪，复兴汉朝王室，重返故都，这正是我报答先皇并忠于陛下的职责本分。至于处理政务，斟酌情理，有所兴革，毫无保留地进献忠言，那就是郭攸之、费祎、董允等人的责任了。希望陛下把讨伐奸贼、复兴汉室的任务交给我，如果没有成效，就请您治罪，来告慰先皇在天之灵。如果没有宣扬圣德的忠言，就责罚郭攸之、费祎、董允等人的怠慢，指示他们的过失。陛下自己也应认真考虑国家大事，征询治理国家的好办法，考察、采纳正确的意见，深切追念先皇遗令。如果能够这样，那么我将受恩不浅、感激不尽了。如今将要远离陛下，面对这份奏表，禁不住流下泪水，也不知该说些什么。”于是率军出发，在沔水北岸的阳平石马驻屯。

亮辟广汉太守姚伷为掾[①]，伷并进文武之士，亮称之曰：“忠益者莫大于进人，进人者各务其所尚。今姚掾并存刚柔以广文武之用，可谓博雅矣[②]。愿诸掾各希此事以属其望[③]。”

注释

①辟：征召。太守：一郡之最高长官，除治民、进贤、决讼、检奸外，还可以自行任免所属掾。姚伷：字

子绪，三国蜀汉大臣。掾：原为佐助的意思，后为副官佐或官署属员的通称。

②博雅：广博风雅，现在通常理解为学问渊博、品行端正。

③属：通“嘱”，托付。

译文

诸葛亮征召广汉太守姚伷为丞相掾，并且姚伷同时举荐了很多文武官员，诸葛亮称赞他说：“要说对国家效忠进益，没有比向国家举荐人才更重要的，并且推荐者往往追求他们自己的尊崇和爱好。但如今姚伷能够刚柔并济地同时推举文官武将，以使得国家更为广泛地任用，可称广博风雅。希望每个掾属都能把姚伷举荐文武官员这件事当作自己的目标，来达到我对你们的嘱托和期望。”

帝闻诸葛亮在汉中，欲大发兵就攻之，以问散骑常侍孙资[①]，资曰：“昔武皇帝征南郑，取张鲁，阳平之役，危而后济，又自往拔出夏侯渊军[②]，数言‘南郑直为天狱，中斜谷道为五百里石穴耳[③]，’言其深险，喜出渊军之辞也。又，武皇帝圣于用兵，察蜀贼栖于山岩，视吴虏窜于江湖，皆桡而避之[④]，不责将士之力，不争一朝之忿，诚所谓见胜而战，知难而退也。今若进军就南郑讨亮，道既险阻，计用精兵及转运、镇守南方四州[⑤]，遏御水贼，凡用十五六万人，必当复更有所发兴[⑥]，天下骚动，费力广大，此诚陛下所宜深虑。夫守战之力,力役参倍。但以今日见兵分命,大将据诸要险，威足以震摄强寇，镇静疆场，将士虎睡，百姓无事。数年之间，中国日盛，吴、蜀二虏必自罢敝[⑦]。”帝乃止 。

注释

①散骑常侍：官名，在皇帝左右规谏过失，以备顾问。孙资：字彦龙，三国时魏国重臣。

②夏侯渊：字妙才，东汉末年名将，官至征西将军，封博昌亭侯。

③数：多次，屡次。

④桡：屈服，挫败。

⑤四州：指南方的荆、徐、扬、豫四州。

⑥发兴：发，征发、征调。兴，发起、发动。

⑦罢：通“疲”，疲惫。

译文

明帝听说了诸葛亮到达汉中的消息，想要大规模地发兵攻打诸葛亮。他就这件事征询散骑常侍孙资的意见，孙资说：“过去武皇帝进攻南郑，讨伐张鲁，在阳平之战中，他先前身处险境，而后才终于获得胜利，后来再次亲自率兵前往，救出了夏侯渊的军队。他曾屡次说：‘南郑好像是天上的监狱，中间的斜谷道则是五百里石穴。’

他总是说那里的地形险恶，庆幸救出夏侯渊的军队之类的话。再者，武皇帝很擅长用兵，他清楚地知道蜀贼在崇山峻岭之间栖息，吴匪于江河大湖之上流窜，都加以容忍并且暂时避开他们，不要求将士们死打硬拼，也不争一朝一夕的愤怒或怨愤，这的确就是所谓的碰见有可胜的机会便战，无取胜的把握便退的战略。假如现在向南郑出兵讨伐诸葛亮，不但道路艰难、险要，还要谋划怎样调遣精兵，转运物资，而且还要镇守南方的荆、徐、扬、豫四州，遏止抵御吴的水上进犯，大概需要兵力十五六万人，如果这样的话，就必定会需要更多的人力、物力，那么全国都会因此而骚动，所耗费之巨大，实在需要陛下深思熟虑啊。防守对于进攻，只需二分之一的力量。以我军现有的兵力分配任务，如果重要将领据守各险关要隘，那么威力足以震慑强敌，可使我国边疆相安无事，将士们则能够养精蓄锐，百姓也可以安居乐业。数年之后，我国国力将会日益强盛，那时候，吴、蜀二敌必然自己疲惫、衰弱下去。”于是，明帝才停止了攻击计划。

第七十三卷　魏纪五

明帝（乙卯，235 年）

帝好土功[①]，既作许昌宫，又治洛阳宫[②]，起昭阳太极殿，筑总章观，高十余丈，力役不已，农桑失业。司空陈群上疏曰[③]："昔禹承唐、虞之盛，犹卑宫室而恶衣服。况今丧乱之后，人民至少，比汉文、景之时，不过汉一大郡。加以边境有事，将士劳苦，若有水旱之患，国家之深忧也。昔刘备自成都至白水，多作传舍[④]，兴费人役，太祖知其疲民也[⑤]。今中国劳力，亦吴、蜀之所愿;此安危之机也，惟陛下虑之！"帝答曰："王业、宫室，亦宜并立，灭贼之后，是当罢守御耳，岂可复兴役邪！是固君之识，萧何之大略也[⑥]。"群曰："昔汉祖惟与项羽争天下[⑦]，羽已灭，宫室烧焚，是以萧何建武库、太仓，皆是要急，然高祖犹非其壮丽[⑧]。今二虏未平[⑨]，诚不宜与古同也。夫人之所欲，莫不有辞，况乃天王[⑩]，莫之敢违。前欲坏武库，谓不可不坏也；后欲置之，谓不可不置也。若必作之，固非臣下辞言所屈[⑪]；若少留神，卓然回意，亦非臣下之所及也。汉明帝欲起德阳殿，钟离意谏[⑫]，即用其言，后乃复作之；殿成，谓群臣曰：'钟离尚书在，不得成此殿也。'夫王者岂惮一人，盖为百姓也。今臣曾不能少凝圣听，不及意远矣。”帝乃为之少有减省⑬。

注释

①帝：指的是魏明帝曹叡（227年—239年在位），字元仲，曹操之孙。土功：指治水，筑城，修建宫殿等工程。

②治：本文指修筑。

③陈群：字长文，许昌（今河南省许昌市南）人，三国时期著名的政治家，曹魏重臣。

④传zhuàn舍：古时供行人休息住宿的处所。

⑤太祖：指魏太祖曹操。

⑥萧何：沛丰邑人，秦末辅佐刘邦起义。

⑦项羽：名籍，字羽，秦末下相（今江苏省宿迁市）人，称楚霸王，楚汉战争中落败于刘邦。

⑧高祖：汉高祖刘邦。

⑨二虏：指西蜀，东吴。

⑩天王：对君王的敬称，高高在上的君主，此处指魏明帝。

⑪屈：屈从，屈服。

⑫钟离意：字子阿，会稽山阴人。

⑬少：稍稍。

译文

魏明帝喜好修宫筑城等工程，已经兴建了许昌宫，又修复了洛阳宫，建起昭阳太极殿，筑成总章观，总章观观高十余丈，因此不停征调劳役，农桑之事几乎停滞。司空陈群上书说："从前的大禹继承唐尧、虞舜的宏伟基业，仍然住着低矮的宫室，穿着粗制滥造的衣服，更何况今天正处于战乱后期，人口数量极少，和汉文帝、汉景帝时期相比，还不超过当时的一个大郡。再加上边疆的战事接连不断，将士们疲惫辛苦，如果再出现水灾旱灾，就会变成国家深远的祸患啊。以前刘备从成都出发到达白水，沿途大建居室舍馆，耗费了大量人力物力财力，太祖知道他的做法会使民众疲劳。而今中原地区大用民力也是西蜀和东吴所希望的事情，这是关系到国家安危的大问题，希望陛下慎重考虑。"明帝回答说："帝王的大业和帝王的宫室，也应该并行建立。消灭敌人之后，只需要罢兵防守就可以了，怎么可以等战事结束再动用大量人力呢？这本来就是你的职责所在，就像萧何当初修建未央宫一样。"陈群说："以前汉高祖与项羽争夺天下的时候，项羽已经被灭，然而宫殿被烧毁，所以才派遣萧何修筑武器库和粮仓，这些都是紧急需要的东西，而汉高祖还责怪他修建得太过华丽。而今吴蜀两国还没有平定下来，实在不应该与从前相提并论。普通人想要满足私欲，都不难找到可以托词的地方，更何况是君王，更没有人敢去违抗了。陛下以前想要拆毁武器库，说是不可不拆，事后打算重新安置，又说不可不安置。如果一定要这么做，必然不是凭借臣下的话就可以改变的，如果陛下稍微留意一下历史教训，听臣的劝谏回心转意，也不是臣下高瞻远瞩能比得上的。汉明帝打算修建德阳殿，钟离意直言相劝，汉明帝听取他的意见，之后又重新兴建。宫殿修成后，对群臣说：如果钟尚书还在，此殿就修不成了。作为帝王不能只为自己的意愿考虑，也应该为百姓考虑。现在我不能让陛下稍加留意听取我的意见，和钟离意比起来差得太远了。”因为这件事，魏明帝稍微减少了开销。

帝耽于内宠，妇官秩石拟百官之数[①]，自贵人以下至掖庭洒扫[②]，凡数千人，选女子知书可付信者六人，以为女尚书，使典省外奏事，处当画可。廷尉高柔上疏曰[③]：“昔汉文惜十家之资，不营小台之娱；去病虑匈奴之害，不遑治第之事。况今所捐者非惟百金之费，所忧者非徒北狄之患乎[④]！可粗成见所营立以充朝宴之仪，讫罢作者，使得就农；二方平定，复可徐兴。《周礼》[⑤]，天子后妃以下百二十人，嫔嫱之仪，既已盛矣；窃闻后庭之数，或复过之，圣嗣之昌，殆能由此。臣愚以为可妙简淑媛以备内官之数，其余尽遣还家，且以育精养神，专静为宝。如此，则《螽斯》之征可庶而致矣[⑥]。”帝报曰：“辄克昌言，他复以闻。”

注释

①妇官：宫中女官。秩石：这一制度起源于战国秦，一直延续到魏晋，用来划分官的等级俸禄。此处特指女官的官位俸禄堪比文武百官。

②掖庭洒扫：指负责扫洒的宫女。

③高柔：字文惠，陈留圉 yǔ（今河南省杞县南）人，三国时期魏国大臣，以善于法治闻名。在曹魏任廷尉，为九卿之一，掌刑狱。

④北狄：周代活跃在中国北方的游牧民族。

⑤《周礼》：原称《周官》，记录周代官制和政治制度。

⑥《螽斯》：《诗经·周南》中的一篇，《毛序》云："《螽斯》，后妃子孙众多也，言若螽斯。"此处用其诗意。

译文

明帝沉迷于后宫妃子的美色中，宫里女官的官位俸禄都堪比文武百官的数目，从贵人级别向下到负责洒扫的宫女就有数千人，明帝还挑选六个能读书识字可以信赖的女子担任女尚书，让她们审查一些不用经过尚书省审查而直接上奏的朝臣奏章，分类处理，觉得可实行的奏章直接准奏。廷尉高柔上书说："以前，汉文帝非常爱惜十家的财产，一个小小的楼台都不建立，霍去病忧虑匈奴的危害，没有空闲时间整治自己的宅第。更何况现在所消耗的物资并非只是百金的财产，所忧虑的事情绝非只是北狄的危害！依我所见，陛下只可以粗略完成已动工的部分，用来充当朝会的礼节。竣工之后，请遣返那些在工地劳动的农夫，让他们能够回去种农桑。等到吴蜀两地平定了，再来慢慢修建。《周礼》规定，天子拥有的后宫妃子百二十人左右。妃嫔的礼节，已经够盛大了。臣私底下听说，后宫的数目早已超过了规定的人数，圣上的子嗣没有得到兴盛，大概就是因为这个原因吧。我认为可以挑选少量的贤淑美女，用来备齐内官人数，其余的女子应该全部送回家去，这样陛下可以育精养神，专心修养身体最为宝贵。这样下去，《诗经·螽斯》里说的多子多孙的征兆就会很快实现了。”魏明帝抱怨说：“你经常这样直言进谏，且等以后再听吧。”

是时猎法严峻[①]，杀禁地鹿者身死[②]，财产没官，有能觉告者，厚加赏赐。柔复上疏曰：“中间以来[③]，百姓供给众役，亲田者既减[④]；加顷复有猎禁，群鹿犯暴，残食生苗，处处为害，所伤不訾[⑤]，民虽障防，力不能御。至如荥阳左右[⑥]，周数百里，岁略不收。方今天下生财者甚少，而麋鹿之捐者甚多，卒有兵戎之役[⑦]，凶年之灾，将无以待之。惟陛下宽放民间，使得捕鹿，遂除其禁，则众庶永济，莫不悦豫矣[⑧]。”

注释

①严峻：严厉，严格。

②禁地：指皇家猎园不可进入的区域。

③中间以来：近年来，近段时间以来。

④亲田者：投身亲田久者，指长期从事农业的人。

⑤不訾 zī：不可计量，指数量很多，无法计数。

⑥荥 xíng 阳：今河南省中北部的荥阳市。

⑦卒：通“猝”，突然，本文指突然爆发战争。

⑧悦豫：欢喜安逸。

译文

这个时候狩猎的法令极其严厉苛刻，法令规定凡是杀死皇家禁地内麋鹿的人要处以死刑，官府没收财产。发现违法的人并且主动告发，给予重重的赏赐。高柔上疏说：“近段时间以来，百姓提供了大量的劳役，长期从事农业劳动的人已经越来越少，再加上实行了捕猎的法令，麋鹿数量暴增，有时候它们爆发性发作，贪吃毁坏田里的嫩苗，到处都被破坏，所破坏的农田不计其数。民众虽然设障防备，但是力量远远不够，防不胜防，以至于荥阳附近地区周围数百里几乎颗粒无收。现在天下可以创造的财富极其少，然而麋鹿造成的损失很多，如果突然间爆发了战争需要动用兵役，或者是遇到荒年粮食绝收，我们就没有应付的方法。请陛下对民众宽容一些，准许捕捉麋鹿，尽快解除禁猎的法令。那么百姓就可以得到长久的接济，没有谁还会抱怨不高兴了。”

帝又欲平北芒[①]，令于其上作台观，望见孟津[②]。卫尉辛毗谏曰[③]：“天地之性，高高下下。今而反之，既非其理；加以损费人功，民不堪役。且若九河盈溢[④]，洪水为害，而丘陵皆夷，将何以御之！”帝乃止。

注释

①北芒：又名邙山，横卧于洛阳北侧，为崤山支脉。

②孟津：位于河南省中西部丘陵山区，北临黄河，南临洛阳。

③卫尉：统率卫士守卫宫禁之官。辛毗：字佐治，颍州翟人。

④九河：禹时黄河有九条支流，故名，后泛指黄河。

译文

魏明帝又想要把北芒山顶弄平，下令在北芒山顶建造一个台观，用来远望孟津城。卫尉辛毗劝谏说：“天地是自然形成的，地面本来就应该是高高低低。现在要违反天道而行动，已经违背天理，再加上大量耗费人力、财力，子民们已经没有力气承担了。如果九河水涨满，洪水灾害来临时，丘陵地区都变成了平地，我们将要靠什么去防御呢？”明帝因为听了这些话才肯罢休。

第一百卷　晋纪二十二

穆帝（乙卯，355 年）

秦淮南王生幼无一目[①]，性粗暴。其祖父洪尝戏之曰[②]："吾闻瞎儿一泪，信乎？"生怒，引佩刀自刺出血[③]，曰："此亦一泪也。"洪大惊，鞭之。生曰："性耐刀槊[④]，不堪鞭棰[⑤]！"洪谓其父健曰[⑥]："此儿狂悖[⑦]，宜早除之；不然，必破人家。"健将杀之，健弟雄止之曰："儿长自应改，何可遽尔[⑧]！"及长，力举千钧[⑨]，手格猛兽，走及奔马，击刺骑射，冠绝一时。献哀太子卒[⑩]，强后欲立少子晋王柳[⑪]；秦主健以谶文有"三羊五眼[⑫]，"乃立生为太子。以司空、平昌王菁为太尉[⑬]，尚书令王堕为司空[⑭]，司隶校尉梁楞为尚书令[⑮]。

注释

①秦淮南王生：名苻生，表字长生，苻健之子。谥号越厉王，年号寿光，355 年—357 年在位。

②洪：苻洪，苻健之父。

③引：取过来，拿出。

④耐：承受得住，经受得起。槊：同"矟"，古代兵器，即长杆矛。

⑤鞭棰 chuí：鞭打。

⑥健：前秦立国皇帝(351 年—354 年在位)，年号皇始，苻生之父。

⑦狂悖：狂妄悖逆。

⑧遽 jù 尔：仓促，轻率。这里指杀掉苻生的决定轻率。

⑨千钧：三十斤为一钧，千钧即三万斤。

⑩献哀：讳词，敬献自己的哀悼。

⑪强后：强太后，前秦皇帝苻健的皇后，苻生的母亲，光禄大夫强平的姐姐。柳：苻柳，苻健少子，苻生之弟，晋公。

⑫谶 chèn 文：具有预示性质的图箓或文字。

⑬司空：是中国古代官名。西周始置，位次三公，与六卿相当，晋时司空地位极高，为权臣加官，南北朝沿袭。菁：苻菁，前秦名将，苻健之侄，封平昌王，官至太尉。

⑭王堕：字安生，京兆霸城人，后秦官员。博学有雄才，精于天文图纬。

⑯梁楞：安定郡（今甘肃省镇原县东南曙光乡）人。

译文

前秦淮南王苻生在年幼时失去了一只眼睛，个性鲁莽、暴躁。他的祖父苻洪曾经开玩笑说：“我听说眼睛瞎的孩子流泪的只有一只眼，是这样吗？”苻生听后十分动怒，拿出佩刀就向自己的瞎眼刺去，流血不止，说：“这也是一只眼的眼泪！”苻洪看到这样的情景非常惊讶，用鞭子打他。苻生说："我天性能够经受得住刀矛，但承受不起鞭打！"苻洪对苻生父亲苻健说："这个孩子狂暴悖逆，应该尽快除掉他，否则，一定会造成家道破败。"苻健打算杀掉苻生，苻健的弟弟苻雄制止他说："儿子成年以后自然就会有所不同，怎么能这样仓促、轻率下决定呢！"等到苻生成年以后，能够力举千钧，赤手与猛兽奋战，跑起来可以超过飞奔的骏马，击刺骑射各种武艺全都遥遥领先。太子苻苌死后，强太后想把小儿子晋王苻柳立为太子，前秦国主苻健因为谶文中有"三羊五眼"的字样，于是就将苻生立为太子。把司空、平昌王苻菁任命为太尉，把尚书令王堕任命为司空，把司隶校尉梁楞任命为尚书令。

壬午，以大司马、武都王安都督中外诸军事①。甲申，健引太师鱼遵、丞相雷弱儿、太傅毛贵、司空王堕、尚书令梁楞、左仆射梁安、右仆射段纯、吏部尚书辛牢等受遗诏辅政②。健谓太子生曰："六夷酋帅及大臣执权者，若不从汝命，宜渐除之。"

注释

①安：苻安，苻洪的弟弟。都督中外诸军事，即指都督中军和外军。

②"健引"句：鱼遵：冯翊人。雷弱儿：南安（今甘肃省陇西县）人，羌族的酋长。毛贵：前秦太傅，

氏酉，苻生皇后之舅。梁安：苻生皇后之父。引：传唤。受：接受。

译文

壬午，前秦把大司马、武都王苻安任命为都督中外诸军事。甲申，苻健传唤太师鱼遵、丞相雷弱儿、太傅毛贵、司空王堕、尚书令梁楞、左仆射梁安、右仆射段纯、吏部尚书辛牢等人前来遵奉诏令辅佐朝政。苻健对太子苻生说："外族部落首领与大臣中掌有大权的人，如果不服从你的吩咐，就应该陆续地将他们除掉。"

乙酉，健卒；谥曰景明皇帝，庙号高祖。丙戌，太子生即位，大赦[1]，改元寿光[2]。群臣奏曰："未逾年而改元，非礼也。"生怒，穷推议主[3]，得右仆射段纯，杀之。

注释

①大赦：赦免的一种，以国家命令方式对特定罪犯减免罪责或刑罚。

②改元：改年号。元，始，开端。

③穷：穷尽。推：推求，寻索。议主：立说倡议的人。

译文

乙酉，苻健死去。谥号是景明皇帝，庙号是高祖。

丙戌，太子苻生登位，施行大赦，把年号改为寿光。群臣向君主进言说："在位未满一年就改年号，是不合礼仪制度的。"苻生很气愤，于是就彻底追查立说倡议的人，右仆射段纯被查到，于是杀掉了他。

中书监胡文、中书令王鱼言于生曰[1]："比有星孛于大角[2]，荧惑入东井[3]。大角，帝坐[4]；东井，秦分[5]；于占不出三年，国有大丧[6]，大臣戮死[7]；愿陛下修德以禳之[8]！"生曰："皇后与朕对临天下[9]，可以应大丧矣[10]。毛太傅、梁车骑、梁仆射受遗辅政[11]，可以应大臣矣。"九月，生杀梁后及毛贵、梁楞、梁安。贵，后之舅也。

注释

①中书监：官名。三国魏始置，与中书令职务相等而位次略高。

②比：近来。星孛：彗星。大角：大角星。

③荧惑：火星。东井：即井宿，二十八宿之一。

④坐：即座。

⑤分：分野。古人将地表的某些范围与天空的某些星宿一一对应，称之为分野。

⑥大丧：指帝王、皇后、世子之丧。

⑦戮死：受戮而死。

⑧禳：去除。

⑨临：统治，治理。

⑩应：感应，应验。

⑪车骑：将军的名号，即车骑将军。

译文

中书监胡文、中书令王鱼向苻生进行劝谏说："最近有彗星经过大角星座，火星移动到井宿。大角，被称作帝王的星座；井宿，则是前秦国的划分范围。占卜卦象显示三年之内国家就会发生帝王、皇后死亡，大臣被害的事件。希望君主修养品德来去除丧乱！"苻生说："皇后和朕一起统治、治理国家，可以证实大丧的预示。太傅毛贵、车骑将军梁楞、左仆射梁安听从诏令辅助佐理朝廷事务，可以证实大臣的最终结局。"九月，苻生便杀害了皇后梁氏和毛贵、梁楞、梁安。毛贵为皇后的舅舅。

秦丞相雷弱儿性刚直，以赵韶、董荣乱政[①]，每公言于朝，见之常切齿。韶、荣谮之于秦主生[②]，生杀弱儿及其九子、二十七孙。于是诸羌皆有离心[③]。

注释

①赵韶：甘肃天水人，苻生的嬖臣。董荣：苻生的佞臣。

②谮：无中生有地说人坏话。

③离心：异心，叛离的心志。

译文

前秦丞相雷弱儿性情刚强正直，因为赵韶、董荣败坏政治，他时常在朝廷不加隐藏地谈论，看到这两人就切齿痛恨。赵韶、董荣于是就向苻生诬害雷弱儿。因此苻生杀害了雷弱儿和他的九个儿子、二十七个孙子。各羌族部落因此对前秦有了叛离的心志。

生虽谅阴[①]，游饮自若，弯弓露刃[②]，以见朝臣，锤钳锯凿，可以害人之具，备置左右。即位未几[③]，后妃、公卿已下至于仆隶[④]，凡杀五百余人[⑤]，截胫、拉胁、锯项、刳胎者[⑥]，比比有之。

注释

①谅阴：为帝王守丧。

②弯弓：挽弓。露刃：刀剑出鞘。

③未几：不久。

④已：通“以”。

⑤凡：总共。

⑥截胫：砍断足胫。拉胁：折断胸肋。锯项：锯断脖子。刳胎：剖挖孕妇胎儿。

译文

苻生即使在为苻健守丧，也依旧嬉游畅饮，持弓佩剑地接见大臣，锤、钳、锯、凿等可以迫害人的刑具，全都置放在身边。登位不久，后妃、公卿以下至于奴隶、仆人，被残害的总共有五百多人；被砍断足胫、折断胸肋、锯断脖子、剖挖胎儿的人，处处都是。

十二年（丙辰，356年）

秦司空王堕性刚峻，右仆射董荣、侍中强国皆以佞幸进[①]，随疾之如雠[②]，每朝见，荣未尝与之言。或谓堕曰："董君贵幸无比，公宜小降意接之[③]。"堕曰："董龙是何鸡狗，而令国士与之言乎[④]！"会有天变，荣与强国言于秦主生曰："今天谴甚重，宜以贵臣应之。"生曰："贵臣惟有大司马及司空耳。"荣曰："大司马国之懿亲[⑤]，不可杀也。"乃杀王堕。将刑，荣谓之曰："今日复敢比董龙于鸡狗乎？"堕瞋目叱之。洛州刺史杜郁，堕之甥也，左仆射赵韶恶之，谮于生，以为二于晋而杀之[⑥]。

注释

①强国：氐族，前秦侍中，善于弄权。佞幸：以谄媚而得宠幸。

②疾：痛恨。雠：同"仇"。

③降意：降心相从，屈意。

④国士：引申指一国中才能最优秀的人物，一国中才能出众的人。

⑤懿亲：特指皇室宗亲、外戚。

⑥二：变节，背叛。

译文

前秦司空王堕性情刚峭，右仆射董荣、侍中强国都是凭借谄媚而宠幸从而得到晋升，王堕对他痛恨如仇，每次上朝，看见董荣都不与他说话。有人对王堕说："董君位尊且受君王宠信，无与伦比，您应该降心相从稍屈心意，与他交涉。"王堕说："董荣是怎样的鸡狗之徒，而让国士和他说话呢？"适逢这时天象有异样，董荣与强国便向前秦国主苻生提出建议说："现在上天的责罚更加严重，应该以显贵的大臣去应验责罚。"苻生说："只有大司马和司空是显贵的大臣而已。"董荣说："大司马苻安是皇室的宗亲，不可以杀。"于是就杀了王堕。在准备执行刑法的时候，董荣对王堕说："今天还敢把董荣我比作鸡狗吗？"王堕瞪眼怒斥董荣。洛州刺史杜郁，是王堕的外甥，左仆射赵韶憎恶他，就向苻生讲他坏话，说是和东晋来往，有二心，于是也被杀死了。

壬戌，生宴群臣于太极殿，以尚书令辛牢为酒监[①]，酒酣，生怒曰："何不强人酒而犹有坐者！"引弓射牢，杀之。群臣惧，莫敢不醉，偃仆失冠[②]，生乃悦。

注释

①酒监：指酒筵间众所推举监督饮酒的人。

②偃仆失冠：偃仆，仆倒。这里指大臣们仰面而卧，衣冠不整的样子。

译文

壬戌（疑误），苻生在太极殿设宴邀请各位大臣，让尚书令辛牢做监督饮酒的人，酒喝得正高兴的时候，苻生生气地说："为什么不让他们竭力喝醉而还有坐着的！"说着就拉弓射死了辛牢。大臣们非常恐惧，没有人敢不喝醉，全都仰面而卧，蓬头赤脚，苻生这才开心了。

三月，秦主生发三辅民治渭桥[①]，金紫光禄大夫程肱谏[②]，以为妨农；生杀之。

注释

①发：发动，调集。

②金紫光禄大夫：加官，加金章印绶的为金紫光禄大夫。程肱：安定（今甘肃省镇原县东南曙光乡）豪门。

译文

三月，前秦国主苻生发动三辅的子民建造渭水桥，金紫光禄大夫程肱极力劝告，认为这会妨碍农事，被苻生杀死。

夏，四月，长安大风，发屋拔木。秦宫中惊扰，或称贼至，宫门昼闭，五日乃止。秦主生推告贼者，刳出其心。左光禄大夫强平谏曰[①]："天降灾异，陛下当爱民事神，缓刑崇德以应之，乃可弭也[②]。"生怒，凿其顶而杀之。卫将军广平王黄眉、前将军新兴王飞、建节将军邓羌[③]，以平，太后之弟，叩头固谏；生弗听，出黄眉为左冯翊、飞为右扶风、羌行咸阳太守，犹惜其骁勇，故皆弗杀。五月，太后强氏以忧恨卒，谥曰明德。

注释

①强平：强太后之弟，苻生之舅。

②弭：消除。

③卫将军：总领京城各军，是防卫部队的统帅。广平王黄眉：苻黄眉，前秦名将。略阳临渭（今甘肃省秦安县陇城镇）人，氐族，苻健之侄，苻生堂兄。前将军：官名，职务或典京师兵卫，或屯兵边境。新兴王飞：苻飞。建节将军：官名。邓羌：安定人，前秦名将。

译文

夏季，四月，长安吹起一阵大风，屋瓦被揭开，树木被拔起。前秦王宫中惊慌骚乱，有人说贼寇来了，因此在白天也紧紧关闭着宫门，五天后才敞开。前秦国主苻生彻查谎称贼寇来了的人，要剖挖他的心。左光禄大夫强平进言规劝说："天降灾难，陛下应该爱护子民，事奉神灵，暂缓量刑，推崇高尚品德，来顺应天意，才能去除灾害。"苻生听后愤怒了，敲开他的头颅把他杀死。卫将军广平王苻黄眉、前将军新兴王苻飞、建节将军邓羌都因为强平是强太后弟弟，执意叩头进言劝谏。但苻生却不听从，并且将苻黄眉贬任左冯翊，将苻飞贬任右扶风，贬邓羌代理咸阳太守。因为爱惜他们勇猛善战，所以都没有杀掉。五月，太后强氏忧愁怨恨而死，谥号为明德。

六月，秦主生下诏曰："朕受皇天之命，君临万邦[①]；嗣统以来[②]，有何不善，而谤讟之音[③]，扇满天下[④]！杀不过千，而谓之残虐！行者比肩[⑤]，未足为希[⑥]。方当峻刑极罚，复如朕何！"

注释

①万邦：天下，国家。

②嗣统：继承皇位。

③讟 dú：诽谤，怨言。

④扇：宣扬，传播。

⑤比肩：一个接一个，形容众多。

⑥希：通“稀”，稀少，罕见。

译文

六月，前秦国主苻生颁发诏令说：“朕承袭上天的安排，治理国家，继承皇位到现在，有什么做的不合适之处，不实之词竟散播全国！杀人还没超过一千，就说这是残暴狠毒！现在道路上行人还一个接着一个，不能称为罕见，如果将要严明重刑，施以极罚，谁又能把朕怎样呢？”

自去春以来，潼关之西[①]，至于长安，虎狼为暴，昼则继道，夜则发屋，不食六畜，专务食人，凡杀七百余人。民废耕桑，相聚邑居，而为害不息。秋，七月，秦群臣奏请禳灾[②]，生曰：“野兽饥则食人，饱当自止，何禳之有！且天岂不爱民哉，正以犯罪者多，故助朕杀之耳！”

注释

①潼关：潼关位于陕西省渭南市潼关县北，北临黄河，南踞山腰。

②禳灾：为解除灾祸而做的祈祷。

译文

自从春天过去到现在，从潼关西面一直到长安这里，老虎豺狼凶恶残暴。大白天接连出现在大道上，到了夜晚便破坏房屋，不吃动物，专门吃人，被残害的人大约有七百多。百姓们停止种田养蚕，而相聚到一起生活，但虎狼为害的事仍不停止。秋季，七月，前秦群臣进言上书，请求设祭去除虎狼危害，苻生说：“野兽饿了才去吃人，吃饱了就会自己停下来，有什么理由要设祭去除呢！况且上天难道能不爱惜自己的子民吗？正是因为犯罪的人过多，所以上天才帮助朕杀掉他们啊！”

第一百三十卷　宋纪十二

明帝（乙巳，465 年）

初，沈庆之既发颜、柳之谋[①]，遂自昵于帝[②]，数尽言规谏，帝浸不悦[③]。庆之惧，杜门不接宾客。尝遣左右范羡至吏部尚书蔡兴宗所[④]。兴宗使羡谓庆之曰："公闭门绝客，以避悠悠请托者耳。如兴宗，非有求于公者也，何为见拒？"庆之使羡邀兴宗。

注释

①沈庆之：字弘先，吴兴武康（今浙江省德清县武康镇）人，南北朝时期宋朝著名将领。发：揭发，告发。颜：颜师伯，字长渊，琅琊临沂人。柳：柳元景，南朝宋河东解（今山西省运城市解州镇）人。

②昵：亲近。帝：废帝刘子业（464 年—465 年在位），小字法师。宋孝武帝刘骏长子，母文穆皇后王宪嫄。刘子业因行为过于荒淫而被废，史称"前废帝"。

③浸：渐渐，逐渐。

④吏部尚书：吏部的最高级长官，掌管全国官吏的任免、考课、升降、调动、封勋等事务。蔡兴宗：济阳考城（今河南省兰考县）人。

译文

最初，沈庆之在告发了颜师伯、柳元景的谋反事件之后，就自己主动地向废帝表示亲近，多次向废帝直言劝谏，废帝渐渐变得不高兴了。沈庆之因此很害怕，就闭门不接待所有来访的客人。他曾经派遣近侍范羡到吏部尚书蔡兴宗住的地方。蔡兴宗让范羡回去对沈庆之说："您闭门拒绝任何来访的客人，是以此来躲避众多以私事相托的人罢了。像我蔡兴宗，不是有求于您的人，为什么拒绝见我呢？"沈庆之听后便派遣近侍范羡去邀请蔡兴宗。

兴宗往见庆之，因说之曰："主上比者所行[①]，人伦道尽；率德改行，无可复望。今所忌惮，唯在于公；百姓喁喁[②]，所瞻赖者，亦在公一人而已。公威名素著，天下所服。今举朝遑遑，人怀危怖，指麾之日[③]，谁不响应！如犹豫不断，欲坐观成败，岂惟旦夕及祸，四海重责将有所归！仆蒙眷异常，故敢尽言，愿公详思其计。"庆之曰："仆诚知今日忧危，不复自保，但尽忠奉国，始终以之，当委任天命耳。加老退私门[④]，兵力顿阙[⑤]，虽欲为之，事亦无成。"兴宗曰："当今怀谋思奋者，非欲邀功赏富贵，正求脱朝夕之死耳。殿中将帅，唯听外间消息；若一人唱首，则俯仰可定。况公统戎累朝[⑥]，旧日部曲[⑦]，布在宫省[⑧]，受恩者多，沈攸之辈皆公家子弟耳[⑨]，何患不从！且公门徒、义附[10]，并三吴勇士[11]。殿中将军陆攸之，公之乡人[12]，今入东讨贼，大有铠仗[13]，在青溪未发[14]。公取其器仗以配衣麾下[15]，使陆攸之帅以前驱，仆在尚书中，自当帅百僚按前代故事，更简贤明以奉社稷[16]，天下之事立定矣。又，朝廷诸所施为，民间传言公悉豫之[17]。公今不决，当有先公起事者，公亦不免附从之祸。闻车驾屡幸贵第，酣醉淹留；又闻屏左右[18]，独入阁内；此万世一时，不可失也。”庆之曰：“感君至言。然此大事，非仆所能行；事至，固当抱忠以没耳[19]。”

注释

①主上：指废帝刘子业。比：近来。

②喁 yòng 喁：众人景仰归向的样子。

③麾：作战指挥的军旗。

④私门：犹家门。

⑤顿阙：困顿缺乏。

⑥统戎：统治军队。

⑦部曲：泛指某将军统率下的军队。

⑧宫省：犹宫禁，指皇宫。

⑨沈攸之：字仲达，吴兴武康（今浙江省德清县武康镇）人，刘宋大将。

⑩义附：亦称“义徒”，晋、南北朝世家大族的一种依附人口。

⑪三吴：吴郡、吴兴、吴会为三吴。

⑫乡人：同乡人。

⑬铠仗：铠甲和兵器。

⑭青溪：古水名，指三国吴在建业城（今江苏省南京市）东南所凿东渠。

⑮配衣麾下：给部下配备武器。

⑯更简贤明：另立圣明的君主。

⑰豫：参与。

⑱屏 bǐng：排除，斥退。

⑲没：通“殁”，死。

译文

蔡兴宗去探望沈庆之，就向他游说说：“主上（刘子业）最近的所作所为，丧尽人伦道德。要想改变他的德行已不可能了。现在他所畏惧的，只有你一人。人民仰望和依靠的，也只有你一个人了。你威名向来传播得很远，全国人民对你心服口服。现在，无论是朝廷与民间都惶恐不安，人人心中充满危险与恐惧，你举起大旗出面领导，有谁不响应？如果你仍然犹豫迟延，不能决断，坐在一旁观察成败，岂止马上就有大祸，而且四海之内的罪责，也会归到你身上。我承蒙你不同寻常的厚爱，所以才敢有什么说什么，毫不隐瞒，请你三思而行。”沈庆之说：“我确实知道现在面对危机，连我也不能自保。但尽忠报国，始终如一，一切只有听命运安排。加上我年纪已老，又退休在家，手中没有兵权，虽然想这样做，也不会成功。”蔡兴宗说：“如今身怀计谋、愿意奋身一击的人，并不是贪图功名富贵，只不过为了逃避随时都会降临的诛杀。宫廷里的将领，只倾听外面的消息，如果有人登高一呼，则低头抬头之间，大势就可确定。何况你统御大军，经历三朝（三任帝刘义隆、五任帝刘骏、现任帝刘子业），以前的部属，很多分布在宫廷和朝廷里，受你厚恩的人更多，沈攸之等人都是你家子弟，而你家的门徒、佃户又都是三吴地区的武士，用不着担心他们不听从命令。殿中将军陆攸之是你的同乡（吴兴郡人），目前正在东方剿匪，拥有大量武器，停留在青溪，还没有出发。你取用他的武器配备部下，就命陆攸之率领，作为前锋。我作为尚书自当率文武百官，依照前例，另立圣明的君王来治理国家，天下大事立刻安定。另外，民间有传言说，政府的一切措施，你都参与，你如果不早日决定，当有人在你之前起兵，你恐怕免不了被指为帮凶，受到处置。听说皇上（刘子业）经常到你家里，饮酒沉醉，停留的时间很久。又听说皇上还会屏去左右侍从，单独进入阁门，这是万世难遇的良机，不可错过。”沈庆之说：“感谢你的肺腑之言，然而，这是大事，不是我能做到的。事到临头，只有怀抱忠贞，一死而已。”

青州刺史沈文秀[①]，庆之弟子也，将之镇，帅部曲出屯白下[②]，亦说庆之曰：“主上狂暴如此，祸乱不久，而一门受其宠任[③]，万物皆谓与之同心。且若人爱憎无常，猜忍特甚[④]，不测之祸，进退难免。今因此众力，图之易于反掌。机会难值，不可失也。”再三言之，至于流涕。庆之终不从。文秀遂行。

注释

①青州：州名，在今山东省青州市。刺史：古代官名，州刺史为一州最高军政长官。沈文秀：字仲远，吴兴武康人，刘宋名将，也是沈庆之弟弟的儿子。

②白下：建康城北，在今江苏省南京市西北金川门外、幕府山南麓。

③一门：指沈庆之一家人。

④猜忍：猜忌残忍。

译文

青州刺史沈文秀是沈庆之的侄子，将要到州府就任，率部队驻扎在白下，整装待发，他也劝沈庆之说：“主上狂暴到如此地步，祸乱不久就会来到，我们一家受他的宠信，人人都认为我们跟他一同作恶。而且，（刘子业）这个人爱恨无常，猜忌残忍，我们有难以预测的灾祸。进也难免，退也难免。现在集中大家的力量图谋他，简直比把手掌反过来还要容易。机会难得，不应让它逝去。”沈文秀再三陈述，痛切处甚至泪流满面，沈庆之终不接受。沈文秀只好告辞。

及帝诛何迈[1]，量庆之必当入谏。先闭青溪诸桥以绝之。庆之闻之，果往，不得进而还。帝乃使庆之从父兄子直阁将军攸之赐庆之药[②]。庆之不肯饮，攸之以被揜杀之[③]，时年八十。庆之子侍中文叔欲亡[④]，恐如太宰义恭被支解[⑤]，谓其弟中书郎文季曰[⑥]："我能死，尔能报。"遂饮庆之之药而死。弟秘书郎昭明亦自经死[⑦]。文季挥刀驰马而去，追者不敢逼，遂得免。帝诈言庆之病薨，赠侍中、太尉，谥曰忠武公，葬礼甚厚。

注释

①何迈：宁朔将军。何迈娶废帝姑母、新蔡长公主刘英媚，废帝留刘英媚于后宫，称之为谢贵嫔，并谎称刘英媚已死。何迈不忍此辱，谋废废帝。事漏，被废帝所杀。

②从父兄子：即堂侄。同祖父、不同父亲的称为从父兄，即堂兄。二者统称从兄。

③以被揜杀之：用被子闷死沈庆之。揜，同"掩"，遮蔽，掩藏。沈攸之随堂叔沈庆之攻竟陵王刘诞有功，庆之赏攸之不厚，攸之怀恨在心，故公报私仇。

④侍中：南朝宋时门下省之侍中省长官，常侍于皇帝左右，管理门下诸事，为事实上的宰相。文叔：即沈文叔，沈庆之长子，吴兴武康人。

⑤太宰：刘宋时太宰、太傅、太保合称"三公"，位列一品。义恭被支解：刘义恭，彭城绥里人，南朝宋武帝刘裕第五子。支，同"肢"。前废帝刘子

业狂悖无道，义恭欲谋废立。废帝杀之并肢解。

⑥中书郎：官名。三国魏始置，属中书省，编修国史。文季：沈文季，字仲达，武康（今德清）人。

⑦秘书郎：官名。魏晋时置，属秘书省，掌管图书经籍。昭明：沈昭明，沈文叔的弟弟。自经：上吊自杀。

译文

等到废帝诛杀何迈时，刘子业料想沈庆之一定入宫规劝，下令封锁青溪上所有桥梁，不准他通过。沈庆之听到何迈被杀事件，果然打算入宫，走到青溪，无法再进，只好返回。刘子业于是派沈庆之的堂侄、直阁将军沈攸之送给沈庆之毒药，强迫沈庆之吞下。沈庆之不肯喝，沈攸之用棉被把沈庆之闷杀，沈庆之这年八十岁。沈庆之的儿子、侍中沈文叔打算逃亡，又恐怕像太宰刘义恭一样被砍下四肢肢解，因此对他的弟弟、中书郎沈文季说："我能一死，你能报仇！"于是喝下原来灌沈庆之的毒药，断气而死。他的另一弟弟、秘书郎沈昭明也上吊自杀。沈文季挥刀上马飞奔而去，随后追捕的人不敢紧逼，才逃出一命。刘子业对外宣称沈庆之寿终正寝，追赠沈庆之为侍中、太尉，谥号忠武公，葬礼隆重盛大。

第一百四十卷　齐纪六

明帝　建武三年（丙子，496年）

魏主下诏[①]，以为："北人谓土为拓，后为跋。魏之先出于黄帝，以土德王[②]，故为拓跋氏[③]。夫土者，黄中之色[④]，万物之元也；宜改姓元氏。诸功臣旧族自代来者[⑤]，姓或重复，皆改之。"于是始改拔拔氏为长孙氏，达奚氏为奚氏，乙旃氏为叔孙氏，丘穆陵氏为穆氏，步六孤氏为陆氏，贺赖氏为贺氏，独孤氏为刘氏，贺楼氏为楼氏，勿忸于氏为于氏，尉迟氏为尉氏；其余所改，不可胜纪。

注释

①魏主：魏孝文帝（471年—499年在位），原名拓跋宏，后改为元宏，献文帝拓跋弘长子，杰出的政治家、改革家。

②土德：五德之一。古以五行相生相克附会王朝命运，谓土胜者为得土德。王：名词用作动词，称王。

③拓跋氏：出自鲜卑族拓跋部，附会为黄帝后裔拓跋氏。

④黄中：居于中间的黄色。

⑤代：北魏前期都城，原为秦汉所置平城，故址在

今山西省大同市东北。

译文

北魏孝文帝颁布诏令，说："北方人把'土'称为'拓'，把'后'称为'跋'。魏朝宗室的祖先出于黄帝一脉，凭借土德而称帝，因此姓拓跋。土，颜色是黄色的，为天地万物的本元，因此应该改姓'元'。各位从代京来的有功之臣和原先的士族中，姓氏如果有重叠错杂的，都要改变。"于是最初把拔拔氏改为长孙氏，把达奚氏改为奚氏，把乙旃氏改为叔孙氏，把丘穆陵氏改为穆氏，把步六孤氏改为陆氏，把贺赖氏改为贺氏，把独孤氏改为刘氏，把贺楼氏改为楼氏，把勿忸于氏改为于氏，把尉迟氏改为尉氏；其他所改的姓，数也数不尽。

魏主雅重门族[①]，以范阳卢敏[②]、清河崔宗伯[③]、荥阳郑羲[④]、太原王琼四姓[⑤]，衣冠所推[⑥]，咸纳其女以充后宫。陇西李冲以才识见任[⑦]，当朝贵重，所结姻连[⑧]，莫非清望[⑨]；帝亦以其女为夫人。诏黄门郎、司徒左长史宋弁定诸州士族[⑩]，多所升降。又诏以："代人先无姓族[⑪]，虽功贤之胤[⑫]，无异寒贱；故宦达者位极公卿[⑬]，其功、衰之亲仍居猥任[⑭]。其穆、陆、贺、刘、楼、于、嵇、尉八姓，自太祖已降，勋著当世，位尽王公，灼然可知者，且下司州、吏部，勿充猥官，一同四姓。自此以外，应班士流者[15]，寻续别敕[16]。其旧为部落大人[17]，而皇始已来三世官在给事已上及品登王公者为姓；若本非大人，而皇始已来三世官在尚书已上及品登王公者亦为姓。其大人之后而官不显者为族；若本非大人而官显者亦为族。凡此姓族，皆应审核，勿容伪冒。令司空穆亮[18]、尚书陆琇等详定[19]，务令平允。”琇，馛之子也。

注释

①雅：平素，素来。门族：门第，家世。

②卢敏：字仲通，小字洪崖，范阳（今河北省涿州市）人。

③崔宗伯：清河（今河北省清河县东北）人。

④郑羲：字幼麟，荥阳开封（今河南省开封市南）人。

⑤王琼：字世珍，太原晋阳（今山西省太原市西南）人。

⑥衣冠：代称缙绅、士大夫。

⑦李冲：原名思冲，字思顺，北魏陇西郡狄道（今甘肃省临洮县）人。

⑧姻连：姻亲。

⑨清望：清白的望族。

⑩黄门郎：官名。又称黄门侍郎。宋弁：字义和，广平列人（今河北省肥乡县东北）人。士族：世族，世代为官的大家。

⑪姓族：姓氏家族。

⑫胤：子孙，后裔。

⑬宦达：官位显达，仕途亨通。

⑭功、衰之亲：功、衰，本为丧服，此处指服功、衰的亲属。猥：琐碎繁杂。

⑮班：排列。士流：出身于士族的人。

⑯敕：帝王的诏书、命令。

⑰部落：若干血缘相近的宗族、氏族结合而成的集体。大人：古代北方部族首领之称。

⑱穆亮：字幼辅，本字老生，南北朝时期北魏大臣。

⑲陆琇：字伯琳，陆馛第五子。

译文

北魏孝文帝素来看重名门望族，由于范阳人卢敏、清河人崔宗伯、荥阳人郑义、太原人王琼四姓门族，在士大夫中最受推举重视，因此选他们的女儿充实后宫。陇西人李冲凭借才能见识被任用，成为朝中显贵的人，他所缔结的姻亲，没有不是具有清白名望而为时人所尊敬的高贵门第，孝文帝也把他的女儿娶为夫人。孝文帝下诏让黄门郎、司徒左长史宋弁审查确定各州的士族，地位大多有升有降。孝文帝又下诏说："代京人先前没有姓族，即使是有功之臣、贤德之人的子孙，也与那些地位卑贱的人没有什么不同。因此，一些官位显达、仕途亨通的人虽然地位显赫快要赶得上公卿大臣，但他们的亲族却仍然担任着地位卑微的官职。其中穆、陆、贺、刘、楼、于、嵇、尉八大姓，从太祖皇帝以来，功勋显著在世，地位快到达王公的级别，很明显大家都知道，通知下达司州和吏部，不要让他们充任地位卑下官职，而应当把他们同卢、崔、郑、王四姓一样对待。除这些大族之外，其他还理应位列士族之流的人，不久就接着由朝廷下达诏令加以确认。那些以前是部落首领，而从皇始年间以来三代为官在给事以上，以及品级上到王公的人确定其姓；如果原来不是首领，而从皇始年间以来三代为官在尚书以上以及爵位上至王公的也确定其姓。是过去的首领后代，但是如今官职却不重要的确定他们的族，如果本非首领但官职重要的也确定他们的族。凡是这样的姓和族，都应该更多地审视核定，不容许其中有假冒的人。让司空穆亮、尚书陆琇等人详细地加以审视核定，务必要使之公正合理。”陆琇是陆馛的儿子。

魏旧制[①]：王国舍人皆应娶八族及清修之门[②]。咸阳王禧娶隶户为之[③]，帝深责之；因下诏为六弟聘室："前者所纳，可为妾媵[④]。咸阳王禧，可聘故颍川太守陇西李辅女[⑤]；河南王干，可聘故中散大夫代郡穆明乐女[⑥]；广陵王羽，可聘骠骑谘议参军荥阳郑平城女[⑦]；颍川王雍，可聘故中书博士范阳卢神宝女[⑧]；始平王勰[⑨]，可聘廷尉卿陇西李冲女[⑩]；北海王详，可聘吏部郎中荥阳郑懿女[⑪]。"懿，羲之子也。

注释

①制：古代帝王的命令。

②舍人：妃嫔。舍，指诸王妃嫔之舍。八族：自代

迁来的八族。

③隶户：没入贵族为奴隶的家户。

④妾媵：古代诸侯贵族女子出嫁，以侄娣从嫁，称媵。后以“妾媵”泛指侍妾。

⑤颍川：郡名，秦置，以颍水得名，治所在阳翟（今河南省禹州市）。陇西：陇山（六盘山）以西的地方，现甘肃省南部渭水流域陇西盆地。

⑥中散大夫：简称中散。王莽时置，或说东汉光武置，掌论议政事，历代沿置。

⑦骠骑：古代将军的名号。参军：即参军事。参军或参军事，本参谋军务之称。

⑧中书：负责典章法令编修撰拟、记载、翻译、缮写等工作的官员。

⑨始平：今陕西省兴平市东南。

⑩廷尉卿：官名。掌司法刑狱。

⑪吏部郎中：除主管本司事务外，掌流外官选补。郑懿：荥阳（今河南省开封市）人，字景伯。

译文

北魏过去的制度：各藩王的妃嫔都应选自八大姓及有清望的门第人家之女。咸阳王拓跋禧迎娶贫贱人家的女儿做妃嫔，孝文帝（听闻后）严厉地责备了他，趁机下达诏令为六个弟弟重新聘娶妻室，说：“在这之前所纳娶的妃嫔，可以把她们改做妾侍。咸阳王元禧，可以聘娶颍川太守陇西人李辅的女儿；河南王元干，可以聘娶已故中散大夫代郡人穆明乐的女儿；广陵王元羽，可以聘娶骠骑谘议参军荥阳人郑平城的女儿；颍川王元雍，可以聘娶中书博士范阳人卢神宝的女儿；始平王元勰，可以聘娶廷尉卿陇西人李冲的女儿；北海王元详，可以聘娶吏部郎中荥阳人郑懿的女儿。”郑懿是郑羲的儿子。

时赵郡诸李[①]，人物尤多[②]，各盛家风[③]，故世之言高华者，以五姓为首[④]。

注释

①赵郡：郡名，治所在今河北省赵县。

②人物：有才能之人。

③盛：使动用法，使旺盛；使兴盛。

④五姓：赵郡李氏与陇西李氏、清河博陵崔氏、范阳卢氏、荥阳郑氏、太原王氏并为中原五大高门士族。

译文

那时，赵郡李氏各门中，有才能的人特别多，他们各自发扬家风，使之兴盛，因此世人谈论地位显贵家室繁华的人时，把五姓推为首选。

众议以薛氏为河东茂族[①]。帝曰：“薛氏，蜀也，岂可入郡姓！”直阁薛宗起执戟在殿下[②]，出次对曰："臣之先人，汉末仕蜀，二世复归河东，今六世相袭，非蜀人也。伏以陛下黄帝之胤[③]，受封北土[④]，岂可亦谓之胡邪[⑤]！今不预郡姓[⑥]，何以生为！”乃碎戟于地。帝徐曰："然则朕甲、卿乙乎！”乃入郡姓，仍曰："卿非'宗起'，乃'起宗'也！”

注释

①薛氏：源于鲜卑族，出自南北朝时期鲜卑拓跋部叱干氏族。河东：河东代指山西。因黄河流经山西省的西南境，则山西在黄河以东，故这块地方古称河东。

②直阁：直阁将军，值勤于殿阁。直，通"值"。薛宗起：河东汾阴（今山西省万荣县）人。

③伏：敬语。胤：子孙，后裔。

④北土：泛指北部地区。

⑤胡：代指北方和西方的少数民族。

⑥预：通"与"，参与。

译文

北魏大臣们商议河东薛氏为河东郡繁盛的家族，魏孝文帝说："薛氏是蜀国人，怎么可以进入郡姓！”直阁将军薛宗起此时执戟站在殿下，从群臣中站出来回答说："臣的先祖于汉末在蜀汉做官，两世以后重新回到河东，到今天已经传承了六世，不是蜀人。臣下认为陛下是黄帝的后裔，受封在北土，怎么可以称之为胡人呢？今天不参与郡姓，我还活着干什么！”薛宗起将手中的戟扔在地上摔成碎片。魏孝文帝缓缓地说：“那么朕甲姓，爱卿乙姓吗？”河东薛氏由此才进入郡姓，魏孝文帝还说：“爱卿不是‘宗起’，是‘起宗’啊！”

帝与群臣论选调曰：“近世高卑出身，各有常分[①]；此果如何？”李冲对曰：“未审上古以来，张官列位，为膏粱子弟乎[②]，为致治乎？”帝曰：“欲为治耳。”冲曰：“然则陛下何为专取门品，不拔才能乎？”帝曰：“苟有过人之才，不患不知。然君子之门，借使无当世之用，要自德行纯笃，朕故用之。”冲曰：“傅说[③]、吕望[④]，岂可以门地得之！”帝曰：“非常之人，旷世乃有一二耳。”秘书令李彪曰[⑤]：“陛下若专取门地，不审鲁之三卿[⑥]，孰若四科[⑦]？”著作佐郎韩显宗曰[⑧]：“陛下岂可以贵袭贵，以贱袭贱！”帝曰：“必有高明卓然、出类拔萃者，朕亦不拘此制。”顷之，刘昶入朝。帝谓昶曰[⑨]：“或言唯能是寄[⑩]，不必拘门[⑪]；朕以为不尔。何者？清浊同流，混齐一等，君子小人，名器无别，此殊为不可[⑫]。我今八族以上士人，品第有九；九品之外[⑬]，小人之官复有七等。若有其人，可起家为三公[⑭]。正恐贤才难得，不可止为一人浑我典制也。”

注释

①常分：定分。

②膏粱子弟：富贵人家过惯享乐生活的子弟。

③傅说：商王武丁时重臣。

④吕望：姜姓，周文王赐姓吕氏，名尚，一名望，字子牙，或单呼牙，也称吕尚。因是齐国始祖而称太公望，俗称姜太公。

⑤秘书令：官名。汉末曹操为魏王，置秘书令，典尚书奏事，以秘书丞为其佐官。李彪：字道固，顿丘卫国人也，孝文赐名焉。

⑥鲁之三卿：季孙氏、孟孙氏、叔孙氏。

⑦四科：孔门四科，德行、言语、政事、文学。

⑧著作郎：官名。三国魏始置，属中书省，掌编撰国史。韩显宗：字茂亲，麒麟次子。

⑨刘昶 chǎng：字休道，宋文帝之子。

⑩寄：依附；依靠。

⑪拘门：拘泥于门第门品。

⑫殊：很；甚。

⑬九品：古代官吏的等级制度，始于魏晋。指把人物分成九等，即上上、上中、上下、中上、中中、中下、下上、下中、下下。北魏时，每品各分正、从，第四品起，正、从又各分上、下阶，共三十等。

⑭三公：太尉、司徒、司空为三公。

译文

孝文帝和众大臣讨论选派调任官员的事情时问道："近世以来，出身高贵还是卑贱，各自有他们的定分，这样划分怎么样呢？"李冲反问道："不知道自上古至今，设立官位，这目的是为了那些富贵人家过惯享乐生活的子弟呢？还是为了国家的治理呢？"孝文帝回答："当然是为了治理天下。"李冲又顺势反问："那么陛下为什么专门看顾门第出身，而不注重才能方面的选拔呢？"孝文帝辩解说："假如有超人的才能，不怕不为人所知。然而，出身于君子之门的人，即使没有可以为当世所用的才能，但在道德行为方面终究纯洁笃行，所以朕任用他们。"李冲再反问道："难道傅说、吕望这些人才可以凭门第出身选拔得到吗？"孝文帝再回答："这种不平凡的人才，上百年才有一两个。"这时，秘书令李彪也问道："假若陛下您仅按门第出身来选取官员，那么对于鲁国的三卿季孙、孟孙、叔孙氏和孔门四科人才，是选择前者还是后者呢？"著作佐郎韩显宗也说道："陛下怎么能够使高贵的人仍沿袭高贵的身份，卑贱的人永远摆脱不了卑贱呢？"孝文帝回答说："如果一定有才识高明、卓然不凡、非同一般的人，朕也不会拘泥于这个制度。"一会儿，刘昶来到朝中觐见，孝文帝对他说："有人说选拔官员只要靠才能来评判，不需拘泥于门第出身，朕认为这样不好。为什么呢？因为这样的话则会让纯净的和浑浊的同流，混淆为一个等级，君子与小人在名声方面就没有区别了，这是很不可取的。我朝现在八族以上的士人，品第分为九个级别。九品以外的，出身低贱而做官者又分为七个级别。如果真的有你们所说的卓越出众的人，可以直接升为三公。我正担心贤能的人比较难得，但是也不能仅为一个人就把我的典章制度搞乱了。”

臣光曰：选举之法，先门地而后贤才，此魏、晋之深弊，而历代相因，莫之能改也。夫君子、小人，不在于世禄与侧微[①]，以今日视之，愚智所同知也；当是之时，虽魏孝文之贤，犹不免斯蔽。故夫明辩是非而不惑于世俗者诚鲜矣。

注释

①世禄：古代有世禄之制，贵族世代享有爵禄。侧微：卑贱。

译文

大臣司马光说：选才举能的方法，先按门第选拔而后选拔贤能之人，这是魏晋时期深重的弊端，但是每朝每代都承袭下来，没有谁能够改变。君子和小人的区别，不在于出身高贵还是贫贱，拿现在的思想来看，这是愚昧的人和有智慧的人都知道的，然而，在那个时候，即使有北魏孝文帝的贤德，也不能避免这种偏见。因此，能够明辨是非且不被世俗迷惑的人实在是少见啊！

第一百五十卷　梁纪六

武帝（乙巳，525年）

初，帝纳东昏侯宠姬吴淑媛[①]，七月而生豫章王综[②]，宫中多疑之。及淑媛宠衰怨望[③]，密谓综曰："汝七月生儿，安得比诸皇子！然汝太子次弟，幸保富贵，勿泄也！"与综相抱而泣。综由是自疑，昼则谈谑如常[④]，夜则于静室闭户，披发席藁[⑤]，私于别室祭齐七庙[⑥]。又微服至曲阿拜齐太宗陵[⑦]，闻俗说割血沥骨，渗则为父子，遂潜发东昏侯冢，并自杀一男试之，皆验，由是常怀异志，专伺时变。综有勇力，能手制奔马；轻财好士，唯留附身故衣，余皆分施，恒致罄乏[⑧]。屡上便宜[⑨]，求为边任，上未之许。常于内斋布沙于地，终日跣行[⑩]，足下生胝[⑪]，日能行三百里。王、侯、妃、主及外人皆知其志[⑫]，而上性严重[⑬]，人莫敢言。又使通问于萧宝寅[⑭]，谓之叔父。为南兖州刺史[⑮]，不见宾客，辞讼隔帘听之[⑯]，出则垂帷于舆，恶人识其面[⑰]。

注释

①帝：梁武帝（502年—549年在位），名衍，字叔达，小字练儿，南兰陵中都里（今江苏省常州市西北）

人，南北朝时期梁国的建立者。东昏侯：原名萧宝卷，字智藏，南朝齐的第六代皇帝（499年—500年在位），南兰陵人，齐明帝次子。在位残暴酷虐，生活奢侈荒淫。吴淑媛：宋明帝以淑媛为九嫔之首，齐梁因之。萧衍灭齐建梁后，将吴淑媛纳入宫中。

②豫章王：萧综，字世谦，萧衍次子，一说为东昏侯遗腹子，天监三年，封豫章郡王。

③怨望：怨恨。

④谑：开玩笑。

⑤藁：用禾秆编成的席子。坐卧藁上是古人请罪的一种方式，因以指请罪。

⑥祭齐七庙：因其怀疑自己为齐国的后代，所以祭祀齐国的祖先。庙，宗庙，供奉祭祀祖先的处所。

⑦曲阿：今江苏省丹阳市。太宗陵：齐无太宗，当是高宗。

⑧恒致罄乏：经常导致自己物资缺乏。恒，经常。致，致使。罄，尽，用尽。乏，缺少，不足。

⑨便宜：方便行事。便，方便。宜，事情，事宜。

⑩跣行：赤脚行走。

⑪胝：老茧，厚皮。

⑫志：这里指光复齐的野心。

⑬上性严重：皇上性格非常严酷。

⑭萧宝寅：字智亮，南兰陵人，萧鸾第六子，封建安王，后叛魏，自立政权。

⑮南兖州：永嘉之乱，北方人大批南下，晋明帝太宁三年侨置兖州于广陵（今江苏省扬州市）。

⑯辞讼：审理案件。

⑰恶：以……为恶。

译文

当初，梁武帝把东昏侯的宠姬吴淑媛纳入宫中。入宫七个月的时候吴淑媛便生下了豫章王萧综，宫中的人都怀疑他不是梁武帝的儿子。到了淑媛渐渐失宠，心怀怨恨的时候，她便私底下对萧综说：“我服侍武帝七个月就生下你了，你怎么能和其他皇子相比？然而你是太子的大弟弟，侥幸保住富贵，千万不要泄露给外人。”说完就和萧综互相抱着哭泣。萧综因此对身世心生怀疑，白天像往常一样和人谈话说笑，但到了夜里在寂静的房间里关着门，披头散发，坐在草席上，在这样的房间里秘密祭祀南齐的祖先。萧综又穿上平民的衣服到曲阿拜祭齐明帝陵，他听说民间流传着把血滴在骨头上来证明血者与死者是否为父子的方法，如果血渗进了骨头就说明是父子关系。于是就暗地里偷偷挖开东昏侯的坟墓，并且还杀了一个人用来试验，结果他自己的血渗进了东昏侯的尸骨，而被他杀死的那个人的血却没渗进去，因此他的身世得到了证实。于是，他就常常怀有叛离之心，一心想要伺机叛变。萧综有勇气和胆魄，能用手制服狂奔的马。他轻视财物，看重仁人志士。身上只留下穿的衣服，其余的都分给或施舍给别人，总是导致自己物资非常缺乏。他多次向武帝陈诉为了方便行事，请求到边关去担任官职，梁武帝没有批准他的奏请。他常常在内室的地上布满沙子，整天光着脚在上面行走，练得脚底长满厚厚的老茧，以至于一天可以走三百里路，各个亲王、侯爷、妃子、主以及皇室之外的人都知道他的野心，但是因梁武帝性格严酷固执，所以所有人都不敢言说。萧综又派使者与萧宝寅取得联系，认作叔父。萧综担任南兖州刺史的时候，不肯接见宾客，审理案件时隔着帘子审问断决，去外面时把布帷挂在车前，以让别人看到他的脸为耻辱。

及在彭城[①]，魏安丰王延明、临淮王彧将兵二万逼彭城[②]，胜负久未决。上虑综败没[③]，敕综引军还[④]。综恐南归不复得至北边，乃密遣人送降款于彧；魏人皆不之信，彧募人入综军验其虚实，无敢行者。殿中侍御史济阴鹿悆为彧监军[⑤]，请行，曰："若综有诚心，与之盟约；如其诈也，何惜一夫！"时两敌相对，内外严固，单骑间出[⑥]，径趣彭城[⑦]，为综军所执，问其来状，曰："临淮王使我来，欲有交易耳。"时元略已南还[⑧]，综闻之，谓成景俊等曰[⑨]："我常疑元略规欲反城，将验其虚实，故遣左右为略使，入魏军中，呼彼一人。今其人果来，可遣人诈为略有疾在深室，呼至户外，令人传言谢之。"综又遣腹心安定梁话迎悆，密以意状语之。悆薄暮入城，先引见胡龙牙，龙牙曰："元中山甚欲相见[10]，故遣呼卿。"又曰："安丰、临淮，将少弱卒，规复此城[11]，容可得乎！"悆曰："彭城，魏之东鄙，势在必争，得否在天，非人所测。"龙牙曰："当如卿言。"又引见成景俊，景俊与坐，谓曰："卿不为刺客邪？"悆曰："今者奉使，欲返命本朝，相刺之事，更卜后图[12]。"景俊为设饮食，乃引至一所，诈令一人自室中出，为元略致意曰："我昔有以南向，且遣相呼，欲闻乡事；晚来疾作，不获相见。"悆曰："早奉音旨[13]，冒险祗赴，不得瞻见，内怀反侧[14]。"遂辞退。诸将竞问魏士马多少，悆盛陈有劲兵数十万，诸将相谓曰："此华辞耳[15]！"悆曰："崇朝可验[16]，何华之有！"乃遣悆还。成景俊送之戏马台，北望城堑。谓曰："险固如此，岂魏所能取！"曰："攻守在人，何论险固！"悆还，于路复与梁话申固盟约[17]。六月，庚辰，综与梁话及淮阴苗文宠夜出，步投魏军。及旦，斋内诸阁犹闭不开，众莫知所以，唯见城外魏军呼曰："汝豫章王昨夜已来，在我军中，汝尚何为！"城中求王不获，军遂大溃。魏人入彭城，乘胜追击，复取诸城，至宿预而还，将佐士卒死没者什七八，唯陈庆之帅所部得还。

注释

①彭城：今江苏省徐州市的旧称。

②魏安丰王延明：元延明，北魏宗室，元彧从兄。临淮王彧 yù：元彧，字文若，鲜卑族，北魏宗室。

③虑：担心。

④敕：皇帝的命令或诏书。这里用作动词，当下达诏令讲。

⑤殿中侍御史：官名。三国曹魏于殿中省置殿中侍御史，掌记录朝廷举措，纠弹百官朝仪，魏晋以后为监察官之一。鹿悆：字永吉，济阴（今山东省菏泽市）人。监军：监督军队的官员。

⑥间：间道，间行，从小路走。

⑦径趣：径，取道。趣，奔赴。

⑧元略：字俊兴，元诱弟。才气劣于元熙，而有和邃之誉。自员外郎稍迁羽林监、通直散骑常侍、冠军将军、给事黄门侍郎。

⑨成景俊：字超，又字少泰，范阳（今河北省定兴县固城镇）人，先仕魏，后因杀父之仇而附梁。

⑩中山：元略之南奔，梁封为中山王，故称。

⑪规：谋划谋求。

⑫更卜后图，以后寻找机会，再进行谋划。

⑬音旨：言辞旨意。

⑭内怀反侧：心里感觉不安。

⑮华辞：浮夸之辞。华：浮夸。

⑯崇朝：一上午的时间。崇：充满。

⑰申固：申述坚持。申，陈述，说明。固，坚持。

译文

当萧综在彭城的时候，北魏安丰王元延明、临淮王元或率领士兵两万人攻打彭城，很长时间都决不出胜负来。梁武帝忧虑萧综战败被魏擒获，于是下达诏令让他带领军队返回。萧综害怕回到南边之后不能再次到北边来，因此暗地里派人给元或送去降书；北魏人都不相信他的降书，元或召集士兵进入萧综的军中检验真假，但没有敢去的人。殿中侍御史济阳人鹿悆是元彧的监军，他请求前去，说道："如果萧综有诚心的话，就和他订立盟约；如果他是使诈降的计谋的话，您又何必怜惜我一个普通人！"正值两军相对时期，两军里里外外严加固守，鹿悆一个人骑马抄小道走出去，径直来到彭城，被萧综的士兵擒获，问他前来这儿的目是什么，鹿悆回答："临淮王让我前来，想要和你们商谈一件事情。"这时元略已经回到南边去了，萧综知道元或已经派人前来，对成景俊等人说："我总是怀疑元略想要图谋率城反叛，我为了验证他是否有叛逆之心，因此派遣身边的人称作是元略的使者，进入北魏军中，叫他们派一个人前来和他联系。现在元或派的人真的来了，我们可以派遣一个人假扮成元略，并称他有疾病呆在深室内，再把北魏派来的人叫到室外，让人假传元略的话并对他的前来表示感谢。"萧综又派遣心腹安定人梁话去迎接鹿悆，并秘密地把萧综想要投降北魏以及指示成景俊装模作样的一番安排告诉了鹿悆。鹿悆在太阳快下山时进入城中，先引他去见胡龙牙，胡龙牙说："中山王元略非常想和你相见，所以派我前来叫您。"又说："安丰王和临淮王将领少兵力弱，想要得到这座城市，怎么可能？"鹿悆回答："彭城是北魏的东部边境，一定得尽全力争夺到它，得到与否在于天意，不是人所能预料到的。"胡龙牙又说："确实和您所说的一样。"梁话又带鹿悆去接见成景俊，成景俊和鹿悆一起坐下来，对鹿悆说："您这次来不是做刺客的吗？"鹿悆回答："如今我是奉命出使梁国，还想返回本国完成使命，行刺这件事，日后再选择时机图谋吧。"成景俊摆设了酒席招待鹿悆之后，就把鹿悆带到一个地方，事先设计好，让一个人假装从房内走出，代替元略向鹿悆表达歉意说："我前些日子有事去了南方，现在派人把你叫来，就是想听听家乡的事情；但是夜里突然患病，就不能与你见面了。"鹿悆回答说："事先收到了您的通知，冒着危险来到这里，但是不能见您，实在不能安心。"于是便告辞而去。梁朝众将领竞相询问北魏兵卒和战马有多少，鹿悆夸耀说有精良的兵马几十万，众将领互相谈论说："这是虚夸不实的说法！"鹿悆说："这是一个早上就能够验证的，有什么不真实的地方呢！"于是就让鹿悆回去了。成景俊把鹿悆送到戏马台，向北眺望彭城的护城河，对鹿悆说："这样险固，北魏要攻打多久才能攻取呢？"鹿悆说："攻与守的成败都在人，又怎么能用是否牢固来评判呢？"鹿悆返回，在路上又同梁话重新审定了彼此订立的盟约。六月庚辰，萧综和梁话以及淮阳人苗文宠在夜里出去，步行前往投奔北魏。到了第二天天亮之时，萧综住所的几个门都还紧闭不开，众人都不知道原因，只听见城门外面北魏军队在高声叫喊："你们的豫章王昨天夜里已经前来投奔，现在就在我们军中，你们不投降还要干什么呢？”城中到处找萧综，但最终还是没有找到。于是军队彻底溃败。北魏人进入彭城，乘着胜利继续追击，又攻占了几座城市，到了宿预才返回，梁朝的将佐兵卒被杀被俘的有百分之七八十，只有陈庆之率领自己的部队返回到梁国。

上闻之，惊骇，有司奏削综爵土[①]，绝属籍[②]，更其子直姓悖氏。未旬日，诏复属籍，封直为永新侯。

注释

①爵土：爵位和土地。

②属籍：宗室谱籍。

译文

梁武帝听说这件事后，非常吃惊恐慌，有关部门上奏请求梁武帝削除萧综的爵位和收回封地，并把他的名字从皇族名册中除去，改他的儿子萧直的姓氏为悖。但是没过十天，梁武帝又下达诏令恢复了萧综在皇家的籍位，把萧直封为永新侯。

西丰侯正德自魏还[①]，志行无悛[②]，多聚亡命[③]，夜剽掠于道，以轻车将军从综北伐[④]，弃军辄还。上积其前后罪恶，免官削爵，徙临海；未至，追赦之。

注释

①西丰侯正德：萧正德，字公和，南兰陵（今江苏省常州市西北）人，南朝梁宗室臣，梁武帝萧衍之侄，临川王萧宏三子。武帝曾认他为子，后生萧统，他封西丰侯，遂心怀怨恨，图谋叛梁。525年逃奔北魏，因不得志，次年复归梁国。

②悛 quān：悔改。

③亡命：亡命之徒。

④轻车将军：官名，属杂号将军。

译文

西丰侯萧正德从北魏返回梁国之后，思想和行为方面没有一点悔改之意，大量召集亡命之徒，夜里在道路上杀人抢劫，用轻车将军的身份跟随萧综向北讨伐，抛下军队就自己返回。梁武帝累积他前后的罪恶一起定罪，撤掉了他的官职，削除了他的爵位，并要把他流放到临海；但是还没有到临海，梁武帝又派人追上赦免了他。

综至洛阳，见魏主，还就馆[①]，为齐东昏侯举哀，服斩衰三年[②]。太后以下并就馆吊之，赏赐礼遇甚厚，拜司空[③]，封高平郡公、丹杨王，更名赞。以苗文宠、梁话皆为光禄大夫；封鹿悆为定陶县子[④]，除员外散骑常侍。

注释

①就馆：宫廷治事之所。

②斩衰：丧服，为哀悼死者而穿的服装。斩衰为重孝。

③司空：官名，主管礼仪、德化、祭祀等。

④县子：爵位。

译文

萧综到达了洛阳，拜见了北魏孝明帝之后，他返回到使馆，为南齐东昏侯办理丧事，服斩衰重孝三年。胡太后以下的王公大臣们一起到他的使馆进行哀悼，赏赐招待特别丰厚尊贵，并且赐他司空之位，把他封为高平郡公、丹杨王，并把名字改为萧赞。把苗文宠和梁话都任命为光禄大夫；鹿悆被封为定陶县子，并兼任员外散骑常侍。

第一百九十六卷　唐纪十二

太宗（壬寅，642 年）

上问魏徵[①]："比来朝臣何殊不论事[②]？"对曰："陛下虚心采纳，必有言者。凡臣徇国者寡，爱身者多，彼畏罪，故不言耳。"上曰："然。人臣关说忤旨[③]，动及刑诛，与夫蹈汤火冒白刃者亦何异哉！是以禹拜昌言[④]，良为此也[⑤]。"

注释

①上：即唐太宗李世民(627 年—649 年在位)，字敬真，唐高祖李渊次子，庙号太宗，开创贞观盛世。魏徵：字玄成，唐初政治家，巨鹿（今河北省巨鹿县）人，官至宰相，是中国史上最负盛名的谏臣。

②比来：近来。

③关说忤旨：议论国事而忤怒圣意。

④禹拜昌言：这里指大禹给提意见的人行礼。禹，传说中国夏代第一个君主，曾治过洪水。昌言，倡言的人。

⑤良：正是，就是。

译文

太宗向魏徵询问："最近朝廷的大臣怎么都不上书议论朝政？"魏徵回答说："只要陛下虚心采纳意见，就必然会有上书言事的人。愿意为国殉身的大臣比较少，爱惜自己生命的人比较多，他们害怕获得罪罚，所以才不敢向您上书言事。"太宗说："的确如此。大臣们议论国事而忤逆圣意，动不动就会被处罚，这不就和上刀山下火海一样么？大禹之所以要给提意见的人行礼，正是因为如此。"

房玄龄、高士廉遇少府少监窦德素于路[①]，问："北门近何营缮？"德素奏之。上怒，让玄龄等拜曰："君但知南牙政事[②]，北门小营缮，何预君事！"玄龄等拜谢。魏徵进曰："臣不知陛下何以责玄龄等，而玄龄等亦何所谢[③]！玄龄等为陛下股肱耳目[④]，于中外事岂有不应知者[⑤]！使所营为是，当助陛下成之；为非，当请陛下罢之。问于有司，理则宜然。不知何罪而责，亦何罪而谢也！"上甚愧之[⑥]。

注释

①房玄龄：字乔，别名房乔，唐代齐州（今山东省淄博市临淄区北）人，唐初名相。高士廉：名俭，字士廉，唐代开国功臣。少府少监：唐代少府仅掌管百工技巧诸务。少监：少府监次官。

②但知：只管，只需知道。

③谢：谢罪。

④股肱耳目：比喻辅佐帝王的重臣。也比喻十分亲近且办事得力的人。

⑤中外：宫中宫外。

⑥愧：感到羞愧。

译文

房玄龄和高士廉两人在路上遇见少府少监窦德素，便问道："近来北门在营建什么？"窦德素将这件事奏与太宗。太宗十分生气，责备房玄龄等人说："你只要执掌好南衙朝中政事，北门小小地营建维护一下，和你有什么关系呢？"房玄龄等叩拜谢罪。魏徵进谏（唐太宗）说："我不知道陛下责备玄龄等人，玄龄等人要谢罪的原因各自是什么。玄龄等人身为辅佐陛下的股肱重臣，对宫内宫外事哪里有不应该知道的！如果陛下您营造北门的事是对的，那么他们定会帮助陛下促成此事；如果您不应当营造北门，那么他们就应该请求陛下停止此事。他们询问在北门修缮的有关官员，是理所应当的。臣不知您因为什么而责怪他们，也不知道他们为什么而谢罪。"太宗听后十分羞愧。

上尝临朝谓侍臣曰："朕为人主，常兼将相之事。"给事中张行成退而上书[①]，以为："禹不矜伐而天下莫与之争[2]。陛下拨乱反正，群臣诚不足望清光[3]；然不必临朝言之。以万乘之尊[4]，乃与群臣校功争能[5]，臣窃为陛下不取。”上甚善之。

注释

①给事中：唐代门下省官员，分判本省日常事务。张行成：字德立，定州义丰（今河北省安国市）人，唐高宗时宰相。

②矜伐：恃才夸功，夸耀。

③清光：圣明风采，指帝王容颜。

④万乘至尊：天子之尊。

⑤校功：争取功绩。

译文

唐太宗曾经在上朝的时候对身边近臣说：“朕身为万民之主，而且要兼管文武将相的事情。”给事中张行成退朝后便给太宗上书，认为：“大禹本人不恃才夸功而天下人都不和他争抢功德。陛下拨乱反正，众位大臣都不足以眺望到您那圣明的风采；然而陛下却没有必要在上朝时提到这件事。陛下以天子之尊，却与群臣争抢功德比拼能力，我认为这样不足取。”太宗因此非常赞赏张行成。

春，正月，乙丑，魏王泰上《括地志》[1]。泰好学，司马苏勖说泰[2]，以古之贤王皆招士著书，故泰奏请修之。于是大开馆舍，广延时俊[3]，人物辐凑，门庭如市。泰月给逾于太子，谏议大夫褚遂良上疏[4]，以为："圣人制礼，尊嫡卑庶，世子用物不会，与王者共之。庶子虽爱，不得逾嫡，所以塞嫌疑之渐[5]，除祸乱之源也。若当亲者疏，当尊者卑，则佞巧之奸，乘机而动矣。昔汉窦太后宠梁孝王[6]，卒以忧死；宣帝宠淮阳宪王[7]，亦几至于败。今魏王新出阁，宜示以礼则，训以谦俭，乃为良器，此所谓'圣人之教不肃而成'者也。"上从之。

注释

①魏王泰：李泰，字惠褒，小字青雀，唐太宗第四子，母长孙皇后。《括地志》：是中国唐朝时的一部大型地理著作，由唐初魏王李泰主编。

②苏勖：字慎行，京兆武功（今陕西省武功县西北）人。

③延：延请，招待。

④谏议大夫：谏官，专掌谏诤议论。唐代设左、右谏议大夫，分属中书省、门下省。褚遂良：字登善，阳翟（今河南省禹州市）人，唐初政治家、书法家。

⑤渐：发生，产生。

⑥窦太后：名漪房，清河郡观津（今河北省武邑县观津村）人，汉文帝刘恒的皇后，汉景帝刘启的母亲。梁孝王：西汉梁孝王刘武，窦太后所生少子。

⑦宣帝：汉宣帝（前74年—前49年在位）刘询，

字次卿，谥号孝宣皇帝。淮阳宪王：刘钦，汉宣帝刘询之子，谥宪王。

译文

春季，正月，乙丑，魏王李泰向唐太宗进呈《括地志》一书。李泰勤奋好学，司马苏勖劝诫李泰说，古代有贤才德能的王子都会召集有才学的人著书立说，因此李泰便向唐太宗奏请修订《括地志》。于是大建馆舍，广泛邀请天下优秀人才，有才华的人都聚集在此，门庭若市。每月下发给李泰的费用超过了太子，于是谏议大夫褚遂良便上奏折说："圣人制定礼仪，是为了使嫡子尊贵，使庶子卑微，提供给太子的物品不会被计算，太子和君王待遇一样。虽然喜爱庶出的儿子，也不可以超过嫡子，这是为了避免别人产生怀疑，铲除祸乱的根源。如果理应亲近的人反而疏远，理应得到尊贵的人反而卑贱，那么那些奸佞小人必然会乘机得势。从前西汉窦太后宠爱梁孝王，最终忧虑而死；汉宣帝宠爱淮阳宪王，也几乎导致国家灭亡。如今魏王刚刚当上藩王，那么您应该向他展示礼仪制度，用谦虚节俭来教导，这样才能使他成为栋梁之才，正所谓'圣人的教导虽不严苛却很有成效。'"太宗听从了他的意见。

上又令泰徙居武德殿①；魏徵上书，以为："陛下爱魏王，常欲使之安全，宜每抑其骄奢，不处嫌疑之地。今移居此殿，乃在东宫之西[②]，海陵昔尝居之[③]，时人不以为可；虽时异事异，然亦恐魏王之心不敢安息也。”上曰：“几致此误。”遽遣泰归第[④]。

注释

①武德殿：殿名，位置与太子所居的东宫相近。

②东宫：太子所居住的宫。

③海陵：李元吉，唐高祖李渊第四子，母窦皇后。唐建国后，封为齐王。李世民发动“玄武门之变”，李元吉与李建成遇害，后追封元吉为海陵郡王。

④遽：立即。第：宅门，府邸。

译文

唐太宗又让李泰移居到武德殿；魏徵上奏谏言道：“陛下喜爱魏王，总是想让他安全，那么就应当多多抑制他的骄傲奢侈的习气，不让他身处会产生嫌疑的地方。如今您让他移居武德殿，位在东宫的西面，是当年海陵王李元吉居住的地方，当今的人都认为不可以；虽然时势事情都变了，然而我还是担心魏王居住在那里内心不安。”太宗说：“差一点就失误了。”即刻让李泰回到原来的宅第。

夏，四月，壬子，上谓谏议大夫褚遂良曰：“卿犹知起居注[①]，所书可得观乎？”对曰：“史官书人君言动，备记善恶，庶几人君不敢为非[②]，未闻自取而观之也！”上曰：“朕有不善，卿亦记之邪？”对曰：“臣职当载笔，不敢不记。”黄门侍郎刘洎曰[③]：“借使遂良不记[④]，天下亦皆记之。”上曰：“诚然。”

注释

①起居注：记录帝王的言行录，撰修国史的基本材料之一。

②庶几：这样。

③黄门侍郎：又称黄门郎，秦代初置，即给事于宫门之内的郎官，是皇帝近侍之臣，可传达诏令。隋唐时，黄门侍郎隶属门下省，成为门下省的副官。刘洎：字思道，荆州江陵（今湖北省江陵县）人。敢于谏诤。

④借使：假使。

译文

夏季，四月，壬子，太宗对谏议大夫褚遂良说：“你还在担任起居注官员，朕能看看你都记载了些什么吗？”（褚遂良）答道：“史官记载君主言谈举止，详细记录君主所做的善恶诸事，君主才不敢逍遥法外，我还没有听说君主可以亲自查看这种记录的 。”太宗说：“朕有做得不妥当的地方，你也会记录下来吗？”答道：“我的职责在于秉承公道，不敢不记。”黄门侍郎刘洎对太宗说：“即使褚遂良不记载，天下也总会有人记下来的。”太宗说:“确实是这样。”

特进魏徵有疾，上手诏问之，且言:“不见数日，朕过多矣。今欲自往，恐益为劳。若有闻见，可封状进来。”徵上言:“比者弟子陵师[①]，奴婢忽主[②]，下多轻上[③]，皆有为而然，渐不可长。”又言:“陛下临朝，常以至公为言，退而行之，未免私僻。或畏人知，横加威怒，欲盖弥彰，竟有何益！”徵宅无堂，上命辍小殿之材以构之[④]，五日而成，仍赐以素屏风、素褥、几、杖等以遂其所尚。徵上表谢，上手诏称:“处卿至此[⑤]，盖为黎元与国家[⑥]，岂为一人，何事过谢！”

注释

①比者：近来，最近。陵：冒犯。

②忽：忽视。

③轻：轻视。

④辍：建造。

⑤处：对待。

⑥黎元：指黎民百姓。

译文

特进魏徵患了重病，太宗手书诏令询问他的病情，诏书说:“几天不见你，朕的过错又多起来了。如今想亲自前去探望你，又害怕给你添麻烦。你如果听到或看到朕的什么过错，可以上奏折呈进来。”魏徵上书说道：“最近弟子冒犯老师，奴婢忽视主子，下属多轻视上级，都是有一定原因的，这种风气不可让其滋长。”又说：“陛下上朝听取政务，常常说要公正处理事情，但退朝后您的所作所为，却未免有所偏私。有时您害怕被别人知道，便横施威怒，遮掩自己的过错，您又可以得到什么好处呢？”魏徵的府邸没有厅堂，太宗便下令将修建小殿的材料给魏徵拿去建造厅堂，五天就完工了，唐太宗还赐给他质地朴实色彩平常的屏风和褥子，以及几案、手杖等，以顺应他俭朴的品行。魏徵上表谢恩，太宗手书诏文说：“朕这样对待你，都是为了我国的百姓与江山社稷，难道只是为朕一人？你又何必谢恩于我呢？”

八月，丁酉，上曰：“当今国家何事最急？”谏议大夫褚遂良曰：“今四方无虞[①]，唯太子、诸王宜有定分最急[②]。”上曰：“此言是也。”时太子承乾失德[③]，魏王泰有宠，群臣日有疑议，上闻而恶之，谓侍臣曰：“方今群臣，忠直无逾魏徵，我遣傅太子，用绝天下之疑。”九月，丁巳，以魏徵为太子太师[④]。徵疾少愈，诣朝堂表辞，上手诏谕以：“周幽、晋献[⑤]，废嫡立庶，危国亡家。汉高祖几废太子，赖四皓然后安[⑥]。我今赖公，即其义也。知公疾病，可卧护之。”徵乃受诏。

注释

①虞：担忧。

②定分：确定名分地位。

③太子承乾：李承乾，为唐太宗长子，长孙皇后所生，字高明。因生于承乾殿，故以此为名。太宗即位，立为太子。

④太子太师：唐代东宫置三师，即太子太师、太子太傅、太子太保，均为教导太子的官员。

⑤周幽：周幽王。晋献：晋献公（前 676 年—前 651 年在位），姬姓，赵氏，名诡诸。春秋时代的晋国君主。

⑥四皓：即"商山四皓"，东园公唐秉、夏黄公崔广、绮里季吴实、甪里先生周术，是秦朝的四位博士，后隐居于商山，曾经向汉高祖刘邦讽谏不可废去太子刘盈。

译文

八月，丁酉，太宗说："如今朝廷中最为急迫的事情是什么？"谏议大夫褚遂良说："现在海内安定，确定太子与诸王的名分是最为紧要的事情。"太宗说："确实是这样。"当时太子李承乾的行为品德有所缺失，而魏王李泰又得到唐太宗的宠爱，众位大臣日渐产生疑议，太宗听说后非常厌恶，对身边近臣说："当朝的大臣们，论忠直没人比得上魏徵，我让他担任太子的老师，来杜绝所有人的疑心。"九月，丁巳，让魏徵担任太子的老师这一职务。魏徵的病才有所起色，便亲自去朝堂上表推辞，太宗手书诏令告诉他说："周幽王、晋献公，废除嫡子立庶子使国家处于危险之中。汉高祖也几乎就要废掉太子，多亏了住在商山的四位老人出山才使得太子之位保住。朕如今信任你，就是这个意思。朕知道你得了重病，你可以躺在床上辅佐太子。"魏徵于是不再推辞，接受了诏令。

第二百七卷　唐纪二十三

则天后（庚子，700 年）

庚申，太后欲造大像[①]，使天下僧尼日出一钱以助其功。狄仁杰上疏谏[②]，其略曰："今之伽蓝[③]，制过宫阙。功不使鬼，止在役人[④]，物不天来，终须地出，不损百姓，将何以求！"又曰："游僧皆托佛法，诖误生人[⑤]；里陌动有经坊[⑥]，阛阓亦立精舍[⑦]。化诱所急，切于官征；法事所须，严于制敕[⑧]。"又曰："梁武、简文舍施无限[⑨]，及三淮沸浪[⑩]，五岭腾烟[⑪]，列刹盈衢[⑫]，无救危亡之祸，缁衣蔽路[⑬]，岂有勤王之师[⑭]！"又曰："虽敛僧钱，百未支一。尊容既广[⑮]，不可露居，覆以百层，尚忧未遍，自余廊宇，不得全无。如来设教[⑯]，以慈悲为主，岂欲劳人，以存虚饰！"又曰："比来水旱不节[⑰]，当今边境未宁，若费官财，又尽人力，一隅有难[⑱]，将何以救之！"太后曰："公教朕为善，何得相违！"遂罢其役。

注释

①太后：武则天（624 年—705 年），即武曌，并州文水（今山西省文水县）人。唐高宗时为皇后，尊号为天后，与唐高宗李治并称二圣，后自立为

武周皇帝（690 年—705 年在位），是中国历史上唯一的女皇帝。

②狄仁杰：字怀英，并州（今山西省太原市）人，唐、武周时期杰出政治家。

③伽蓝：僧伽蓝摩的简称，译为“众园”，即僧众所居住的园庭、寺院的通称。

④止：通“只”，只有。

⑤诖误：牵累、连累。

⑥里陌：街巷，里巷。经坊：纵列的店铺。经，道路以南北为经。坊，店铺。

⑦阛阓 huán huì：市区。阛，围绕市区的墙。阓，市区的门。精舍：这里指佛寺。

⑧“化诱所急”至“严于制敕”句：游僧用佛教教义教化诱导众生，所急需之物，比官府征收赋税还急迫；僧尼做法事所需要的物品，比皇帝的命令还要严格。征，征税。制，帝王的命令。敕，皇帝的命令或诏书。

⑨梁武：梁武帝萧衍（502 年—549 年在位），字叔达，小字练儿，谥为武帝，庙号高祖，南兰陵中都里（今常州市新北区孟河镇万绥村）人，南梁政权建立者。简文：梁简文帝萧纲（549 年—551 年在位），字世缵，小字六通，梁武帝萧衍第三子，昭明太子萧统的同母弟。

⑩沸浪：在这里指战乱。

⑪五岭：五岭由越城岭、都庞岭、萌渚岭、骑田岭、

大庾岭五座山组成。腾烟：在这里也指战乱。

⑫刹 chà：佛寺。衢：四通八达的道路。

⑬缁：黑色。

⑭勤王：为王事辛劳。

⑮尊客：这里是对佛像的尊称。

⑯如来：即释迦牟尼佛，佛教创始人。

⑰比：副词，接连地。

⑱隅：角落。

译文

庚申，武则天要建造一尊大佛像，于是下令让全国的和尚尼姑每人每天捐出一文钱来促成这个工程的竣工。狄仁杰上书劝阻，奏疏的大意是："如今这些佛教寺院，在制作规模上已经超过皇帝的宫殿。建造这些佛教寺院的功劳不在于依靠鬼神的帮助，只能靠奴役百姓。物料不会自己从天上掉下来，归根结底，必须出自农民的土地，那么不损害百姓的利益，将从哪里得到他们想要的东西呢？"他又说："巡游各地的和尚都凭借佛教教义，误导大众，经常在里巷修建禅房，市区里也建起了佛寺。他们用佛教教义教化诱取急需之物，比官府征收赋税还急切，僧尼做法事所需物品，比皇帝的命令还要严格。"他还说："梁武帝、简文帝父子对佛寺的恩惠没有限度，等到三淮、五岭出现叛乱的时候，四通八达的道路上满是纵横交错的寺院佛塔，却无法挽回身危国亡之祸患；黑色的衣服遮蔽了道路，哪里有为王事辛劳的人呢！”他又说："陛下即使征收了僧尼所捐助的钱财，但还不够支付建造佛像所需资金的百分之一。况且佛像体型庞大，不能露居在外，即使修建一座百层高的殿堂来遮挡，还要担忧不能完全遮盖，况且其他厅堂廊宇也不能不建啊！如来佛设立佛教，教导我们要以慈悲为怀，又哪里是要劳累百姓（耗费钱财），来使浮华不实的装饰物存在呀！”又说："这些年来水旱灾害时有发生，没有节制，如今边境又不安宁，如果为修建大佛像而耗尽国库银两，又费尽百姓的体力，那么如果哪一个角落有灾难发生，您将用什么去救助呢？”武则天说："您教导我做善事，我又怎么能违背意愿呢？”于是停止了修建大佛像的劳役。

太后信重内史梁文惠公狄仁杰①，群臣莫及，常谓之国老而不名②。仁杰好面引廷争，太后每屈意从之③。尝从太后游幸，遇风吹仁杰巾坠④，而马惊不能止，太后命太子追执其鞚而系之⑤。仁杰屡以老疾乞骸骨⑥，太后不许。入见，常止其拜，曰："每见公拜，朕亦身痛。"仍免其宿直⑦，戒其同僚曰⑧："自非军国大事⑨，勿以烦公。"辛丑，薨⑩，太后泣曰："朝堂空矣！"自是朝廷有大事，众或不能决⑪，太后辄叹曰："天夺吾国老何太早邪！"

注释

①内史：隋改中书省为内史省，改中书令为内史令。唐沿隋制，设内史，执掌中书省，即宰相。

②国老：国家重臣。名：呼人名。

③每：常常。

④巾：裹头或缠束、覆盖用的丝麻织品。

⑤太子：李哲，唐高宗李治第七子，武则天第三子，后即位为唐中宗。鞚 kòng：带嚼子的马络头。

⑥骸：胫骨，小腿骨。

⑦仍：副词，因而，才。直：通“值”，值班。特指在殿堂中值班，侍奉君主。

⑧戒：通“诫”，告诫。

⑨自非：假如不是，常连用。

⑩薨：死。古代侯王死称薨，唐代后称二品以上的官死也称薨。

⑪或：通“惑”，迷惑。

译文

武则天特别信任和重视内史梁文惠公狄仁杰，没有哪一个大臣能比得上。她常常称狄仁杰为国老，而不是直呼其名。狄仁杰喜欢在朝廷上当面上疏劝谏，武则天则常常采纳遵从他的建议，即使这样做委屈了自己的本意时也是如此。狄仁杰曾经跟随武则天外出巡游，途中遇到大风，将狄仁杰的头巾吹落到地上，他的马儿也因受惊狂奔而无法驾驭，武则天命令太子李显去追赶狄仁杰受到惊吓的马，握住它的笼头并将它系好。狄仁杰曾多次因年老多病而提出退休的请求，武则天都拒绝了。狄仁杰入宫拜见武则天时，武则天常常免去他行跪拜的礼节，说：“每次看到您向我行跪拜礼的时候，朕的身体也会感同身受，感受到您身体上的痛苦。”武则天因而免去了狄仁杰夜里在殿堂值班的职责，并告诫同他一起做官的人说：“如果不是十分紧急的军国大事，就不要去烦扰狄老先生。”辛丑，狄仁杰逝世，武则天小声地哭着说：“朝堂上再也没有可以依靠的师长了！”从这以后，朝廷如果有大事发生，群臣有疑惑不能作出判决时，武则天就会叹气说：“上天为什么这么早夺取我的国老狄老先生呢！”

太后尝问仁杰：“朕欲得一佳士用之[①]，谁可者？”仁杰曰：“未审陛下欲何所用之[②]？”太后曰：“欲用为将相[③]。”仁杰对曰：“文学缊藉[④]，则苏味道、李峤固其选矣[⑤]。必欲取卓荦奇才[⑥]，则有荆州长史张柬之[⑦]，其人虽老，宰相才也。”太后擢柬之为洛州司马[⑧]。数日，又问仁杰，对曰：“前荐柬之，尚未用也。”太后曰：“已迁矣[⑨]。”对曰：“臣所荐者可为宰相，非司马也。”乃迁秋官侍郎[⑩]；久之，卒用为相。仁杰又尝荐夏官侍郎姚元崇[⑪]、监察御史曲阿桓彦范[⑫]、太州刺史敬晖等数十人[⑬]，率为名臣。或谓仁杰曰：“天下桃李[⑭]，悉在公门矣。”仁杰曰：“荐贤为国，非为私也。”

注释

①佳士：有才干的人。

②审：明白，清楚。

③将相：将帅和丞相，亦泛指文武大臣。

④缊：包含，收藏。藉：蓄积，包含。

⑤苏味道：唐朝大臣，文学家，赵州栾城（今河北省栾城县）人，高宗乾封年间进士，武则天当政时为宰相。少以文章知名，与李峤合称“苏李”，又与李峤、崔融、杜审言合称“文章四友”。李峤：唐代诗人，字巨山，赵州赞皇（今属河北省赞皇县）人。二十岁擢进士第，累官至监察御史。

⑥卓荦：卓越，杰出。

⑦长史：官名，历代职掌不一，此处当为荆州刺史下设的长史官。张柬之：字孟将，襄州襄阳（今湖北省襄阳市襄州区）人，进士出身，曾发动神龙革命，迫武则天禅让与唐中宗，唐朝因而复辟，官至汉阳王。

⑧洛州：今河南省洛阳市。司马：殷商时代始置，掌军政和军赋，隋唐以后为兵部尚书的别称。

⑨迁：调动官职，一般指升职。

⑩秋官侍郎：秋官，古代官职，掌刑狱，唐光宅元年曾改刑部为秋官，后以秋官为刑部的别称。侍郎，官名，汉代宫廷的近侍。唐代中书、门下二省及

尚书省所属各部均以侍郎为长官之副，位同宰相。

⑪夏官：古代官职，掌军事。唐光宅元年曾改兵部为夏官，后以夏官为兵部的别称。姚元崇：本名元崇，字元之，避唐玄宗“开元”年号讳，改名姚崇，陕州陕石（今河南省陕县）人。历任武则天、唐睿宗、唐玄宗三朝宰相。

⑫监察御史：官名，掌监察百官、巡视郡县、纠正刑狱、整肃朝仪等事务。曲阿桓彦范：即桓彦范，字士则，润州丹阳（今江苏省镇江丹阳市）人，神龙革命的功臣，著名政治家。曲阿，丹阳古称。

⑬敬晖：字仲晔，绛州平阳（今山西省临汾市）人，神龙政变功臣。

⑭桃李：此处喻指培养提携的门生。

译文

武则天曾经问狄仁杰：“我想要得到一位有才干的人并重用他，您看有谁可以胜任？”狄仁杰问道：“不知道陛下想任用他干什么？”武则天说：“我想让他担任将相的职务。”狄仁杰回答道：“如果您所要的是饱读经书的人才，那么苏味道、李峤就是您应该选择的人。如果您一定想要找到鹤立鸡群的奇才，那就只有荆州长史张柬之了，这个人虽然年龄大，但确实是做宰相的奇才。”武则天于是选拔张柬之并让他担任洛州司马的职务。过了几天，武则天又问狄仁杰同样的问题，又让他推荐一位有才干的人，狄仁杰回答说：“我先前向您推荐的张柬之，您尚且没有重用呢。”武则天说：“我已经给他升官了。”狄仁杰回答说：“我所推荐的张柬之是可以胜任宰相的人才，如今却只让他担任司马这一职务，实在是委屈了他。”武则天于是将张柬之升迁为秋官侍郎。过了很长时间，武则天终于任用他做了宰相。狄仁杰还先后向武则天推荐了夏官侍郎姚元崇、监察御史曲阿人桓彦范、太州刺史敬晖等数十人，后来这些人一律成为唐代名臣。有人对狄仁杰说：“治理天下的贤能之臣，都出自您门下。”狄仁杰回答说：“推荐贤能之人是为了巩固国家的政权，并不是为了满足我的一己私利。”

初，仁杰为魏州刺史①，有惠政，百姓为之立生祠②。后其子景晖为魏州司功参军③，贪暴为人患，人遂毁其像焉。

注释

①魏州：州名，治所在贵乡（今河北省大名县东北）。

②生祠：为活人所立的祠庙，祭祀以表感戴。

③景晖：狄仁杰之子。司功参军：官名，即司功参军事，掌祭祀及礼乐、选举、表疏、医筮、考课及丧葬之事。

译文

当初，狄仁杰担任魏州刺史的职务时，行政仁慈宽厚，所以魏州百姓为他建立了生祠。后来他的儿子狄景晖担任魏州司功参军，贪婪凶残，成了百姓的祸患，于是老百姓又毁掉了狄仁杰的雕像。

第二百三十卷　唐纪四十六

德宗（甲子，784年）

上在道①，民有献瓜果者，上欲以散试官授之②，访于陆贽③，贽上奏，以为："爵位恒宜慎惜④，不可轻用。起端虽微，流弊必大。献瓜果者，止可赐以钱帛，不当酬以官。"上曰："试官虚名，无损于事。"贽又上奏，其略曰⑤："自兵兴以来，财赋不足以供赐，而职官之赏兴焉；青朱杂沓于胥徒⑥，金紫普施于舆皂⑦。当今所病，方在爵轻，设法贵之，犹恐不重，若又自弃，将何劝人！夫诱人之方，惟名与利，名近虚而于教为重，利近实而于德为轻。专实利而不济之以虚，则耗匮而物力不给；专虚名而不副之以实，则诞谩而人情不趋⑧。故国家命秩之制⑨，有职事官⑩，有散官⑪，有勋官⑫，有爵号⑬，然掌务而授俸者，唯系职事之一官也，此所谓施实利而寓虚名者也。其勋、散、爵号三者所系，大抵止于服色、资荫而已⑭，此所谓假虚名而佐实利者也⑮。今之员外⑯、试官，颇同勋、散、爵号，虽则授无费禄，受不占员，然而突铦锋、排患难者则以是赏之⑰，竭筋力、展劳效者又以是酬之。若献瓜果者亦授试官，则彼必相谓曰，'吾以忘躯命而获官，此以进瓜果而获官，是乃国家以吾之躯命同于瓜果矣。'视人如草木,谁复为用哉!今陛下既未有实利以敦劝[18],又不重虚名而滥施,人无藉焉[19]。则后之立功者,将曷用为赏哉[20]!"

注释

①上:唐德宗李适 kuò(780 年—804 年在位)。

②散试官:有官名但无固定职事的官员,与职事官相对,始于汉代。

③陆贽:嘉兴(今属浙江省嘉兴市)人,字敬舆,唐代政治家,文学家。

④恒:平常,通常。

⑤略:大致,简要。

⑥沓:纷乱,繁杂。胥徒:官府衙役。

⑦金紫:金印紫绶,后指官服和佩饰,借指高官显爵。舆皂:泛称厮役贱吏。

⑧诞谩:荒诞。人情:人心,民情。

⑨秩:官吏的官阶,品级。

⑩职事官:有具体职掌的官员。

⑪散官:表示官员等级的称号,无实际职务,为加官,与职事官相对。

⑫勋官:授给有功官员的一种荣誉称号,有品级而无职掌。

⑬爵号:爵位的名号。

⑭资荫:凭先代的勋爵而得到授官封爵。

⑮假:借助,假借。佐:辅助,帮助。

⑯员外：正员以外的官员。

⑰突铦锋：冒着锋利的刀锋。铦，锋利。锋，刀剑等兵器的尖端。

⑱敦劝：督促，勉励。

⑲藉：凭借。

⑳曷：何，什么。

译文

德宗在路途上，遇到老百姓中进献瓜果的人，德宗想把散试官的官职授给他，就向陆贽征求意见，陆贽上奏，说："授予爵位，平常应该慎重而珍视，不可以随便举用。事情的开端虽然微小，但日后的过失弊病一定很大。对于进献瓜果的人，只可以用财物来赏赐，不应该用官位来赏赐。"德宗说："散试官只是一个虚位，对事情是没有损害的。"陆贽又进上奏疏，简要地说："自从战争发动以来，财物税收不足以供给对将士的赏赐，于是用官位赏赐的方法便兴起了。身穿青色红色官服的人繁杂地混在小吏及他们这一类人中，金鱼袋和紫色的朝服普遍地给予贱吏。现在有毛病的地方，正是在于爵位太轻，应该谋划使爵位贵重起来，还恐怕爵位不贵重，假如再把以前的奖赏方法放弃了，将用什么奖励人们？启用人们的办法，只有名誉和利益，名誉接近虚无，但对于教化来说是重要的，利益接近实际，但对于道德来说是轻的。单纯给人实在的利益而不用虚无的名誉，那么就会竭尽财物，从而使国家物力不能充足；单纯给人虚无的名誉而不用实在的利益来辅助，那么就会荒诞并且人心不归附。所以，国家任命官吏的官阶、品级制度，虽然有职事官，有散官，有勋官，有爵号，但是执掌事情从而给予俸禄的官员，只有职事官这一种罢了，这就是所说的给予实在的利益而使虚无的名誉寓于其中的办法。那勋官、散官、爵号三个所关联的，大致只在于朝服的颜色和凭先代的功勋或爵位来庇护他们的子孙了，这就是人们所说的借助虚无的名誉而维护实在的利益的办法。现在的员外官、散试官，与勋官、散试官、爵号很相近，授予这种官职没有消耗俸禄，授予这种官也没有占人员的数额。可是只有对冒着锋利的刀锋、排除祸害灾难的人们，才用这种方法来奖赏；对于竭尽全力、展示辛勤功绩的人也用这种方法赏赐他们。如果对于进献瓜果的人也给予试官的职位，那么他们一定互相谈论说：'我们用丧失生命的风险才获得官职，这些人却用进献瓜果的方法获得官位，国家把我们的生命等同于瓜果了。'把人看作草木，谁还会为国家效力呢？现在陛下既然没有实实在在的利益来督促勉励人们，又不重视虚无的名誉，反而过多地给予人们，人们就没有（努力效命的）凭借了。那么，对于以后立下功劳的人，将拿什么来赏赐呢？"

赞在翰林，为上所亲信，居艰难中，虽有宰相，大小之事，上必与赞谋之，故当时谓之内相[①]，上行止必与之俱。梁、洋道险②，尝与贽相失，经夕不至，上惊忧涕泣，募得贽者赏千金。久之，乃至，上喜甚，太子以下皆贺。然贽数直谏，忤上意③，卢杞虽贬官④，上心庇之。贽极言杞奸邪致乱，上虽貌从，心颇不悦，故刘从一、姜公辅皆自下陈登用⑤，贽恩遇虽隆，未得为相。

注释

①内相：翰林学士的别称。

②梁：梁州，治所在南郑（今陕西省汉中市）。洋：洋州，治所在西乡（今陕西省西乡县）。

③忤：违逆，抵触。

④卢杞：字子良，滑州灵昌（今河南省滑县西南）人。为人阴险狡诈，忌能妒贤。

⑤刘从一：魏州观城（今山东省莘县西南观城镇）人，少举进士，官至监察御史。姜公辅：字德文，甘肃天水人。登用：举用。

译文

陆贽在翰林院任职，被德宗所亲近信任，处于艰难的日子里，虽然有宰相，但大大小小的事情，德宗也一定要和陆贽谋议，因此那个时候人们称他为内相。德宗无论出行去哪里，也一定要与陆贽一起。因为梁州、洋州道路艰险，所以德宗曾经和陆贽互相找不着，过了一晚上，陆贽也没有到来，德宗惊骇担心而哭泣，招募可以找到陆贽的人，奖赏一千金。过了好久，陆贽才到来，德宗十分高兴，太子以下的官员都来庆贺。然而，陆贽屡次直言进谏，违逆了德宗的意愿。卢杞虽然被贬职了，但是德宗心里还是非常庇护他。陆贽极力地说由于卢杞奸邪恶毒导致了祸乱，德宗虽然表面上听从了，然而心里却非常不高兴。因此，刘从一、姜公辅都从低的职位行列中被举用了，陆贽得到德宗的恩惠和知遇虽然兴盛，但没有成为宰相。

壬辰，车驾至梁州。山南地薄民贫，自安、史以来[①]，盗贼攻剽，户口减耗太半，虽节制十五州[②]，租赋不及中原数县。及大驾驻跸[③]，粮用颇窘。上欲西幸成都，严震言于上曰[④]："山南地接京畿[⑤]，李晟方图收复[⑥]，藉六军以为声援。若幸西川[⑦]，则晟未有收复之期也。"众议未决，会李晟表至，言："陛下驻跸汉中[⑧]，所以系亿兆之心[⑨]，成灭贼之势；若规小舍大，迁都岷、峨，则士庶失望，虽有猛将谋臣，无所施矣！"上乃止。严震百方以聚财赋，民不至困穷而供亿无乏。牙将严砺，震之从祖弟也[⑩]，震使掌转饷，事甚修辨[⑪]。

注释

①安、史：唐玄宗天宝十四年（755年）冬，安禄山、史思明发动"安史之乱"。

②节制：调度管束。

③大驾：帝王的车乘。驻跸：帝王出行中途停留暂住。

④严震：字遐闻，四川梓州（今四川省盐亭县）人，时任山南西道节度使。

⑤京畿：国都及其周围千里以内的地区。

⑥李晟：字良器，洮州临潭（今属甘肃省甘南藏族自治州临潭县）人，以勇猛善战闻名河西。

⑦西川：唐代行政区划名，辖今四川省中西部。757年，将原来的剑南节度使分为剑南东川节度使和剑南西川节度使，剑南东川简称东川，剑南西川则简称西川。

⑧汉中：天宝初年，梁州改汉中郡，今陕西省汉中市。

⑨亿兆：万民。

⑩从：堂房亲属。

⑪辨：同“辦”，治理。

译文

壬辰，德宗的车乘来到梁州。山南道土地贫瘠，人民贫困。从安史之乱以来，盗贼抢劫掠夺，户口减少消耗过半。虽然调度管束十五个州，但是所有的田赋税收还赶不上中原的几个县。等到德宗的车乘暂时驻扎在这个地方，粮食资财用度十分困窘。德宗想向西出行到成都，严震对德宗说：“山南道与京畿相连，李晟正在谋划收复它，借助陛下六军作为声援。如果您亲临西川，那么李晟就没有收复京城的日期了。”大家一起讨论没有决断，正好李晟的表章送到，他说：“陛下的车乘暂时驻扎在汉中，是维系万民的心，形成消灭贼寇形势的保证。如果谋划小的事情而舍弃大业，迁都到岷、峨地区，那么士人百姓就会失去希望，虽然有勇猛的将领，智谋的大臣，也没有实行的方法了！”德宗这才停止西行。严震用各种办法来集聚财物税收，使人民不至于穷苦，而使供给车乘的物资也不困乏。牙将严砺是严震的堂弟，严震让他掌管转运粮食，他把事情办得非常周到。

第二百五十二卷　唐纪六十八

懿宗（庚寅，870年）

西川之民闻蛮寇将至[①]，争走入成都。时成都但有子城[②]，亦无壕[③]，人所占地各不过一席许，雨则戴箕盎以自庇[④]；又乏水，取摩诃池泥汁[⑤]，澄而饮之[⑥]。

注释

①蛮：中国古代对南部民族称呼，也指少数民族，此处指南诏国。

②但：只，仅，不过。子城：指月城、翁城等附着于大城的小城。

③壕：为作战时起掩饰作用而挖掘的沟。

④箕：簸箕状的斗笠。盎：一种腹大口小的盛器。

⑤摩诃池：隋朝益州刺史杨秀镇蜀，筑成都子城，就坑作池。得名于一位西域僧人。

⑥澄：澄清。

译文

西川百姓听说南诏蛮军快要来了，为了躲避战乱争先恐后逃入成都。当时成都城中只有内城，也没有护城壕，平均每个人可以容身的地方都很小，因为没有住的地方，下雨天只好顶着斗笠和木盆来避雨，百姓们没有水喝，只好取摩诃池泥汁，待澄清后饮用。

将士不习武备，节度使卢耽召彭州刺史吴行鲁使摄参谋[①]，与前泸州刺史杨庆复共修守备[②]，选将校，分职事，立战棚，具炮檑[②]，造器备，严警逻。先是，西川将士多虚职名，亦无禀给[③]。至是，揭榜募骁勇之士，补以实职，厚给粮赐，应募者云集。庆复乃谕之曰："汝曹皆军中子弟，年少材勇，平居无由自进，今蛮寇凭陵[④]，乃汝曹取富贵之秋也，可不勉乎！"皆欢呼踊跃。于是列兵械于庭，使之各试所能，两两角胜[⑤]，察其勇怯而进退之，得选兵三千人，号曰"突将"。行鲁彭州人也。

注释

①节度使：官名，唐代设立的地方军政长官，集军、民、财三政于一身。彭州：在今四川省成都市北郊。刺史：官名，唐代州刺史与郡太守地位相当，名称前后互替。摄：辅助，帮助。

②檑：滚木，即守城用的大圆木。

③禀：通"廪"，粮仓，此处指谷物。

④凭陵：亦作"凭凌"，侵犯，欺侮。

⑤角胜：较量胜负。

译文

西川军队因为平时缺少训练，将军和士兵都不熟悉应有的军备，节度使卢耽因此召见彭州刺史吴行鲁辅助自己并充当参谋一职，与前泸州刺史杨庆复共同整治军队，选拔高级长官，明确各自职责。又搭建临时帐篷，找来大量石炮和櫑木储存起来，修造各种军用器械，加强城内警戒工作。在此之前，西川将士中有很多空有职位却没有实际工作的人，缺乏固定的粮饷给养。现在，贴出布告公开招募骁勇善战的人，以补充军队缺额，壮大军官队伍，并赏赐丰厚的粮饷，因而应募的人很多。杨庆复教育应募者说："你们都是军人子弟，年轻有为，智勇双全，平日里国家安定，你们没有施展才能的机会，如今南蛮入侵，欺凌搜刮百姓，这正是你们报效国家，获取功名富贵的机会，你们要好好鼓励自己，切莫错失良机啊！"应募者听后都情绪高涨，跃跃欲试。于是把各种兵器依次排列在庭院里，让应募者挑选他们各自擅长的兵器大显身手，并让他们两人一组进行较量，通过考察，留下有胆识的，辞退怯懦胆小的。于是选出三千精兵，号称"突将"。吴行鲁，是彭州人。

戊午，蛮至眉州[①]，耽遣同节度副使王偃等赍书见其用事之臣杜元忠[②]，与之约和。蛮报曰："我辈行止，只系雅怀[③]。"

注释

①眉州：今四川省眉山市。

②节度副使：作为节度使的副职，兼统诸司，特别是担任备选节度使的角色。赍：携带。

③雅怀：高雅的情怀。

译文

戊午，南诏侵略者到了眉州，卢耽派遣同节度副使王偃等人带着议和的信件去拜见蛮军当时军权在握的官员杜元忠，希望和敌军议和，杜元忠说："我军进攻与否，就看贵方是否品行高尚了。"

路岩、韦保衡上言[①]："康承训讨庞勋时，逗桡不进[②]，又不能尽其余党，又贪虏获，不时上功。"辛酉，贬蜀王傅、分司[③]；寻再贬恩州司马[④]。

注释

①上言：进呈言辞。

②逗桡：因怯阵而避敌。

③分司：唐代中央官员在洛阳任职的人。

④恩州：州名，治所在今广东省恩平市北。司马：军事长官。

译文

路岩、韦保衡向唐懿宗进呈言辞弹劾康承训说："康承训讨伐庞勋时，因为畏惧对方不敢大胆进攻，不仅不能剿尽庞勋余党，反而贪图虏获，还时不时借机上表请功。"辛酉（初八）朝廷贬康承训为蜀王傅，分司东都。不久，又将其贬为恩州司马。

南诏进军新津[1]，定边之北境也。卢耽遣同节度副使谭奉祀致书于杜元忠[2]，问其所以来之意；蛮留之不还。耽遣使告急于朝，且请遣使与和，以纾一时之患[3]。朝廷命知四方馆事、太仆卿支详为宣谕通和使[4]。蛮以耽待之恭，亦为之盘桓[5]，而成都守备由是粗完[6]。

注释

①南诏：古代哀牢人在中国西南部的奴隶制政权，国境包括今云南全境及贵州、四川、西藏、越南、缅甸的部分土地。新津：今四川省新津县。

②书：书信。

③纾：解除，排除。

④宣谕通和使：掌考察地方政治，按察官吏，招抚起事者，宣谕朝廷指令。

⑤盘桓：逗留住宿。

⑥粗：大概，大致。

译文

南诏向新津发起进攻，驻扎在定边北境。唐西川节度使卢耽又遣同节度副使谭奉祀写信给杜元忠，探听南诏军为什么侵犯成都，杜元忠将谭奉祀扣押下来不放他回去。卢耽于是派遣使者向朝廷报告事情紧急，希望由朝廷派遣使者与南诏王国议和，以解除当前边境之患。朝廷任命知四方馆事、太仆卿支详为宣谕通和使，立即赶赴成都。南诏军见卢耽对待他们十分恭敬，于是稍作逗留，并且放慢进军攻城的速度，与此同时，成都城内的守备也得以大致完工。

甲子，蛮长驱而北，陷双流。庚午，耽遣节度副使柳槃往见之，杜元忠授槃书一通，曰："此通和之后，骠信与军府相见之仪也[①]。"其仪以王者自处，语极骄慢。又遣人负彩幕至城南，云欲张陈蜀王厅以居骠信[②]。

注释

①骠信：指古南蛮诸国的国君，唐南诏王称号。

②张陈：陈列，陈设。

译文

甲子，南蛮军队向北长距离进攻，攻破双流。庚午，卢耽再遣节度副使柳槃到南诏军去见其统帅，杜元忠给了柳槃一封书信，说“信中写得很清楚关于此次议和之后，我南诏国君会见你们节度使的礼仪规矩”，而且他说话的语气极端骄傲蛮横，信中所制定的礼仪，更是处处以王者自居。杜元忠甚至派人将彩色帷幕背到成都城南，还到处宣扬要在城内蜀王厅精心布置整理，好方便南诏国君居住。

癸酉，废定边军，复以七州归西川。

译文

癸酉，朝廷废弃了定边军，并把其管护的七州交给西川节度使管辖。

是日，蛮军抵成都城下。前一日，卢耽遣先锋游弈使王昼至汉州诇援军[1]，且趣之[2]。时兴元六千人、凤翔四千人已至汉州[3]，会窦滂以忠武、义成、徐宿四千人自导江奔汉州[4]，就援军以自存[5]。丁丑，王昼以兴元、资、简兵三千余人军于毗桥，遇蛮前锋，与战不利，退保汉州。时成都日望援军之至，而窦滂自以失地，欲西川相继陷没以分其责，每援军自北至，辄说之曰：“蛮众多于官军数十倍，官军远来疲弊，未易遽前[6]。”诸将信之，皆狐疑不进。成都十将李自孝阴与蛮通[7]，欲焚城东仓为内应，城中执而杀之。后数日，蛮果攻城，久之，城中无应而止。

注释

①游弈：亦作“游弋”，巡逻。汉州：州名，辖今四川省广汉、德阳、绵竹、什邡等市地。诇：求。

②趣：通“促”，催促。

③兴元：陕西省汉中市旧称。

④会：副词，正好，恰巧。

⑤就：接近，靠近，趋向。

⑥遽：迅速，急速。

⑦阴：暗中，暗地里。

译文

这一天，南诏军队进抵成都城下，而前一天，卢耽已派遣先锋游奕使王昼到汉州去打探援军情况，看何时到达，并大力催促他们。当时已经有兴元六千人、凤翔精兵四千人陆续抵达汉州。与此同时，窦滂也率领忠武、义成、徐宿之兵四千人从导江出发来到汉州，与援军会合，以求消灭敌人，保证自身安全。丁丑，王昼率兴元、资州、简州之兵三千余人向毗桥进军，恰巧与南诏军前锋狭路相遇，王昼出师不利，被迫退保汉州。当时成都军民翘首期待援军的到来，而窦滂自知率领的定边军失守了所有的辖区，所以希望西川也能够跟着失陷，以便分担和减轻自己的罪责，因此每当有援军从北边过来，便立即派人前往游说：“南蛮军队相当庞大，士兵数量是我军的十多倍，各位远道而来，疲惫不堪，切记不可轻视敌军贸然前进。”到达的援军将领听后都心存疑虑不敢出兵。成都十将李自孝私下里与南诏军沟通并达成协议，企图烧毁城东仓库为蛮军做内应，被城中军民察觉，于是将其逮捕并处死。没过几天，蛮军果然来攻城，等待许久，没有得到城中李自孝的接应而不得已退兵。

二月，癸未朔，蛮合梯冲四面攻成都，城上以钩缳挽之使近[①]，投火沃油焚之[②]，攻者皆死。卢耽以杨庆复、摄左都押牙李骧各帅突将出战[③]，杀伤蛮二千余人，会暮，焚其攻具三千余物而还。蜀人素怯，其突将新为庆复所奖拔[④]，且利于厚赏，勇气自倍，其不得出者，皆愤郁求奋[⑤]。后数日，贼取民篱，重沓湿而屈之，以为蓬，置人其下，举以抵城而劚之，矢石不能入，火不能然[⑥]，庆复熔铁汁以灌之，攻者又死。

注释

①缳：绳圈。

②沃：灌浇。

③押牙：唐代管领仪仗的侍卫官。

④突将：担任突击的将卒。

⑤奋：振作，发扬。

⑥然：通“燃”，燃烧。

资治通鉴

译文

二月，癸未朔，南诏蛮军与唐军两军交锋，架起云梯，摆好冲车，向成都城四面围攻，护城墙上唐军用环钩套住云梯并使劲往回拽，拿滚烫的沸油往下浇灌，并且往上面纵火，城下攻城的蛮军大都被烧死。卢耽下令让杨庆复和摄左都押牙李骧分别率领突将杀出城去，与蛮军英勇作战，杀伤南诏蛮军二千余人，到了傍晚的时候，烧毁南诏蛮军攻城兵器三千余具，返回成都城内。蜀人向来懦弱，而“突将”却是杨庆复刚选拔出来的勇士，加上发给他们优厚的粮饷，所以勇气十足，信心百倍，不能出城作战的人各个求战，跃跃欲试，为自己未能出战而感到惋惜。没过几天，南诏军又抢夺百姓的篱笆，用水浇湿后编成竹篷，士兵们在下面举着进抵城下，一时间，城上箭和石头无法攻击，火也烧不起来。此时南诏军在竹篷掩护下挖掘城墙，于是杨庆复下令让唐军拿熔了的铁汁往下倒，结果城下蛮军全被烧死了。

乙酉，支详遣使与蛮约和。丁亥，蛮敛兵请和。戊子，遣使迎支详。时颜庆复以援军将至，详谓蛮使曰[①]：“受诏诣定边约和，今云南乃围成都，则与向日诏旨异矣[②]。且朝廷所以和者，冀其不犯成都也。今矢石昼夜相交，何谓和乎！”蛮见和使不至，庚寅，复进攻城。辛卯，城中出兵击之，乃退。

注释

①详：通“佯”，假装。

②向：从前，旧时。

译文

乙酉，唐朝廷宣谕通和使支详派遣使者与南诏国君议和。丁亥，南诏开始减弱兵力请求和解，戊子，又派遣使者来迎接支详。当时颜庆复知道唐援军马上就会赶到，因此没有让和使支详到南诏军中去，并假意对南诏的使者说：“我按照皇上的旨意来定边城与你们议和，现在你们南诏却在四面围攻成都，这与我不久前接到的圣旨完全不同。况且我们皇上之所以愿意与你们和解，正是希望你们从此不再入侵成都，如今成都日夜兵戎相见，百姓不得安宁，这就是你们所谓的请和吗？”南诏军久久不见议和使者前来，庚寅，再次进攻成都。辛卯，唐军出兵迎战，南诏军战败而退。

第二百六十二卷　唐纪七十八

昭宗（庚申，900年）

初[①]，崔胤与帝密谋尽诛宦官[②]，及宋道弼、景务修死[③]，宦官益惧。上自华州还，忽忽不乐，多纵酒，喜怒不常，左右尤自危。于是左军中尉刘季述、右军中尉王仲先、枢密使王彦范、薛齐偓等阴相与谋曰[④]："主上轻佻多变诈，难奉事[⑤]；专听任南司[⑥]，吾辈终罹其祸[⑦]。不若奉太子立之，尊主上为太上皇，引岐、华兵为援[⑧]，控制诸藩，谁能害我哉！"

注释

①初：当初。

②崔胤：唐清河武城（今山东省武城县西北）人，字昌遐，唐昭宗景福二年官拜宰相。帝：唐昭宗李晔（889年—904年在位），唐僖宗的弟弟，死后谥号为圣穆景文孝皇帝。

③宋道弼、景务修：均是唐昭宗时的宦官。

④中尉：武官名，京师的卫戍长官，掌禁军。刘季述：宦官。王仲先：宦官。枢密使：枢密院的长官，唐后期由宦官充任，掌接受表奏及向中书门下传达帝命。王彦范：唐时任枢密使。薛齐偓：与王彦

范同时任枢密使一职。

⑤难奉事：难于侍候。

⑥南司：唐代称宰相的治事之所，中书、门下、尚书三省均在内廷（皇宫）南面，故称。

⑦罹：遭遇，遭逢。

⑧岐、华兵：凤翔节度使和镇国节度使。岐，岐州，在今陕西省凤翔县。华，华州，今陕西省华县。

译文

当初，崔胤和唐昭宗私下密谋要把宦官全部都杀死，到宋道弼、景务修死了之后，宦官们异常恐慌。皇上从华州回到京城之后，每日精神萎靡，心情郁郁寡欢，时常放纵自己喝酒，时而高兴时而生气，心情难以琢磨，在旁侍候的近臣每个人都感到自己很危险。因此，左军中尉刘季述、右军中尉王仲先、枢密使王彦范、薛齐偓等私下一起商议说："皇上轻浮无行且擅长欺诈，很难侍候；而且什么事都只听信宰相，我们终将要受到迫害。还不如早把太子立为皇帝，把皇上尊为太上皇，率领岐州李茂贞、华州韩建的军队作为外援辅助，掌控每个藩国，还有谁能伤害得了我们呢？"

十一月，上猎苑中，因置酒，夜，醉归，手杀黄门、侍女数人①。明旦②，日加辰巳③，宫门不开。季述诣中书白崔胤曰："宫中必有变，我内臣也④，得以便宜从事[5]，请入视之。”乃帅禁兵千人破门而入[6]，访问，得其状。出，谓胤曰：“主上所为如是，岂可理天下！废昏立明，自古有之，为社稷大计，非不顺也。”胤畏死，不敢违。庚寅，季述召百官，陈兵殿庭，作胤等连名状，请太子监国，以示之，使署名；胤及百官不得已皆署之。上在乞巧楼[7]，季述、仲先伏甲士千人于门外，与宣武进奏官程岩等十余人入请对[8]。季述、仲先甫登殿，将士大呼，突入宣化门，至思政殿前，逢宫人辄杀之。上见兵入，惊堕床下，起，将走，季述、仲先掖之令坐[9]。宫人走白皇后，后趋至，拜请曰：“军容勿惊宅家[10]，有事取军容商量。”季述等乃出百官状白上，曰：“陛下厌倦大宝[11]，中外群情，愿太子监国，请陛下保颐东宫[12]。”上曰：“昨与卿曹乐饮，不觉太过，何至于是！”对曰：“此非臣等所为，皆南司众情，不可遏也。愿陛下且之东宫，待事小定，复迎归大内耳。”后曰：“宅家趣依军容语[13]！”即取传国宝以授季述，宦官扶上与后同辇，嫔御侍从者才十余人，适少阳院[14]。季述以银挝画地数上曰：“某时某事，汝不从我言，其罪一也。”如此数十不止。乃手锁其门，熔铁锢之，遣左军副使李师虔将兵围之[15]，上动静辄白季述，穴墙以通饮食。凡兵器针刀皆不得入，上求钱帛俱不得，求纸笔亦不与。时大寒，嫔御公主无衣衾[16]，号哭闻于外。季述等矫诏令太子监国，迎太子入宫。辛卯，矫令太子嗣位，更名缜[17]。以上为太上皇，皇后为太上皇后。甲午，太子即皇帝位，更名少阳院曰问安宫。

注释

①黄门：官名。侍奉皇帝及其家族，皆以宦官充任。

②明旦：天明，天亮。

③日加辰巳：在辰巳之时。辰时，七点到九点。巳时，九点到十一点。

④内臣：帝王贴身人员。

⑤便宜从事：根据实际情况自行斟酌处理。

⑥帅：通“率”，率领。

⑦乞巧楼：宫中、贵族人家用以乞巧的彩楼。用锦结成楼殿，祀牵牛织女二星，乞求女工的智巧。

⑧进奏官：听命于藩镇，是藩镇派驻京师的代表。程岩：唐代担任进奏官一职。请对：请求奏对。

⑨掖：架着。

⑩军容：即军容使，官名，观军容使的省称，唐后期为监视出征将帅的最高军职。宅家：唐代宫中对皇帝的敬称。

⑪大宝：指皇帝的位置。

⑫保颐：颐养天年。

⑬趣：通“促”，赶紧，赶快。

⑭少阳院：唐大明宫内建筑，太子所居。

⑮副使：公使的副手或节度使或三司使等的副职。

⑯公主：唐昭宗和何皇后的女儿。衣衾：衣服和被子。

⑰缜：李裕，唐昭宗长子，母何皇后，900 年改名为

李缜，在光华三年（900年）被立为皇帝，天复元年（901年）正月被废，降封为德王。

译文

十一月，唐昭宗在废苑里打猎，因而大摆酒席畅饮，深夜喝得酩酊大醉后回到寝宫，亲手将宦官、侍女等多人杀死。第二天天亮的时候，早已是辰巳左右，皇上寝宫的门还没有打开。刘季述到中书省告知崔胤说："宫里必定发生了重大变化，我是一个内臣，可以方便行事，我请求入宫察看到底发生了怎样的情况。"随后，带领皇宫所有的宫禁侍卫大约一千人闯进皇上的寝宫内，通过访问调查和审讯，获得具体情况。刘季述出来后，对崔胤说："皇上这样的所作所为，怎么能治理好一个国家呢！把昏庸的君主废黜，拥立一个贤明的君主，从上古以来就是这么做的，为了社稷江山做长远打算，这么做不能说是叛逆。"崔胤怕被杀死，不敢不顺从。庚寅，刘季述号召群臣来到宫廷，在朝廷上陈列军队，制定出崔胤等要求太子代管国家的签名状，并展现给群臣看，让百官签署名字。崔胤和群臣迫不得已，全部签署了姓名。唐昭宗在乞巧楼，刘季述、王仲先把一千名全副武装的兵士埋伏在大门外，和宣武进奏官程岩等十多个人进乞巧楼请求上奏校对。刘季述、王仲先刚刚进入殿内，兵士们大声喊叫，忽然闯进宣化门，闯到思政殿前，碰上宫人就全部杀死。唐昭宗看见士兵闯了进来，惊吓得从床上掉下来，起来后正准备逃离，刘季述、王仲先强迫着他坐下来。宫人跑去告诉何皇后，何皇后迅速跑来，向刘季述等请求说："军容使千万别惊吓了皇上，有事可以商议。"刘季述等取出群臣的签名状，告诉昭宗及何皇后说："皇上对帝位已感到厌烦，中外群情盼望由太子代管国家，恳请皇上在东宫保养身体。"唐昭宗说："昨日和你们一同喝酒作乐，不知不觉喝多了，但也不至于到这般的地步啊！"刘季述等回复昭宗说："这个签名状并非我们制定，南司群臣激情昂扬，怎么能禁止啊？希望您暂时搬到东宫去，等事态稳定，再把您迎回正宫就行了。"何皇后说："陛下赶紧顺从军容使的劝告！"她立刻拿出传国玺印交给刘季述。宦官扶着昭宗和何皇后一同乘车，和侍妾宫女及侍从等十多个人前往少阳院去。刘季述拿着银挝在地上敲打，同时嘲讽唐昭宗说："某个时候某件事情，你不听信我所说的话，这就是其中一条罪。"说了几十次还不愿停下。刘季述锁了少阳院的大门，将铁水熔化，把锁注实，支派左军副使李师虔率领将士把少阳院包围起来，唐昭宗一有什么举动就禀告给刘季述，开凿出一个墙孔传送食物。但凡兵器针刀全部不允许带入院内，唐昭宗想要一些钱币和丝织品也都得不到，想要一些笔墨纸砚全都不给。那个时候天气非常寒冷，嫔御公主得不到衣服和被物，大声嚎哭的声音传到了少阳院的墙外。刘季述等假装通传唐昭宗的旨意，命令太子代管国家各项事务，将太子迎接到宫中。辛卯，刘季述等再一次假传唐昭宗的皇诏，让太子继任皇位，改名为李缜。同时，把唐昭宗封为太上皇，把何皇后封为太上皇后。甲午，太子继承了皇帝之位，并将少阳院改名为问安宫。

季述加百官爵秩[①]，与将士皆受优赏，欲以求媚于众。杀睦王倚[②]；凡宫人、左右、方士、僧、道为上所宠信者[③]，皆榜杀之[④]。每夜杀人，昼以十车载尸出，一车或止一两尸，欲以立威。将杀司天监胡秀林[⑤]，秀林曰："军容幽囚君父，更欲多杀无辜乎！"季述惮其言正而止。季述欲杀崔胤，而惮朱全忠，但解其度支盐铁转运使而已[⑥]。

注释

①爵秩：爵位与官级。

②睦王倚：即李倚，唐懿宗李漼的八子，咸通十三年与吉王同封。为刘季述所杀。

③方士：持有方术的人。

④榜杀：鞭笞杀死。

⑤司天监：官名。掌管观察天文，并推算历法的官署名。

⑥度支盐铁转运使：掌管盐、铁等专营业务和运输事务的官职。

译文

刘季述给百官加官封爵，参与的兵士全部接受了丰厚的赏赐，想要以此讨好所有人。杀死了睦王李倚，曾经被唐昭宗宠爱的宫人、侍臣、方士、僧侣、道人等，全部都被木棍打死。每天晚上被杀的人，白天要用十辆车载着尸体运出去，一车有时只装一两具尸首，想要以此建立权威。刘季述等想将司天监胡秀林杀死，秀林说："军容使囚禁君父，难道还要杀死更多的无辜之人吗？"刘季述因为害怕他刚正的话语而停手。刘季述想把崔胤杀死，但因为惧怕朱全忠，于是就只罢免了崔胤度支盐铁转运使的职务。

第二百六十六卷　后梁纪一

太祖（戊辰，908 年）

初，晋王克用卒[①]，周德威握重兵在外[②]，国人皆疑之。晋王存勖召德威使引兵还[③]。夏，四月，辛丑朔，德威至晋阳[④]，留兵城外，独徒步而入，伏先王柩，哭极哀；退，谒嗣王[⑤]，礼甚恭。众心由是释然。

注释

①晋王克用：李克用，唐末将领，沙陀部人，生于神武川之新城（今山西省雁门北部），别号李鸦儿，又号独眼龙，封晋王。其父朱邪赤心，唐懿宗赐姓名李国昌，故姓李。

②周德威：字镇远，小字阳五，朔州马邑（今山西省朔州市）人。勇而多谋，为后唐名将。

③晋王存勖：李存勖，李克用之子，建后唐政权，谥号庄宗。

④晋阳：治所即今山西省太原市晋源区古城营村一带。

⑤谒：拜见，请见。嗣王：封爵的一种，高于郡王，低于亲王。始于唐代。

译文

那时，晋王李克用逝世，周德威在国家之外掌管许多士兵，国家中的百姓都对他有所疑虑。晋王李存勖下令让周德威率领军队返回晋阳。夏天，四月，辛丑朔，周德威到达晋阳，让军队在城外停留，自己步行走进城，趴在先王李克用的棺木上哭得非常伤心；离开之后，拜访嗣王李存勖，礼数极为尊敬，百姓心中的怀疑因为这件事化解了。

癸卯，门下侍郎、同平章事杨涉罢为右仆射①；以吏部侍郎于兢为中书侍郎②，翰林学士承旨张策为刑部侍郎③，并同平章事。兢，琮之兄子也。

注释

①门下侍郎：秦、汉时有黄门侍郎，与侍中处理门下众事，为帝王近侍。唐门下侍郎为门下省长官侍中之副。同平章事：同中书门下平章事的简称。平章是协商处理国家事务之意，同平章事即与中书、门下协商处理政务之意。杨涉：同州冯翊（今陕西省渭南市大荔县）人。

②吏部侍郎：掌管文官任免、考课、升降、勋封、调动等事务。中书侍郎：中书省的长官，副中书令，负责协助中书令管理中书省事务。

③刑部侍郎：刑部是六部之一，即今之司法部。侍

郎相当于今日的副部长。

译文

癸卯，后梁门下侍郎、同平章事杨涉被免官贬为右仆射；命令吏部侍郎于兢为中书侍郎，翰林学士奉旨张策为刑部侍郎，共同作为同平章事。于兢是于琮兄弟的孩子。

夹寨奏余吾晋兵已引去[①]，帝以援兵不能复来，潞州必可取[②]，丙午，自泽州南还[③]；壬子，至大梁[④]。梁兵在夹寨者亦不复设备。晋王与诸将谋曰："上党[⑤]，河东之藩蔽[⑥]，无上党，是无河东也。且朱温所惮者独先王耳[⑦]，闻吾新立，以为童子未闲军旅[⑧]，必有骄怠之心。若简精兵倍道趣之[⑨]，出其不意，破之必矣。取威定霸，在此一举，不可失也！"张承业亦劝之行[⑩]。乃遣承业及判官王缄乞师于凤翔[⑪]，又遣使赂契丹王阿保机求骑兵[⑫]。岐王衰老，兵弱财竭，竟不能应。晋王大阅士卒，以前昭义节度使丁会为都招讨使[⑬]。甲子，帅周德威等发晋阳。

注释

①夹寨：五代梁开平元年李思安筑，在今山西省长治市西南寨村、北寨村。

②潞州：治所在上党郡，今长治市北古驿。

③泽州：在今山西省晋城市东北。

④大梁：今河南省开封市一带。

⑤上党：本为最高地之意，大略包括山西省长治市各区县。

⑥河东：黄河以东。藩蔽：屏障。

⑦朱温：归唐后赐名朱全忠，后废唐哀帝，建都开封，国号大梁，史称后梁，称帝后又改名朱晃，907—912年在位，谥太祖。

⑧闲：熟悉。军旅：军事。

⑨倍道：兼程。趣：通“去”，去往。

⑩张承业：唐末五代间宦官。同州（今陕西省大荔县）人。字继元，原姓康。

⑪判官：官名。王缄：雍州咸阳人，祖籍琅琊临沂，东晋宰相王导后裔，晋王李存勖掌书记。

⑫契丹王：契丹族首领。阿保机：辽太祖耶律阿保机（872年—926年），汉名耶律亿，辽朝开国君主，明达世务。

⑬昭义节度使：又称泽潞节度使，是唐朝在今山西、河北地区设置的节度使。丁会：字道隐，安徽省寿春镇人。唐末大将，因不满后梁代唐，归附于晋王李存勖。都招讨使：官名。置于唐贞元年间。后遇战时临时设置，常以大臣、将帅或节度使等地方军政长官兼任。

译文

潞州夹寨的后梁军将军上报余吾寨的晋国军队已经离开，后梁太祖认为晋国的救兵不会回来，潞州肯定可以夺来，丙午从泽州向南撤走，壬子到达大梁。在夹寨的后梁兵也没有布置防备。晋王李存勖和各位将领商量说："上党是河东的屏障；河东与上党唇齿相依。而且朱温害怕的不过是先王而已，听闻我刚刚继承皇位，认为我太童稚，不熟知军事问题，肯定有高傲怠慢的情绪。假如选派优秀军队快速前往，趁其不备，打败梁兵是肯定的了。获得威严气势，成就伟业，完全在这次行动，不能失去这个机遇！"张承业也说他应该自己带兵打仗。所以，选派张承业和判官王缄到凤翔恳请李茂贞出兵帮助，又选派使者贿赂契丹王阿保机恳请借给骑兵。岐王李茂贞年老，士兵残弱，财务耗尽，最后没有答应。晋王李荐勖大阅士兵，任命前昭义节度使丁会为都招讨使。甲子，带领周德威等从晋阳出发。

淮南遣兵寇石首[①]，襄州兵败之于瀺港[②]。又遣其将李厚将水军万五千趣荆南[③]，高季昌逆战[④]，败之于马头[⑤]。

注释

①淮南：唐至德元年置，治所在扬州，江苏省扬州市。寇：侵犯。石首：地名，今湖北省石首市。

②襄州：治所在北平，今河南省方城县东南。

③趣：通“去”，去往。荆南：五代时十国之一，又称南平、北楚，建都荆州。

④高季昌：陕州峡石（今河南省三门峡东南）人，荆南国君。逆战：迎战。

⑤马头：地名，当在今湖北省公安县北。

译文

淮南弘农王杨渥派出士兵入侵石首，在瀺港被襄州士兵打退；又派出他的将领李厚带领水军一万五千人去往荆南，高季昌应战，在马头打败了李厚。

已巳，晋王军于黄碾[①]，距上党四十五里。五月，辛未朔，晋王伏兵三垂冈下[②]，诘旦大雾[③]，进兵直抵夹寨[④]。梁军无斥候[⑤]，不意晋兵之至，将士尚未起，军中惊扰。晋王命周德威、李嗣源分兵为二道[⑥]，德威攻西北隅，嗣源攻东北隅，填堑烧寨，鼓噪而入。梁兵大溃，南走，招讨使符道昭马倒[⑦]，为晋人所杀；失亡将校士卒以万计，委弃资粮、器械山积。

注释

①黄碾：地名，今为山西省长治市郊区黄碾镇。

②三垂冈：山名，在今山西省长治市市郊。

③诘旦：凌晨。

④夹寨：五代梁开平元年李思安筑，在今山西省长治市西南寨村，北寨村。

⑤斥候：岗哨。

⑥李嗣源：五代后唐皇帝（926—933 年在位），沙陀部人，原名邈吉烈，李克用养子。

⑦符道昭：淮西蔡州（今河南省汝南县）人。

译文

已巳，晋王李存勖在黄碾驻营，与上党相距四十五里。五月，辛未朔，晋王把军队埋伏在三垂冈下。清晨时，雾非常大，士兵前进抵达夹寨。后梁军没有设置站岗放哨的人，没想到晋兵会到达，将士没有起床，军营里惶恐嘈杂。晋王李存勖下令让周德威、李嗣源把军队分成两队，周德威攻打西北角，李嗣源攻打东北角，填平沟壑，火烧夹寨，击鼓呼喊进入。后梁兵战败，向南面逃走，招讨使符道昭的战马摔倒，晋兵杀死了他；逃跑和死亡的将士不计其数，扔掉的物品、粮草、兵器像山一样高。

周德威等至城下，呼李嗣昭曰[①]："先王已薨[②]，今王自来，破贼夹寨。贼已去矣，可开门！"嗣昭不信，曰："此必为贼所得，使来诳我耳。"欲射之。左右止之，嗣昭曰："王果来，可见乎？"王自往呼之。嗣昭见王白服，大恸几绝，城中皆哭，遂开门。初，德威与嗣昭有隙[③]，晋王克用临终谓晋王存勖曰："进通忠孝，吾爱之深。今不出重围，岂德威不忘旧怨邪！汝为吾以此意谕之。若潞围不解，吾死不瞑目。”进通，嗣昭小名也。晋王存勖以告德威，德威感泣，由是战夹寨甚力；既与嗣昭相见，遂欢好如初。

注释

①李嗣昭：字益光，后为李克用义子、李克柔养子，著名将领。

②薨：死，唐代以后称二品以上的官死叫薨。

③隙：本指缝隙，此处指仇怨。

译文

周德威到达潞州城下，呼喊李嗣昭说：“先王已经逝世，如今嗣王亲自前来，攻进梁国人的夹寨。梁国军队已经逃跑，可以打开城门了！”李嗣昭不相信他说的话，说：“肯定是梁军把你俘虏了，让你来欺骗我。”想要用箭射周德威。身边的人劝阻他，李嗣昭说：“嗣王真的来了，能够见面吗？”晋王李存勖自己上前召唤。李嗣昭看见晋王身穿白色丧衣，哭喊得伤心欲绝，城中所有的人都哭了，便打开城门。此前，周德威与李嗣昭有仇，晋王李克用在死之前对李存勖说：“进通忠实孝顺，我非常喜爱他。如今不能冲出包围，真的是周德威不能忘记以前的仇恨吗？你帮我把这个意思传达给他。假如潞州不能突围，我去世也不能合眼。”进通是李嗣昭的小名。晋王李存勖把父亲的意思转告给周德威，周德威感激哭泣，所以攻打夹寨极为用心，和李嗣昭见面后，和好如以前一般欢洽。

康怀贞以百余骑自天井关遁归[①]。帝闻夹寨不守，大惊，既而叹曰："生子当如李亚子[②]，克用为不亡矣！至如吾儿，豚犬耳！"诏所在安集散兵。

注释

①康怀贞：原名康怀贞，山东省兖州市人。后梁名将。天井关：在今河北省武安市西。

②李亚子：李存勖，小名亚子。

译文

后梁潞州行营都虞侯康怀贞带领骑兵一百多人从天井关逃回大梁。后梁太祖听闻潞州夹寨失守，极为吃惊，片刻后叹息到："要生像李亚子那样的孩子，李克用家业能够保住了！至于像我的儿子，只是一些猪狗而已！"下诏让各地抚慰召集亡散的士兵。

周德威、李存璋乘胜进趣泽州[①]，刺史王班素失人心[②]，众不为用。龙虎统军牛存节自西都将兵应接夹寨溃兵[③]，至天井关，谓其众曰："泽州要害地，不可失也；虽无诏旨，当救之。"众皆不欲，曰："晋人胜气方锐，且众寡不敌。”存节曰：“见危不救，非义也；畏敌强而避之，非勇也。”遂举策引众而前④。至泽州，城中人已纵火喧噪，欲应晋王，班闭牙城自守，存节至，乃定。晋兵寻至，缘城穿地道攻之⑤，存节昼夜拒战，凡旬有三日；刘知俊自晋州引兵救之⑥，德威焚攻具，退保高平⑦。

注释

①李存璋：字德璜，云中（今山西省大同市）人，唐晋王李克用养子，军事将领。

②刺史王班：泽州刺史王班。

③牛存节：字赞贞，青州博昌（今山东省寿光市）人。

④举策：挥鞭。

⑤缘：顺着，沿着。

⑥刘知俊：字希贤，徐州沛县人，唐末五代割据军阀。

⑦高平：在今山西省高平市。

译文

周德威、李存璋乘胜赶往泽州，泽州刺史王班一向不得人心，士卒不愿意为他作战。后梁龙虎统军牛存节从西都洛阳领兵迎接夹寨逃跑的士兵，达到天井关，对下属讲：“泽州是重要的地方，不能失去；虽然没有命令，也应该帮助。”士兵们都不愿意帮助，说：“晋军士气高涨，而且我们寡不敌众。”牛存节说：“遇见困难不帮助，这是不仁义的行为；恐惧对方的强大而避开，这是不勇敢的行为。”于是扬鞭率领士兵前行。抵达泽州，城中人已经点火乱噪，想要回应晋王，刺史王班关闭牙城镇守，牛存节到达之后，这才平定下来。晋兵随后到达，顺着城挖掘地下通道攻城，牛存节昼夜抵挡，共坚持了十三天；刘知俊从晋州率领士兵前来救护泽州，周德威用火烧掉攻城的器械，撤守高平。

晋王归晋阳，休兵行赏，以周德威为振武节度使、同平章事。命州县举贤才，黜贪残，宽租赋，抚孤穷，伸冤滥，禁奸盗，境内大治。以河东地狭兵少，乃训练士卒，令骑兵不见敌无得乘马；部分已定，无得相逾越，及留绝以避险[①]；分道并进，期会无得差晷刻[②]。犯者必斩。故能兼山东[③]，取河南[④]，由士卒精整故也。

注释

①留绝：停留。

②晷刻：片刻。

③山东：太行山以东。

④河南：黄河以南。

译文

晋王李存勖回到晋阳，调整军队，进行封赏，命周德威为振武节度使、同平章事。下令让州县推举有才能的人。罢免贪污、残忍的官员，宽免田租赋税，安抚孤寡穷人，办理冤假错案，严禁盗窃，境内极为安定。由于河东地窄兵少，所以训练士兵，命令骑兵看不见敌人不能够骑马。每个部队的部署一旦确定，就不能够相互越界，也不准躲在后边来规避危险。兵分几路一起前进，和规定集合的时间不能相差片刻。违反规定的人必定杀不赦。晋国之所以能够兼并太行山以东、黄河以南大片地区，正是因为军队精锐整齐。

第二百七十一卷 后梁纪六

均王（庚辰，920年）

赵王镕自恃累世镇成德[①]，得赵人心，生长富贵，雍容自逸，治府第园沼，极一时之盛，多事嬉游，不亲政事，事皆仰成于僚佐，深居府第，权移左右，行军司马李蔼[②]、宦者李弘规用事于中外[③]，宦者石希蒙尤以谄谀得幸。

注释

①王镕：又名王䥅，五代十国初期赵国君主，王景崇子。累世：历代，接连几代。成德：西汉置，治所在今安徽省寿县东南。

②行军司马：职官名。始建于三国魏元帝咸熙元年，职务相当于军谘祭酒。至唐代在出征将帅及节度使下皆置此职，实具今参谋长的性质。唐后期军事繁兴，多以掌军事实权者充任。

③中外：宫中宫外。

译文

赵王王镕依靠历代镇守成德，深得赵地民心，地位显赫高贵，从容不迫，身心安适。王镕建起的府第、园林、池沼，在当时颇负盛名。他经常外出游玩，不参与政事，一切都依靠左右官员和亲信副手来完成，深居府宅，把大权移交给亲信大臣。行军司马李蔼、宦官李弘规掌管内外事务，宦官石希蒙也凭借谄媚阿谀获得了宠爱。

初，刘仁恭使牙将张文礼从其子守文镇沧州[①]，守文诣幽州省其父[②]，文礼于后据城作乱[③]，沧人讨之，奔镇州[④]。文礼好夸诞[⑤]，自言知兵，赵王镕奇之，养以为子，更名德明，悉以军事委之。德明将行营兵从晋王，镕欲寄以腹心，使都指挥使符习代还，以为防城使。

注释

①刘仁恭：唐末五代时深州乐寿人。牙将：古代一种军衔，统领五千人。张文礼：五代时燕人。刘守文：刘仁恭子。沧州：治所在今河北省沧州市东南。

②诣：到……去。幽州：古十二州之一。舜分冀州东北为幽州，今河北、辽宁二省。省：探视，问候。

③据：占据，盘踞。讨：声讨，征伐。奔：逃亡。

④镇州：唐元和十五年改桓州置，治所在真定县（今河北省正定县），五代唐升为真定府，晋天福七年改为桓州，汉复为镇州，旋升为真定府，周又改为镇州。

⑤夸诞：言辞夸大虚妄，不合实际。

译文

起初，刘仁恭派遣牙将张文礼跟随他的儿子刘守文去镇守沧州。刘守文到幽州看望父亲，张文礼随后占据了沧州城发动叛乱，沧州人讨伐他，他逃亡到了镇州。张文礼喜好夸耀，自己说懂得带兵打仗，赵王王镕认为他很奇特，于是收他为养子，并且改名叫王德明，把军政事务委托给他。王德明将要率领军队追随晋王，王镕用一个亲信代替他，派遣都指挥使符习代替王德明，而让王德明担任防城使。

镕晚年好事佛及求仙，专讲佛经，受符箓[①]，广斋醮[②]，合炼仙丹，盛饰馆宇于西山，每往游之[③]，登山临水，数月方归，将佐士卒陪从者常不下万人，往来供顿，军民皆苦之。是月，自西山还，宿鹘营庄，石希蒙劝王复之他所；李弘规言于王曰："晋王夹河血战，栉风沐雨[④]，亲冒矢石，而王专以供军之资奉不急之费。且时方艰难，人心难测，王久虚府第[⑤]，远出游从[⑥]，万一有奸人为变，闭关相距，将若之何？"王将归，希蒙密言于王曰："弘规妄生猜间，出不逊语以劫胁王，专欲夸大于外，长威福耳。"王遂留，信宿无归志[⑦]。弘规乃教内牙都将苏汉衡帅亲军，擐甲拔刃[⑧]，诣帐前白王曰[⑨]："士卒暴露已久[⑩]，愿从王归！”弘规因进言曰：“石希蒙劝王游从不已，且闻欲阴谋弑逆，请诛之以谢众。”王不听，牙兵遂大，斩希蒙首，诉于前。王怒且惧，亟归府。是夕，遣其长子副大使昭祚与王德明将兵围弘规及李蔼之第，族诛之，连坐者数十家。又杀苏汉衡，收其党与，穷治反状，亲军大恐。

注释

①受：传授，后写作“授”。

②斋醮：亦称斋醮科仪，俗称“道场”，道教仪式。其法为设坛摆供，焚香、化符、念咒、上章、诵经、赞颂，并配以烛灯、禹步和音乐等礼节和程式，以祭告神灵，祈求消灾赐福。

③每：副词，常常，往往。

④栉风沐雨：出自《庄子·天下》，“沐甚雨，栉急风”。栉，梳头。沐，洗头。

⑤虚：空，空虚。

⑥游从：交游；相随同游。

⑦信宿：连宿两夜；谓两三日。

⑧擐：穿。

⑨白：下对上讲述，陈述。

⑩暴露：露在外面，无所遮蔽。

译文

王镕到了晚年，喜好信奉佛法，求取仙道，又专门讲习佛文经典，传授符箓，广设斋醮（向仙道祈祷），又冶炼仙丹，将西山上的宫殿馆宇装饰得很华丽，经常到那里去游玩，跋山涉水，几个月后才回来，陪同他一起去的左右侍从、士卒每次都不少于万人。来往的住宿与餐饮（消耗很大），官员百姓全都深受苦累。这个月，从西山回返，中途住宿在鹘营庄，石希蒙劝说王镕再去别的地方游玩。李弘规对王镕劝谏说："晋王在黄河两岸和梁军浴血奋战，不顾风雨，亲自冒着箭石的危险率兵前进。而大王却将专门供给军队的物资花费在不紧要的事情上，况且现在正处艰难困苦时期，人心难测，大王如果长时间使府第空虚，外出游玩，万一有邪恶狡诈的人发动叛变，关闭城门，把我们隔断在外面，到时又该怎么办呢？"赵王将要回去，石希蒙又偷偷地对赵王说："李弘规胡乱猜疑，口出不恭顺的话威胁大王，故意向外面夸大，是想提高自己的威信啊。"赵王于是又决定留下来，连续住了两夜也没有回去的意向。李弘规于是让内牙都将苏汉衡率领亲军，身穿铠甲、手持兵器，到帐篷前告诉赵王："士兵们出门在外已经很长时间，都希望跟从大王回去。"李弘规劝谏赵王说："石希蒙让大王没完没了地游玩，而且听说他有谋害大王的想法，请把他杀掉，以此向大家认错。"赵王不听从李弘规的意见，于是卫队士卒就大声喧哗起来，斩了石希蒙的首级，拿着他的头到赵王面前诉说石希蒙的罪状。赵王十分生气和害怕，立即回到了府第。这天晚上，赵王就派遣他的长子副大使王昭祚和王德明率领军队围攻李弘规和李蔼的府第，将其全家杀掉，因此受牵连迫害的有几十家。又将苏汉衡杀害，逮捕其党羽，深入追究他们反叛的罪状。李弘规等的亲信部队都感到十分惊恐。

龙德元年（辛巳，921年）

赵王既杀李弘规、李蔼，委政于其子昭祚。昭祚性骄愎[①]，既得大权，向时附弘规者皆族之[②]。弘规部兵五百人欲逃，聚泣偶语[③]，未知所之。会诸军有给赐，赵王忿亲军之杀石希蒙[④]，独不时与，众益惧。王德明素蓄异志[⑤]，因其惧而激之曰；"王命我尽阬尔曹[⑥]。吾念尔曹无罪并命[⑦]，欲从王命则不忍，不然又获罪于王，奈何？"众皆感泣。

注释

①愎：任性，固执。

②向时：先前。

③偶语：相对私语。

④忿：愤恨。

⑤蓄：蕴藏；积聚。

⑥阬：活埋。

⑦尔曹：犹言尔辈，你们。

译文

赵王王镕把李弘规、李蔼杀掉后，将政权委托给儿子王昭祚。王昭祚生性骄傲，固执任性，执掌大权之后，把以前依附于李弘规的人全家斩杀。李弘规五百亲军想要逃跑，他们聚集在一起一边哭一边小声私语，不知道该逃到哪里去。恰逢各个军队都有供给赏赐，赵王因为愤恨李弘规的亲军杀死石希蒙这件事，唯独没有把赏赐分给他们，大家更加感到害怕。（太保）王德明平时就怀有异心，现在利用他们心里的恐惧激发他们说："赵王命令我把你们这些人全都活埋。我想到你们这些人并没有罪而顾念你们的性命，要听从赵王命令但又不忍心将你们活埋，不杀你们赵王又会降罪于我，该怎么办呢？"大家听后都感动得流下了眼泪。

是夕，亲军有宿于潭城西门者，相与饮酒而谋之。酒酣，其中骁健者曰："吾曹识王太保意，今夕富贵决矣！"即踰城入[①]。赵王方焚香受箓，二人断其首而出，因焚府第。军校张友顺帅众诣德明第，请为留后，德明复姓名曰张文礼，尽灭王氏之族，独置昭祚之妻普宁公主以自讬于梁[②]。

注释

①踰：同"逾"，越过。

②讬：同"托"，托付，委托。

译文

这天夜里，李宏规的亲军有住宿在潭城西门的人，他们聚集在一起饮酒，又一起谋划。喝酒喝得正高兴的时候，他们中间有个勇健的人说：“我们这些人都懂得王德明太保的意思，今天晚上就决定大家的富贵了。”说完他们就攀越过城墙进入城内。此时赵王正在烧香，等着接受符箓，两个人斩下赵王的首级出来，焚烧赵王的住宅。军校张友顺率领士卒来到王德明的府第，请求收留在其军中。王德明恢复了本来姓名张文礼，将王镕家族的人全部杀尽，只留下王昭祚的妻子普宁公主，以此托付给后梁。

图书在版编目（CIP）数据

资治通鉴译注 /（宋）司马光著；郝建杰译注．—北京：北京联合出版公司，2015.7（2023.8重印）

ISBN 978-7-5502-4100-8

Ⅰ.①资… Ⅱ.①司… ②郝… Ⅲ.①中国历史－古代史－编年体②《资治通鉴》－译文③《资治通鉴》－注释 Ⅳ.①K204.3

中国版本图书馆CIP数据核字（2015）第143167号

资治通鉴译注

作　　者：（宋）司马光
译　　注：郝建杰
出 品 人：赵红仕
选题策划：梁明德　邵鹏军
责任编辑：王　巍
特约编辑：刘文硕
封面设计：格林文化
版式设计：格林文化

北京联合出版公司出版
（北京市西城区德外大街83号楼9层　100088）
三河市华润印刷有限公司　新华书店经销
字数155千字　960毫米×640毫米　1/16　印张22.75
2015年9月第1版　2023年8月第3次印刷
ISBN 978-7-5502-4100-8
定价：52.00元